T0348944

ALMANAQUE DE LA BRUJA TRADICIONAL

SOLITUDE OF ALANNA

ALMANAQUE DE LA BRUJA TRADICIONAL

RITUALES, MAGIA Y FOLCLORE
A LO LARGO DEL AÑO

BRUGUERA

Primera edición: octubre de 2024
Primera reimpresión: octubre de 2024

Printed in Spain – Impreso en España

ISBN: 978-84-02-42839-4
Depósito legal: B-12.908-2024

Compuesto en Fotoletra, S.A.

Impreso en Huertas Industrias Gráficas, S.A.
Fuenlabrada (Madrid)

BG 28394

Desde la Antigüedad, las dinámicas de nuestra sociedad y de nuestro propio cuerpo han sido tan estacionales y cíclicas como el medio natural que nos rodea. Antaño, el entorno dictaba el ritmo de nuestro trabajo, de nuestro descanso, de nuestras emociones y de nuestras fiestas. Del mismo modo, para la bruja y la hechicera, el medio condicionaba las prácticas mágicas, las hierbas y herramientas involucradas y los encuentros con lo numinoso: las plantas tenían su mayor poder entre San Juan y San Pedro; la Cabalgata Nocturna pasaba en Navidad para llevarse a aquellos que sabían volar con su ánima; los muertos salían de su mundo subterráneo cuando el sol envejecía y regresaban a él cuando la renaciente luz de la primavera los expulsaba. Las dinámicas de los espíritus, como las de las personas y las de la naturaleza, tampoco eran invariables: se reconocían sus ascensos y descensos, sus diversas facetas y sus momentos de fortaleza y de letargo.

Por mucho que nuestro régimen posindustrial pretenda convencernos de una existencia invariable e individualista, eso no es así: permanece como siempre. La Otredad no se rige por nuestros parámetros humanos. La brujería es estacional y cooperativa. Para aquellos que vivimos en la comodidad de un sistema que nos vende fresas en diciembre, puede ser complicado entender que la oración mágica para curar el empacho solo podía enseñarse en Viernes Santo, que se perdía la oportunidad de recolección hasta el año siguiente si esta no se llevaba a cabo antes de cierta fecha, o que un rito no podía dar un mismo resultado en la comodidad de casa que en el bosque nocturno. El esfuerzo, la ritualidad y el sacrificio de esperar, observar el entorno o buscar y ensuciarse las manos daban un sentido y un poder a la magia que cuesta hoy de imaginar, porque ya el proceso en sí transformaba a aquel que la practicaba. La hechicera y la bruja nunca trabajaban solas: eran lo que eran y lograban lo que lograban por su alianza con los espíritus que las rodeaban.

Por desgracia, muchas ramas de la espiritualidad y el neopaganismo actuales tienen un carácter tan globalizado, individualista y consumista como el propio sistema económico en el que nos movemos. Esta obra pretende dar una alternativa a ello y ser una herramienta para valorar y proteger nuestras propias tradiciones mágicas, nuestro entorno y la estacionalidad de la práctica, además de ayudarnos a regresar a ellas.

Por eso mismo, es difícil que esta obra pueda ser igualmente aplicable a cada lugar y persona. Esto no es, ni mucho menos, una «rueda del año» de la brujería tradicional, porque no tendría ningún sentido establecer un calendario genérico para una práctica que es, por naturaleza, única para cada persona y territorio. Lo que pretende es, precisamente, incentivar la observación del entorno para percatarse de las dinámicas tradicionales locales del lector. Existen infinidad de fiestas y costumbres mágicas, y si bien esta obra ha recogido algunas de las más extendidas por España, no es para nada un compendio exhaustivo, tan solo una orientación para aquel que desee indagar en su calendario mágico local. El lugar en el que se habite determinará que las hierbas mencionadas puedan estar más presentes el mes anterior o el posterior al que se han citado, o que incluso no se encuentren en ese entorno; del mismo modo que habrá infinitas prácticas y fiestas locales que no constan en esta obra. Además, el criterio de qué incluir y qué no pasa por mi propia práctica, mi propia interpretación de la tradición y, en definitiva, de mi gusto personal. Al final, este no es un libro de antropología (aunque intento ser precisa en las fuentes y los datos), sino el catálogo de una practicante que se dirige a otros practicantes.

Por ello, te animo a adaptar las ideas de este almanaque tanto como te guste, o a inspirarte en él para llevar una práctica estacional propia en la que pueden constar no solo las tradiciones y los recursos mágicos locales, sino también otras asociaciones personales, como costumbres propias, aniversarios luctuosos de los ancestros o días destacados para los espíritus con los que trabajes. Asimismo, te invito a establecer vínculos entre la observación de los fenómenos de tu entorno inmediato, como el ciclo de la vegetación o la meteorología, el folclore local y la propia experiencia espiritual. Porque lo espiritual es también físico, en el libro veremos que ciertos sucesos en el medio reflejan dinámicas en el ámbito de lo numinoso y entenderemos sus ciclos desde una nueva perspectiva.

Algo que quizá pueda chocar de esta obra a quien se haya acercado a la práctica mágica tradicional hace poco es la sinergia entre lo pagano y lo aparentemente católico. Por lo general, la brujería moderna se ha englobado en el paraguas del neopaganismo, motivo por el cual se ha limitado la inspiración para la práctica únicamente a lo precristiano. En lo pagano, este libro se apoya mucho en los romanos y en los celtas por la enorme medida en la que sus costumbres y religiones conformaron nuestra cultura y fundamentaron nuestra magia tradicional; respecto a lo indígena, la escasez de información ha hecho que sepamos de sus ritos poco más que lo que se intuye como una sombra indirecta. Sin embargo, la hechicería popular, la brujería folclórica y, en definitiva, las tradiciones mágicas que realmente hemos heredado pasan en muchos casos, inevitablemente, por el filtro del catolicismo popular. Pero no es este un cristianismo eclesiástico, sino el resultado del cambio de religión en un pueblo cuya concepción del mundo era profundamente mágica y animista, y que lo siguió siendo aunque rezara a un nuevo dios. Para la sociedad, el trato con los santos, las vírgenes y los demonios siguió siendo igual que había sido con los espíritus locales, y los elementos sacros como el agua bendita o el laurel del Domingo de Ramos fueron el resultado de buscar una nueva aplicación a los elementos del entorno que desde siempre había sido costumbre utilizar para la magia personal, por mucho que ello cayera bajo la herejía.

El rechazo sistemático a cualquier cosa que parezca tener una faz católica nos priva, en muchísimos casos, de recuperar prácticas mágicas tradicionales que en numerosas ocasiones son directamente paganas o, como ya hemos visto, se basan en una concepción pagana del mundo. Si bien llevar a cabo una práctica inspirada en lo tradicional sin incluir elementos o referencias católicas es posible, para muchos practicantes de brujería folclórica y hechicería popular, entre los que me incluyo, no es un problema que estén presentes; aprendemos de ellos, los interpretamos y los usamos puntualmente como una fórmula tradicional que hemos heredado de nuestros ancestros para dirigirnos a lo numinoso. Y no por ello creemos en la religión católica. Ese es el motivo, por ejemplo, de que haya respetado en este libro los nombres tradicionales de nuestras celebraciones, correspondientes al santoral, en lugar de sustituirlos por otros que, por muy paganos que sean, nos son a menudo ajenos. En nuestras tradiciones, en nuestro folclore mágico, las anjanas de las aguas, los duendes, los espíritus de las plantas y las brujas conviven con los santos, con el Diablo, con las ánimas de los muertos y con antiguos dioses. Al fin y al cabo, los santos no son más que muertos con los que practicar necromancia y los demonios no son más que *daimones*, espíritus.

ENERO

El amanecer ilumina un paisaje solemne, de ramas peladas y campos blancos de escarcha. Pasamos más tiempo bajo el amparo de la noche que bajo la luz de un sol al que le cuesta desperezarse en el horizonte, sin fuerzas para alcanzar el cénit. Nos encontramos en el corazón del invierno.

El nombre de nuestro primer mes del año, enero, proviene del término latín *Ianuarius*, por el cual lo conocían los romanos, y le pusieron dicho nombre para hacer honor al dios coetáneo Ianus (Jano).

Si bien enero es hoy en día el mes con el que empieza el calendario, a lo largo de la historia no ha sido siempre así. El primer calendario romano, el llamado calendario de Rómulo, constaba tan solo de diez meses lunares: comenzaba en marzo y terminaba en diciembre. Parece ser que los sesenta y un días restantes hasta completar el término de un año solar se tenían en cuenta, pero no se les daba nombre[1] o bien se contabilizaban como un periodo de reajuste del calendario con las estaciones.

En todo caso, siguiendo el sentido religioso del invierno, este intervalo se veía como un tiempo fuera del orden habitual, gobernado por los espíritus de los muertos. En la reforma del calendario que llevó a cabo Numo Pompilio, se añadieron enero y febrero: este último quedó como el postrero mes del año, que siguió comenzando en marzo hasta que, entre los siglos V y IV a. C., se pasó el relevo a enero.[2] Desde entonces y hasta nuestros días, enero ha ocupado la posición con la que lo conocemos.

---

1. Marqués, N. (2018), *Un año en la antigua Roma*, Barcelona, Espasa.
2. *Ibid.*

Así pues, enero inauguraba el nuevo ciclo de la mano de Jano, el dios de los umbrales, de lo liminal, de los finales y los comienzos. Representado con dos rostros mirando en sentidos opuestos, uno hacia el pasado y el otro hacia el futuro, el dios presidía la transición entre lo viejo y lo nuevo, impidiendo el paso a aquello que debía quedar atrás y prometiendo la prosperidad futura. De la figura de Jano, por remota que parezca, aún se hallan reminiscencias en algunos seres mitológicos de las fiestas navideñas. Es el caso, por ejemplo, del Fumera, un ser con siete ojos (cuatro delante y tres en la nuca en una evocación del dios bicéfalo) que se presenta en los hogares catalanes alrededor del cambio de año para observar a los niños y reportar a los Reyes Magos si han sido obedientes.[3]

Enero es el mes más frío del año en el hemisferio norte. En el calendario tradicional, conformado en estrecha sintonía con el ciclo natural del entorno, es un mes de inactividad en muchos ámbitos. Se tenía como un mes durmiente, puesto que, sin las facilidades modernas, no se cosechaba ni se sembraba prácticamente nada más que unas pocas verduras de la huerta invernal. Se trata, desde la Antigüedad, de un mes de descanso antes del comienzo del nuevo ciclo agrario,[4] en el que las inclemencias climáticas hacen que «se coma mucho y se trabaje poco»,[5] como se decía popularmente, y se pase mucho tiempo hablando junto a la lumbre en las largas horas de oscuridad.

En el campo, la mayor parte de los cultivos de cereal ya están sembrados del otoño anterior, por lo que se realizan esencialmente tareas de orear y abonar la tierra de cara a las siembras de primavera. Otra de las tareas de enero en campos y jardines es la de la poda de arbustos y frutales antes de que retomen su crecimiento. En estos trabajos destaca, en la luna menguante de enero, la poda tradicional de la vid.

En las poblaciones de montaña, enero es el mes dedicado a la cría de las ovejas y, por lo tanto, la elaboración de quesos una práctica popular. Sin embargo, antaño era también muy frecuente en esta época la muerte del ganado debido a la escasez en cantidad y calidad del alimento, al clima y a la agresividad de los lobos. Estos cánidos, así como el otro gran depredador nativo de la península, el oso, han encarnado en la espiritualidad popular al numen del invierno. Su peligrosidad y voracidad aumentaban especialmente a mediados y finales de esta estación porque la escasez de alimento los llevaba a acercarse a zonas pobladas y atacar al ganado. Por ello, la caza del lobo era frecuente durante este mes y, como la del oso, se relaciona con diversas festividades rituales que se celebran en varias zonas rurales y montañosas de la península entre enero y febrero (hablaremos de ellas en el próximo capítulo) con una función apotropaica y regeneradora.

---

3. Amades, J. (1953), *Costumari català: El curs de l'any*, vols. I-V, Barcelona, Salvat Editores.
4. Marqués, N., *op. cit.*; Amades, J. (1953), *op. cit.*
5. Amades, J. (1953), *op. cit.*

En áreas boscosas, enero se tenía por el mejor mes para cortar leña, especialmente la que fuera a servir para elaborar carbón o mobiliario, ya que ganaba poder calorífico y resistencia si era talada en luna menguante o nueva.[6]

En la costa mediterránea, enero traía un fenómeno que era conocido por la gente de mar como «calmas», «secas» o «menguas». Se trata de un reseñable descenso en el nivel del mar, que deja al descubierto aquellas rocas que están bajo el agua el resto del año. Hoy en día, sabemos que las menguas de enero se producen por un aumento de la presión atmosférica y que, tal y como recogía el saber popular, acostumbran a traer un clima soleado y apacible por su carácter anticiclónico. Además, se tenían por un buen momento para la pesca, pero malo para la navegación, y a partir de la luna nueva del mes, se observaba que el tiempo se revolvía y traía mala mar.

Por su parte, la luna de enero ha recogido un sinfín de atribuciones en la cultura popular tradicional. Se reconoce como una de las más grandes del año (tan solo le disputa el puesto la de agosto) y, por lo tanto, como una de las más influyentes sobre la tierra. Ya dicen los refranes que «no hay amor como el primero, ni luna como la de enero», y que «la lluna de gener set virtuts té» («la luna de enero siete virtudes tiene»). Asimismo, hemos visto que determinaba en gran medida las tareas relacionadas con la tala de madera y la poda, así como también el plenilunio o el novilunio del mes se consideraban un buen momento para la matanza del cerdo pues se creía que se conservaría mejor.[7]

Otra creencia popular en Cataluña era la de que la luna llena de enero dotaba de poder a las brujas: estas perdían sus facultades mágicas al envejecer, por lo que para recuperarlas en todo su esplendor debían, ni más ni menos, que enseñar el culo al cielo nocturno. Cualquier vecino podría entonces identificar a las brujas de la población si esa noche se asomaba por la ventana. Esta pequeña leyenda se relaciona con la creencia aún extendida en muchos lugares de que enseñar el culo a la luna llena trae abundancia, suerte y fertilidad.

Igualmente, enero se creía el mejor mes para las bodas, quizá por la estrecha relación de su luna con el amor (recogida en una infinidad de refranes y coplas).[8] Una bonita costumbre mágica en Granada recogía que la muchacha que tocara la campana de la Yela el día 2 de enero sería afortunada en el amor durante todo el año. Esto hacía que la campana no cesara de sonar todo el día, pasando de mano a mano entre las jóvenes de la población.[9]

---

6. Amades, J. (1953), *op. cit.*

7. *Ibid.*

8. Pedrosa Bartolomé, J. M. (2008), «La luna de enero y el amor primero. Refranes, canciones, creencias», *Paremia*, n.º 17, pp. 111-120.

9. Machado y Álvarez, A. (1884), *Biblioteca de las tradiciones populares españolas*, vols. I, II y VIII, Madrid, Librería de Fernando Fe.

Enero, situado en el corazón de la estación más fría, prosigue con la dinámica espiritual que en el folclore comienza a mediados de otoño y alcanza hasta bien entrada la primavera: es tiempo de muertos. Mientras la naturaleza reposa, el invierno materializa la energía de la desintegración y la muerte, convirtiendo este periodo en el más inclemente, severo y peligroso para la supervivencia. Los espíritus de los difuntos vagan voraces en las largas noches, las comitivas espectrales cabalgan los cielos y la muerte alarga sus dedos en la oscuridad. Es por esto por lo que la mayoría de las celebraciones y prácticas rituales del mes tienen una finalidad completamente apotropaica, dispuesta para proteger al ganado, los campos y las personas en el momento más vulnerable del año.

CALENDARIO TRADICIONAL DE
ENERO

Primero de año:
1 DE ENERO

El primer día del año ha tenido un carácter festivo y propiciatorio en nuestra cultura desde la época romana. En su momento, estaba dedicado a Jano, al cual se dirigían las plegarias y ofrendas para favorecer el inicio del ciclo. También se dedicaba a Strenia, diosa relacionada con la buena salud y la suerte, que inspiraba el origen de una de las costumbres más populares de la Navidad actual: el intercambio de *strenae* o regalos. La primera acepción de la palabra romana *strena* era «presagio» o «pronóstico», lo que delata el sentido ritual que tenía el intercambio de estos presentes, que podían consistir en alimentos, ramilletes de hierbas, estatuillas, lucernas o útiles domésticos varios.[10] Las estrenas eran una representación de los buenos deseos de cara al año nuevo hacia la persona a la que se regalaban: se entregaba un poco de la abundancia que se le deseaba con fin de atraer, de presagiar, la buenaventura en el ciclo que se iniciaba.

Un aspecto muy relevante de la jornada es que se consideraba un día de augurios, los cuales aventuraban la fortuna del nuevo año. Son muchos los sistemas que se utilizaban para ello, como sacrificios para escudriñar las vísceras u observación del vuelo de las aves, y algunos, como se verá en las actividades del mes, se han perpetuado hasta hoy.

Popularmente, el primero de enero se tenía en la España del siglo XVI, tal y como recoge Pedro Ciruelo en su *Reprobación de las supersticiones y hechicerías*, como un día desafortunado, especialmente su novena hora.[11] Quizá por su carácter augural, el miedo a que aconteciera algo malo en él hiciera que se considerara como una jornada ante la cual protegerse especialmente.

---

10. Sánchez Domingo, R. (2009), «Origen histórico-jurídico del aguinaldo. Del "strenna" romano al salario en especie», *La Natividad: Arte, religiosidad y tradiciones populares*, simposio del Instituto Escurialense de Investigaciones Históricas y Artísticas, San Lorenzo del Escorial, pp. 715-730.

11. Ciruelo, P. (2005), *Reprobación de las supersticiones y hechicerías*, Valladolid, Maxtor.

- Estrenas a los seres queridos
- Ofrendas y plegarias a los espíritus tutelares
- Adivinación para el año
- Magia propiciatoria
- Protegerse este día para evitar el mal durante todo el año

Víspera de Reyes y Epifanía:
5 Y 6 DE ENERO

La víspera de los Reyes Magos y el día de la Epifanía se celebran en el calendario litúrgico desde al menos el siglo v.[12] Aunque la costumbre de que los Reyes Magos traigan regalos a los niños parece implementarse en España durante el siglo XIX, partía del amplio sustrato del que hablaremos en el mes de diciembre: los mitos de las comitivas espectrales a las cuales se deja ofrendas a cambio de sus bendiciones. Esta es una de las tradiciones más queridas por los infantes, pero para el amante del folclore y el practicante de brujería tiene un encanto mitológico y ritual especial. Los Reyes Magos recorriendo las calles en carrozas, acompañados de sus pajes y lanzando caramelos a los niños son una máscara de las comitivas espectrales del invierno, la cabalgata nocturna en su faceta benefactora, portadora de abundancia. Puedes consultar el capítulo del último mes para leer sobre este tema en mayor detalle.

De forma más explícita, el folclore español recoge también varias leyendas que sincretizan el mito de la Cacería Salvaje y la sitúan en la víspera de Reyes; una de las más destacables es la de la cacería del rey Herodes. El monarca, en inspiración a su persecución nocturna y asesinato de los niños de Belén, se convierte en nuestras leyendas en el líder de una horrible cacería fantasmal, acompañado de sus sirvientes, lobos y perros, en la que busca con gran estruendo llevarse el alma de todo aquel que halle en su camino.[13]

12. Rodríguez, E. (2009), «La navidad a través del tiempo», *La Natividad: Arte, religiosidad y tradiciones populares*, simposio del Instituto Escurialense de Investigaciones Históricas y Artísticas, San Lorenzo del Escorial, pp. 825-846.

13. Amades, J. (1953), *op. cit.*

Aunque hoy en día se cierra el ciclo de las fiestas navideñas con la celebración de la Epifanía, antaño no terminaba hasta la Candelaria, el 2 de febrero. Así, los belenes y alimentos típicos como los turrones permanecían durante todo el mes de enero.

- Participar en la cabalgata de Reyes portando fanales o candelas para iluminar el camino a la comitiva de espíritus

- Protegerse de los espíritus malintencionados

- Dejar ofrendas dentro de casa a la cabalgata nocturna

- Hacer regalos en nombre de los Reyes Magos a los seres queridos para desearles suerte en el año nuevo

San Antón:
17 DE ENERO

El día de San Antonio Abad o San Antón es escenario en tierras valencianas, baleares, catalanas y aragonesas de una tradición mágica entrañable: *els tres tombs* («las tres vueltas»).

Se trata de una celebración ritual que se remonta al menos al siglo XV,[14] y consiste en una procesión conformada por los habitantes de la población y sus animales. Ganado y mascotas participan por igual en esta caminata acompañados de carros antiguos decorados que, cargados de materiales y productos de distintos oficios tradicionales, dan tres vueltas en procesión al pueblo o la iglesia. La circunvalación es un antiquísimo rito de protección anual llevado a cabo en muchas culturas a lo largo de diversas fechas, pero especialmente durante y a finales del invierno. Dar vueltas alrededor de algo implica, a un nivel mágico, trazar una barrera entre aquello a proteger y las malas influencias externas, y en este acto quedan protegidos tanto el interior del cerco como aquellos que forman parte del desfile que lo traza. En el caso de *els tres tombs*, la bonita procesión termina en la iglesia, en la que el párroco bendice a los animales en honor a su patrón, san Antonio Abad, para protegerlos durante todo el año.

---

14. *Ibid.*

En muchos lugares de España, la víspera de este día se acompaña además de grandes hogueras purificadoras alrededor de las cuales se baila, se come o se rifa un cerdo.[15] También se representa la lucha del santo contra los demonios, como se hace en la localidad mallorquina de Sa Pobla. Esta teatralización, que a todas luces puede parecer católica, no deja de referir a lo mismo que todas las mascaradas de invierno que veremos durante el mes de febrero: representa la lucha contra los malos espíritus para proteger a la comunidad y, tras su expulsión, poner fin al invierno.

Como curiosidad, otra fecha a destacar por sus hogueras apotropaicas es el día de San Sebastián, el 19 de enero. En su víspera, en la población salamantina de Sobradillo se realizan las llamadas «luminarias de jumbrio», grandes fuegos purificadores con leña de enebro, que desprende un fantástico aroma y renueva el ambiente, alejando así todo mal.[16]

Otros lugares de la geografía peninsular también reúnen costumbres profilácticas para el ganado el día de San Antón. En la provincia de Burgos, se salía a pedir «para el santo» a los pueblos vecinos, y cada casa debía dar un panecillo o torta por cada animal doméstico que tuviera a modo de ofrenda o sacrificio para su protección. A los animales se les hacía dar una vuelta a la iglesia con el mismo fin.[17] En Barakaldo, el párroco también bendecía las esquilas y cencerros del ganado.[18]

- Dar tres vueltas al pueblo o a un lugar sagrado con nuestros animales para bendecirlos

- Entregar a los espíritus del invierno una ofrenda (como serían los panecillos de San Antón) a cambio de respetar y proteger la vida de nuestros animales

- Encender una hoguera con fines protectores y purificadores

---

15. Limón Pons, M. À. (2005), «Historia y ritual de la fiesta de San Antonio Abad en la isla de Menorca», *Narria: Estudios de artes y costumbres populares*, n.° 109-112, pp. 59-66.

16. Blanco Castro, E. (2004), «Pinceladas de etnobotánica salamantina», *Salamanca. Revista de estudios*, n.° 51.

17. Valdivielso Arce, J. (1993), «Costumbres en torno a la fiesta de San Antón (17 de enero) en la provincia de Burgos», *Revista de folklore*, vol. 13b, n.° 152, pp. 59-65.

18. Homobono Martínez, J. I. (2021a), «Remedios precautorios y sanadores», *Supersticiones, creencias, leyendas y rituales. Facetas del imaginario popular barakaldarra*, anejo, n.° 22, pp. 53-59.

AMULETO TRADICIONAL

Panecillos de San Antón

Los panecillos, en muchos lugares de España, son un
elemento central en esta celebración. Se trata normalmente
de tortas sin sal ni fermentación (formato muy asociado al
invierno y a los panes funerarios, es pan «muerto»),
marcadas con una cruz. En un principio, se ofrecían al
santo a cambio de la protección del ganado, pero también
se les atribuyeron facultades mágicas. Benditos en este día,
se creía que si los enfermos los comían sanarían y se
guardaban como amuleto para atraer el dinero y el amor de
un año para el siguiente.

MAGIA Y TAREAS ESTACIONALES

Auspicios de año nuevo

Enero recoge un gran número de prácticas adivinatorias populares para aventurar cómo iría el nuevo año. Según se decía, el viento que corriera ese día sería el que predominaría en todo el año; asimismo, el dinero que se llevara en el bolsillo sería símil del que se tendría hasta el próximo enero: si era oro, la suerte acompañaría a su portador; si era plata, esta sería menor; y si era cobre, no sobraría el dinero.

También se adivinaba el carácter del año según el día de la semana en que empezara, tomando los atributos del dios correspondiente: si caía en lunes, la fortuna sería variada y cambiante como la luna; en martes, se esperaba un año de conflictos; en miércoles, el comercio y los negocios irían bien; en jueves, se auguraba un año próspero bajo el influjo de Júpiter; en viernes, abundarían los amoríos; en sábado, se esperaba un buen año para la agricultura, y los domingos pronosticaban un año luminoso.[19]

También se creía que las circunstancias de la primera persona que uno se cruzara por la calle indicaría la suerte que le deparaba el año: un pobre, mala fortuna y, un rico, un año próspero y abundante.[20] Podría llevarse esta práctica a muchas otras observaciones: una embarazada, un embarazo; una pareja enamorada, el amor; una persona enferma, enfermedad...

En diversos lugares de España, el año comienza con una predicción climatológica basada en la observación de los primeros doce días del mes. Según este sistema, conocido como cabañuelas o *zotalegun* en el País Vasco, el tiempo de cada día se corresponderá con el que predominará cada uno de los meses siguientes: si el 1 de enero es frío y soleado, así lo será el mes en general; si el día 2 de enero llueve, febrero será lluvioso, y así hasta completar el pronóstico anual con los doce primeros días del año.

Puede aprovecharse esta tradición popular para adaptarla a otras predicciones anuales mediante la observación de otros signos o augurios en estos días. Conviene tomar nota en un diario de todo lo que resulta destacable en cada uno de ellos, desde hallazgos inesperados hasta la dinámica general de la jornada: si ha sido un día problemático, si todo ha

---

19. Machado y Álvarez, A., *op. cit.*

20. *Ibid.*

fluido con facilidad, si se ha recibido un regalo, si se ha visto un animal simbólico por sorpresa... De las observaciones podrá extraerse un mensaje para cada mes.

Otro sistema oracular meteorológico muy típico del primero de enero es el llamado «calendario de la cebolla», popular sobre todo en el Pirineo aragonés y catalán. Este sistema consiste en cortar una cebolla por la mitad y sacarle doce medias capas, que se colocan en orden sobre una bandeja y corresponden a los meses del año. Sobre cada una de las capas de cebolla, como si fueran pequeños cuencos, se vierte una cucharadita de sal. La bandeja se deja en el exterior, en el alféizar de la ventana por ejemplo, durante toda la noche de San Silvestre y se consulta la mañana del primero de enero: los meses correspondientes a las capas de cebolla en las que la sal ha quedado seca, serán meses secos, mientras que los meses correspondientes a las capas en las que la sal se ha derretido o aguado, serán meses lluviosos.

Limpieza de los umbrales

El primero de enero marca el umbral entre un año y el siguiente. Una forma de hacer que el paso por esta puerta sea venturoso y los espíritus que rigen sobre este momento liminal sean propicios es purificar los umbrales, los quicios y las puertas de casa. Este acto, como magia imitativa, ayudará a que la transición sea suave, a que los males queden en el pasado y a que se comience el ciclo con frescura. Como inspiración histórica para este acto ritual se puede tomar el ejemplo de Mari González, hechicera acusada frente al Santo Oficio en 1608, que limpiaba los umbrales y puertas de su casa con vinagre y encendía una vela detrás de cada puerta.[21] Tomando su idea, además de purificar con el vinagre, se puede entender que la vela tras cada puerta es una ofrenda a los espíritus de los umbrales o una forma de expulsar con la luz el miasma y los malos espíritus de los rincones. Dejo a continuación una receta de vinagre purificador con ingredientes de temporada que puede usarse en esta práctica:

---

21. Martín Soto, R. (2008), *Magia y vida cotidiana: Andalucía, siglos XVI-XVIII*, Sevilla, Renacimiento.

VINAGRE DE LIMPIEZA

Materiales:
- 1 litro de vinagre blanco
- Pieles de naranja
- Pieles de limón
- 1 puñado de agujas de pino frescas

Optativo: Puede mezclarse el vinagre con otras hierbas o especias de preferencia para la purificación y la prosperidad: laurel, tomillo, romero, clavo...

Preparación:
1. Poner en un tarro de cristal con cierre hermético las pieles de al menos un par de naranjas y un limón. Añadir un puñado de agujas de pino frescas y cubrir todo con vinagre blanco, sin que las hierbas sobresalgan.
2. Cerrar y dejar macerar de quince a veinte días, removiendo de vez en cuando.
3. Pasado el tiempo, filtrar con una tela o colador y embotellar el vinagre resultante.

Uso:
Puro o rebajado con agua, este vinagre es un gran desinfectante de superficies domésticas como suelos, mesas o encimeras. Sin embargo, también es un excelente purificador energético con que limpiar los altares, las puertas y sus umbrales, así como herramientas mágicas. Incluso se puede añadir en baños.

Comida para las aves, espíritus del territorio

Una costumbre popular del invierno es poner comida a las aves, puesto que no siempre encuentran alimento en la naturaleza en este momento del año.

En el folclore, las aves se relacionaban con el origen de la agricultura: se creía que, gracias a ellas, se habían diseminado el trigo y las primeras gramíneas, permitiendo así al ser humano comenzar a cultivar cereales. Por ese motivo, era costumbre en algunas zonas rurales dejarles un manojo de espigas de trigo sobre el tejado el día de Navidad como muestra de agradecimiento.[22] Otra asociación de los pájaros en la creencia popular es que representan las ánimas de los muertos: visitan a sus familiares bajo una forma alada para avisarlos de su presencia, y las bandadas migratorias se asimilaban a las procesiones de difuntos, que volaban hacia su lugar de descanso.[23]

Poner un comedero a las aves no es solo un pequeño acto de amabilidad hacia los animales que viven alrededor, sino que puede ser practicado como un acto espiritual de ofrenda: hacia los pájaros en sí para agradecerles su labor en la naturaleza, así como hacia los númenes de la agricultura y los difuntos que encarnan.

Para no perjudicarlos, la comida debe ser adecuada (frutos secos sin sal, cereales en crudo, alpiste...) y ponerla solo de manera puntual o, si se deja de forma continuada, no cesar la actividad de golpe para no dejarlos sin nada en caso de haber creado dependencia en ellos. Dejar de rellenar el comedero debe ser un proceso paulatino, pero es importante cesar cuando llegue el buen tiempo para que se valgan por sí mismos en la época de abundancia.

Magia onírica

Los meses de noches más largas inducen en el organismo la necesidad de dormir más horas, y el sueño durante esta época parece más profundo y espeso. También se pasa más tiempo en estados liminales entre el sueño y la vigilia, en la penumbra. Muchos practicantes, entre los que me incluyo, reportan una mayor intensidad onírica en este periodo, con una mayor concentración de sueños simbólicos, proféticos, parálisis del sueño o experiencias de vuelo del espíritu (proyección astral), sobre todo durante los solsticios y alrededor del cambio de año. En enero resulta aconsejable apuntar los sueños e interpretar aquellos que resulten, por una u otra razón, destacables. También pueden llevarse a cabo prácticas de *incubatio* para pedir que lleguen mensajes a través de ellos. La estructura básica de una incubación del sueño puede ser la siguiente:

---

22. Amades, J. (1953), *op. cit.*
23. Carreras y Candi, F. (1944), *Folklore y costumbres de España*, vol. I, Barcelona, Casa Editorial Alberto Martín.

RITUAL BÁSICO DE INCUBACIÓN

Materiales:

- 1 ofrenda (flores, incienso, agua aromática...) si se pide el mensaje del sueño a algún espíritu
- 1 vela blanca
- 1 preparado de purificación personal
- 1 preparado de purificación ambiental
- Sábanas y pijama limpios, preferiblemente blancos

Optativo: Elementos onirógenos del gusto del practicante: aceite, ungüento o infusión de plantas como la lechuga silvestre, la artemisa o la tila; saquitos o hierbas bajo la almohada con, por ejemplo, plumas de aves nocturnas, beleño (cuidado porque es tóxico), lavanda...; agua de hierbas para rociar la cama, objetos como maracas de cápsulas de adormidera...

Ritual:

1. Purificarse personalmente con el método que se prefiera (es recomendable hacerlo en el baño o la ducha), y purificar también el dormitorio y la cama. Poner sábanas y un pijama limpios.
2. Preparar un altar onírico en la mesita de noche, con una vela blanca, los objetos o preparados onirógenos a utilizar y la ofrenda.
3. Encender la vela y meditar unos minutos sobre la cuestión a consultar y los espíritus a los cuales se va a pedir el sueño sagrado, si es que los hay (también puede pedirse al propio inconsciente cuando se desea consultar asuntos internos).
4. Invocar a los espíritus deseados. Consagrar y entregar la ofrenda antes de hacer la petición del sueño de forma clara y concisa. Puede ser la respuesta a una pregunta, consejo, solicitar un sueño profético, averiguar el mejor tratamiento o solución a un mal padecido...
5. Aplicar los elementos onirógenos de forma ritual.
6. Apagar la vela e ir a dormir. Meditar de la forma preferida hasta alcanzar la hipnagogia y, en ese momento, repetir la pregunta varias veces hasta quedarse dormido.
7. Al día siguiente nada más despertar, apuntar el sueño. Agradecer al espíritu consultado, dejando consumir la vela del todo, e interpretar la respuesta.

EL JARDÍN
DE LA BRUJA

El mes de enero requiere de diversas tareas de mantenimiento en las plantas de exterior. Aquellas vulnerables a las heladas o las temperaturas bajas deberán entrarse en casa para protegerlas del frío, aunque también pueden dejarse fuera cubiertas con una malla antiheladas.

Si se tiene algún árbol, arbusto o planta que podar, este es un buen mes para hacerlo (puede aprovecharse la luna nueva o menguante para ello), ya que la planta está hibernando y, como su energía y nutrientes se concentran en la raíz, no se interrumpirá su crecimiento. También es un buen momento para trasplantar árboles, arbustos y rosales.

Esta es la temporada adecuada para orear la tierra y prepararla de cara a las siembras de primavera, así como para nutrirla con un abono rico en nitrógeno. Una práctica tradicional para ello consiste en extender sobre la tierra las cenizas del fuego del solsticio, a las que se atribuía la capacidad de proteger y propiciar los cultivos.

No es un buen momento para la recolección, pero, de ser necesaria, pueden recogerse las plantas perennes simplemente en la medida que se requieran para pasar el invierno. Para la cosecha que abastezca el resto del año, es más propicio esperar a las estaciones cálidas.

ALIADOS DE LA TEMPORADA

Pese a que el invierno no sea el mejor momento para la recolección de hierbas, aún se pueden encontrar algunas que asistan en este momento del año. Las más destacables en esta estación son las plantas perennes, a las que por lo general se atribuyen características purificadoras en el folclore.

Hierbas

○ **Coníferas:** *Se puede recolectar la resina de pinos, abetos o cedros para usarlas como incienso sobre carboncillo. Su aroma es fantástico y tienen una fuerte virtud purificadora. También pueden usarse sus hojas verdes en el altar o a modo de escobilla para expulsar el mal de casa.*

○ **Enebro:** *Su leña, bayas u hojas pueden quemarse en sahumerios, hogueras o carboncillo como purificador típico de esta época del año.*

○ **Cítricos:** *Las naranjas, las mandarinas y los limones están en su punto de recolección. Además de tener las vitaminas que el cuerpo necesita durante el invierno, su acidez y su semejanza con el sol las convierten en grandes aliadas para la limpieza y la prosperidad. Por otro lado, los limones se han usado tradicionalmente también en la magia maléfica.*

○ **Laurel y olivo:** *Sus ramas eran entregadas como estrenas entre los romanos para propiciar la protección y la prosperidad.*[24]

○ **Ajo:** *En el mes de enero se entregaba la cabeza de un ajo como símil de sacrificio a los lares y manes durante las fiestas romanas de las Compitalia. Esta planta se utiliza para apaciguar a los muertos y evitar que se lleven a otros con ellos,*[25] *y se le atribuyen propiedades apotropaicas contra los malos espíritus.*

○ **Cebolla:** *Usada en oráculo este mes. Si bien posee propiedades apotropaicas contra los malos espíritus, también se emplea en la magia maléfica.*

○ **Espinas de endrino:** *Aprovechando que el arbusto está desnudo de hojas, pueden recogerse sus espinas expuestas para guardarlas de cara al resto del año. Estas se usan para inscribir cera, para la protección o para los maleficios. Es posible recolectar otras espinas como las del rosal, las del espino albar o las de la zarzamora.*

---

24. Rodríguez, E., *op. cit.*
25. Amades, J. (1980), *Folklore de Catalunya. Costums i creences*, Barcelona, Selecta.

o **Brezo:** *Símbolo del cerco en la brujería tradicional, es uno de los principales arbustos con los que se hacen escobas. Pueden recolectarse en este momento del año sus ramas y madera para dicho fin. Las escobas o escobillas de mano hechas con brezo sirven para expulsar el mal de casa, como amuleto colgado sobre el lindar o bocarriba tras la puerta de entrada, y también como montura en prácticas de vuelo del espíritu.*

o **Eléboro verde o fétido (tóxica):** *Esta planta florece en invierno, tiempo de muerte. El aspecto saturnino de sus flores, lánguidas, duras y poco aparentes (en algunas especies incluso parecen salpicadas de sangre), junto con su alta toxicidad le otorgan una reputación siniestra. Tradicionalmente, ha sido una planta muy reconocida en la magia para el destierro de los malos espíritus, pero recolectarla requería de ritos específicos, por lo que es necesario ser un herborista experimentado para trabajar con ella.*

Otros recursos

o **Frío:** *Enero, como mes más frío del año, proporciona la posibilidad de utilizar la inclemencia del clima con fines mágicos. Pueden paralizarse situaciones o la acción de alguna persona exponiéndolas a las heladas nocturnas: escribirlas en un papel, mojarlo después o meterlo en un cubo con agua y dejarlo a la intemperie. El frío y la nieve también son poderosos elementos para meditar y profundizar tanto en la sombra propia como en el sentido espiritual de la muerte y el invierno.*

o **Las calmas:** *La bajada del nivel del Mediterráneo puede ser interesante en la magia. El mar es, en el folclore indoeuropeo, una puerta al mundo de los muertos; durante este fenómeno, su umbral retrocede y queda visible lo que el resto del año está oculto. Se puede aprovechar este espacio liminal para llevar a cabo prácticas de hechicería o adivinación. El retroceso, además, puede servir a prácticas de destierro, inscribiendo en la arena o situando simbólicamente el elemento a desvanecer en la zona que se inundará, o bien transmitiéndoselo a una piedra del entorno y lanzándola a las profundidades marinas.*

o **Fuego:** *El espíritu aliado de la humanidad más importante durante el invierno. Son comunes las hogueras protectoras, que pueden llevarse a cabo con la quema de plantas purificadoras.*

o **Lobos y licantropía:** *Es el animal simbólico del mes. Ya sea evocando su imagen o a través de algún elemento físico procedente de ellos (huesos, pelo, tierra que hayan pisado...), son un espíritu del que tomar fuerza y con el que explorar nuestra sombra más salvaje. Es un buen momento para las prácticas licantrópicas. Además, puede donarse a alguna asociación de protección del lobo a modo de ofrenda al territorio y muestra de respeto a los espíritus del invierno.*

o **La luna de enero:** *Exponerse a su plenilunio se asocia a la adquisición de poder mágico. Cualquier trabajo bajo su luz, se verá catalizado.*

FEBRERO

Los campos desnudos comienzan a aparecer salpicados de un color blanco que no es hielo ni escarcha. Son los pétalos de los almendros y son las flores del endrino, de la rabaniza y del aliso de mar, que se atreven a desafiar el reinado del invierno. Un reinado que, ante su augurado fin, se revolverá con su faz más fiera como una bestia herida de muerte.

Febrero toma su nombre del latín *februa*, término por el cual se conocían ciertos instrumentos de purificación que se utilizaban en este mes y que respondían a su marcado carácter espiritual.[1] Así, contemplado como el último mes del año en el calendario romano, era un periodo para honrar a los muertos y para la purificación. Se trataba de un tiempo de festividades arcaicas que permanecieron prácticamente inalteradas durante la historia de Roma por el miedo y el respeto que suscitaban los espíritus de los difuntos, los manes, a los que el mes estaba consagrado. De hecho, pese a los diversos ajustes de calendario que han modificado la duración de los demás meses, los veintiocho días de febrero no han sido nunca alterados por temor a importunar a los difuntos.[2] Todavía hoy en día este es uno de los meses que más celebraciones atávicas contiene en nuestra cultura, comprendidas bajo los carnavales y las mascaradas de invierno.

La necesidad de purificación durante este periodo fue contemplada también por otras culturas europeas, como los pueblos celtas. Resultaba una idea común que el invierno había cumplido su función desintegradora y debía llegar pronto a su fin, momento en que

---

1. Marqués, N., *op. cit.*

2. *Ibid.*

los espíritus de la noche y de los muertos regresarían a su mundo subterráneo para dar vida a la tierra. Para el renacer del ciclo, se les tenía que despedir, apaciguar y expulsar de las poblaciones y los campos mediante ritos varios.

Así como ya para el pueblo romano febrero era un mes funesto, dicha concepción se ha mantenido en nuestro folclore hasta prácticamente la actualidad, con especial hincapié en el día 29 de los años bisiestos y en su plenilunio. Entre la superstición y el marcado carácter irascible de la climatología de este mes, que tanto puede presentar días luminosos, casi primaverales, como las heladas más destructivas del año, ha quedado plasmado en la voz popular que «Febrero, febrerín, es el más corto y el más ruin»:[3] se tenía como el mes que traía más muertes y más enfermedades. Asimismo, los truenos de febrero se consideraban de mal agüero para el resto del año. Sin embargo, en una asociación quizá con el ciclo natural, se opinaba que los matrimonios celebrados este mes eran fecundos y pronto darían hijos.[4]

En el campo, el oreo de la tierra para los cultivos de primavera y la poda siguen estando vigentes durante todo el mes. Comenzaban tradicionalmente algunas siembras: la luna nueva de febrero se tenía por la mejor para plantar ajos y se esparcían las semillas del cáñamo y del lino, que después servirían para obtener fibra textil con que hacer tela y cuerda. Esta siembra se acompañaba popularmente de juegos de niños sobre los campos para evitar que los pájaros, que asemejados a las ánimas de los muertos que podían robar la futura cosecha, se comieran las semillas.[5]

Joan Amades refleja que la siembra del cáñamo y el lino solía ir acompañada, en las poblaciones rurales catalanas, de ciertos actos rituales de carácter marcadamente femenino: las mujeres se reunían de noche, fuera de la mirada de los hombres, para danzar en cerco y festejar sobre los campos, quizá bajo el plenilunio, que marcaba el mejor momento para la siembra.[6] La asociación simbólica es evidente: el lino y el cáñamo son plantas vinculadas al ámbito femenino por ser las mujeres las encargadas de procesar las fibras, hilarlas y tejer con ellas; a su vez, la mujer se vincula a la fertilidad de los campos y a la luna, siendo la mejor para llevar a cabo estos ritos propiciatorios.

En la montaña y el ámbito pastoril, febrero sigue siendo época de nacimiento de los corderos, así como de una gran mortalidad entre el ganado. Igual que en el mes anterior, eran populares las batidas contra los lobos y los zorros, que tras su muerte eran exhibidos por las poblaciones y casas próximas a modo de colecta: la gente donaba unas monedas a los cazadores en agradecimiento por acabar con la vida del animal. En cuanto a los osos,

---

3. Delgado, A. (2018), *Lunario y consejos para cultivar el huerto*, Madrid, Rustika.

4. Amades, J. (1953), *op. cit.*

5. *Ibid.*

6. *Ibid.*

animales antaño extendidos por casi toda la zona montañosa de la península, salían en febrero de su hibernación, momento en que eran especialmente vulnerables y estaban ávidos de alimento. Los cazadores de osos eran muy valorados en las sociedades rurales y, como trofeo, clavaban en sus umbrales la cabeza y las garras de los animales cazados.[7] El oso y su caza fundamentaban un gran número de celebraciones rituales que comentaremos en el calendario de febrero.

Por otro lado, este se tenía por un mes desafortunado en el ámbito marítimo. Entre finales de enero y principios de febrero acostumbran a arreciar vientos fuertes que dificultan la pesca en barco. Por ese motivo, en las zonas costeras, las actividades tradicionales del mes solían consistir en preparar el material para los meses próximos: se aparejaban las nasas, se conformaban trampas de juncos, se tejían y reparaban las redes.[8]

En el ciclo espiritual tradicional del año, febrero es el centro del periodo carnavalesco, que se extiende desde Navidad (o incluso unas semanas antes) hasta los carnavales propiamente dichos. Esta época se caracteriza por las arcaicas mascaradas de invierno y toda una serie de festividades de carácter grotesco, satírico y caótico que representan la degradación (según los parámetros de la sociedad) y la inversión de roles.[9] Estos rasgos son de origen tan antiguo que se vinculan directamente con celebraciones romanas como la Saturnalia, la Lupercalia o las bacanales, y se han mantenido de forma más pura en las áreas rurales y montañosas. Refieren a un carácter ritual de purificación a través de lo extático y lo liberador en lugar de mediante el recato cristiano: la quema de muñecos ridiculizados como chivos expiatorios; la catarsis y la fertilidad que propician las ajetreadas carreras en las que sus participantes son manchados con harina o ceniza, o bien son fustigados por grotescas figuras enmascaradas; la permisividad en la transgresión del tabú y la inversión del orden social como liberación a fin de mantener el orden el resto del año. Los jóvenes que llevan a cabo estos ritos para el resto de la comunidad representan la renovación y la fertilidad en su faceta más primaria y salvaje, necesaria para la reproducción. Emular el carácter antagónico e incivilizado del invierno, tan propiciatorio de la regeneración de la naturaleza, hace lo propio con la comunidad y los campos.

Este carnavalesco sustrato pagano está presente en prácticamente todas las fiestas de febrero, así como lo está en otras previas como los Santos Inocentes o San Silvestre.

---

7. Gómez Vozmediano, M. F. (2015), «Apuntes sobre la caza del oso en Los Montes de Toledo», *Revista de estudios monteños*, n.º 150, pp. 66-69.

8. Amades, J. (1953), *op. cit.*

9. Campo Tejedor, A. del (2015), «El fuego destructor-renovador en el tránsito invernal. Las candelas de La Puebla de los Infantes (Sevilla)», *Gazeta de Antropología*, n.º 31.

CALENDARIO TRADICIONAL DE
FEBRERO

La Candelaria:
2 DE FEBRERO

Esta celebración de apertura del mes coincide con la fiesta irlandesa del Imbolc, que parece corresponderse con celebraciones de igual motivación y fecha en otras zonas con influencia celta, como se aprecia en recientes estudios sobre la astronomía en Galicia.[10] Parece ser que los elementos comunes de esta celebración serían la purificación y la luz, y aunque existen prácticas que los refieren en toda Europa, así como también en nuestra península, carecemos de información que concrete los matices que tenía dicha festividad por estas tierras en la Antigüedad; casi todo lo que sabemos es lo que nos ha llegado a través del sincrético catolicismo popular.

La Candelaria, pese a citarse ya en el siglo v,[11] fue acogida oficialmente en Roma en el siglo VII. También llamada la «fiesta de la luz», conmemoraba la presentación de Jesús en el templo y la purificación de María cuarenta días después del parto, como era costumbre en los alumbramientos de varones. Sin embargo, tanto los temas centrales de la festividad (la purificación y la luz) como su ubicación (cuarenta días después del solsticio) ya eran aspectos presentes en la celebración celta,[12] lo que refleja un proceso de superposición religiosa.

En muchos lugares de nuestra geografía, la Candelaria se caracteriza por el encendido de hogueras nocturnas de la misma forma que se hacía en la festividad celta en muchos lugares de Europa. Estos fuegos, llamados «candelas» en lugares como la Puebla de los Infantes (Sevilla),[13] se encienden delante de cada casa o de forma comunitaria. En otros

---

10. Bouzas Sierra, A. (2015), «Etnoastronomía del calendario céltico en Galicia», *Anuario Brigantino*, n.º 38, pp. 67-90; Bouzas Sierra, A. (2013), «Espacios paganos y calendario céltico en los santuarios cristianos de Galicia», *Anuario Brigantino*, n.º 36, pp. 43-74; Bouzas Sierra, A. (2009), «Aportaciones para una reinterpretación astronómica de Santiago de Compostela», *Anuario Brigantino*, n.º 32.

11. Campa Carmona, R. de la (2016), «Las fiestas de la Virgen en el año litúrgico católico», *Regina Mater Misericordiae: Estudios históricos, artísticos y antropológicos de advocaciones marianas*, pp. 127-199.

12. Bouzas Sierra, A. (2015), *op. cit.*

13. Campo Tejedor, A. del, *op. cit.*

lugares, la presencia del fuego se ha modernizado en tracas de petardos o fuegos artificiales.[14]

Ya en la Edad Media, se recoge una de las prácticas principales de la Candelaria que ha seguido presente hasta hoy en prácticamente la totalidad del territorio español: la bendición de las candelas y cirios que se utilizarán el resto del año.[15] Las velas se llevan a la misa para ser benditas y después se encienden junto al sagrario en las iglesias y en las sepulturas de los familiares, y también se utilizan en los bautizos o como ofrenda en los santuarios.[16]

Sin embargo, su uso tradicional el resto del año era también completamente mágico: se daban encendidas a los moribundos para ayudarlos a morir,[17] o a los enfermos para que sanaran;[18] se utilizaban en las vigilias mortuorias y para acompañar al difunto al cementerio con el fin de proteger y guiar su alma; se prendían cuando había tormenta para evitar que esta causara daños con sus rayos o el granizo, pero también contra la acción de las brujas;[19] se portaban en farolillos por las calles nocturnas para alejar el miedo y las ánimas errantes;[20] se empleaban para la protección del ganado y de las parturientas,[21] etc. Su carácter mágico era, como puede apreciarse, eminentemente protector.

Era común en las zonas de cultivo de olivos de la península que se llevara al templo a modo de ofrenda aceite para las lámparas y, entre los apicultores, cera para hacer candelas.[22]

También eran populares las procesiones diurnas o nocturnas portando velas, a menudo con cierto carácter auspicioso: que el cirio del párroco se mantuviera encendido o se apagara durante el recorrido auguraba un buen o un mal año, y las embarazadas veían como un presagio de que el parto iría mal o el niño nacería muerto si se les apagaba su propia

14. García Lázaro, E. (2008), «La Candelaria», *Beniel. Recuerdos de un pueblo*, pp. 230-253.

15. Flórez Dávila, G. C. (2020), «"Mamacha Candelaria": Un antiguo culto mariano presente en el mundo andino», II Congreso Internacional de la Bajada de la Virgen, Santa Cruz de La Palma, pp. 479-492.

16. Homobono Martínez, J. I., *op. cit.*

17. Amades, J. (1980), *op. cit.*

18. Amades, J. (1953), *op. cit.*

19. *Ibid.*

20. Homobono Martínez, J. I. (2021a), *op. cit.*

21. Amades, J. (1953), *op. cit.*

22. *Ibid.*

candela. Por otro lado, aquellas madres cuyos bebés habían fallecido encendían una vela el 2 de febrero para darles luz en el limbo.[23]

La Candelaria se tiene popularmente como el punto que marca la mitad del invierno, por lo que en muchos lugares de España y de Europa se augura cómo será el resto de la estación según transcurra la jornada. Muchos refranes refieren este hecho: dicen los gallegos que «Se a Candelaria chora, o inverno vai fóra. Se a Candelaria ri, o inverno está por vir» («si la Candelaria llora, se acabó el invierno. Si la Candelaria ríe, aún está por venir»), o «Que la Candelaria llore o cante, invierno atrás y adelante».

En definitiva: si el 2 de febrero es lluvioso, el invierno estará por terminar, mientras que si es soleado, el frío aún durará bastante más. En este día, también se llevaban a cabo prácticas adivinatorias mediante la quema de las candelas benditas, de manera que habría buena cosecha si los cirios ardían bien o todo lo contrario si se apagaban o prendían con dificultad.[24]

Cabe mencionar que, en algunos lugares, la Candelaria incluye elementos carnavalescos como la elaboración y quema de muñecos, así como la fiesta y la sátira. Los comentaremos mejor en el apartado de los carnavales.

Finalmente, la fiesta de la Candelaria cierra el ciclo navideño al ser el día en que se retiraban los belenes y se abandonaban tanto los turrones como demás alimentos típicos de las fiestas.[25]

- Encender una hoguera o vela en honor al ascenso de la luz
- Elaborar o adquirir velas para el resto del año y bendecirlas
- Observar el clima durante el día
- Regalar aceite o cera a modo de ofrenda
- Llevar a cabo adivinación con velas

23. *Ibid.*
24. *Ibid.*
25. *Ibid.*

San Blas:

3 DE FEBRERO

Son comunes en su celebración las hogueras y los ritos festivos de carácter carnavalesco, con bailes, latigazos, cencerros y disfraces.[26] La figura de san Blas, como ermitaño en una cueva, se asocia de algún modo a la figura pagana del oso en las mascaradas de invierno.

El alimento mágico del día son los panes, las tortas, las galletas, los panecillos y las roscas o rosquillas de San Blas, que tienen en común la virtud mágico-medicinal de guardar del dolor de garganta. También se bendecían en esta jornada higos secos, chocolatinas, dulces, caramelos, algarrobas y otros alimentos, que se conservaban tanto para las personas como el ganado en momentos de enfermedades de garganta o respiratorias.[27]

- Rito del cordón de San Blas
- Hacer rosquillas o panecillos de San Blas
- Bendecir algún dulce imperecedero y guardarlo para cuando se tenga dolor de garganta

HECHIZO TRADICIONAL

El cordón de San Blas

Son cordeles que se bendecían y se envolvían alrededor del cuello para curar el dolor de garganta. La costumbre ha estado presente en diversas zonas de España, si bien es muy popular en el País Vasco y en Canarias. Debe llevarse durante nueve días, contando el de San Blas como el primero, y luego quemarse; así, queda uno protegido de los dolores de garganta el resto del invierno.

---

26. González Fernández, Ó. J. (2020), *Mascaradas de la península ibérica*, s. l., Óscar González.
27. Amades, J. (1953), *op. cit.*

Santa Águeda:

5 DE FEBRERO

La fiesta de Santa Águeda o de las Águedas reúne una serie de prácticas rituales de origen pagano de lo más interesantes, como que parece sincretizar ciertos elementos de la fiesta romana de la Matronalia.[28] En este día se produce una inversión de los roles de géneros en la sociedad: las mujeres, tradicionalmente sometidas a un contexto patriarcal, renuncian a encargarse de las tareas domésticas y toman el mando de la jornada. A menudo se nombra a una «alcaldesa» y varias «mayordomas», apartando así a los hombres de las actividades festivas públicas y realizando actos que tan solo a ellos les estaban permitidos el resto del año, como sacarlos a bailar,[29] burlarse o mostrar gran desinhibición.[30] Pese a lo inadmisible de la práctica para el obispado, algunos párrocos participaban de buena gana en la tradición, como refleja esta denuncia de 1750 en la localidad salmantina de Guijuelo:

> Con gravísimo escándalo se juntan las mujeres en la víspera y día de Santa Águeda a bailes y cantares provocativos y deshonestos por la noche en el pórtico y de día dentro de la misma iglesia; y que el beneficiado o cura de ella, bien lejos de prohibir semejantes ofensas a Dios y de su santo templo, coopera a los mismos insolentes desacatos, y se deja llevar bailándole desde su casa hasta la misma parrochia, con notable vilipendio de su estado y ministerio.[31]

La celebración se conforma en estrecha relación con el concepto de inversión del orden que tienen los carnavales, pero también delata la importancia que tenían las mujeres durante el mes, así como en los ritos dedicados a la fertilidad de la tierra y el reinicio del ciclo: eran protagonistas de muchos de ellos y se les permitía expresar su sexualidad con libertad porque se consideraba que atraía la fecundidad a la comunidad, sus animales y sus cultivos. De hecho, existen otras celebraciones similares alrededor de Carnaval, como Les Comadres en Asturias, durante el Jueves Lardero.

---

28. Cea Gutiérrez, A. (1979), «La fiesta de las Águedas en Miranda del Castañar», *Narria: Estudios de artes y costumbres populares*, n.° 15-16, pp. 37-43.

29. *Ibid.*

30. Diéz Elcuaz, J. I. (2005), «La fiesta de las Águedas en la provincia de Salamanca durante el siglo XVIII», *Revista de folklore*, n.° 294, pp. 204-207.

31. *Ibid.*

- Trabajo mágico con arquetipos femeninos
- Magia de fertilidad y sexualidad femenina

Las fiestas romanas de los muertos:
DEL 13 AL 21 DE FEBRERO

Especial mención tienen este mes las fiestas romanas de los difuntos. Como ya hemos visto, la vinculación de febrero con los muertos ha quedado muy presente en nuestro folclore, especialmente en las mascaradas de invierno. Los romanos creían que desde el mediodía del 13 de febrero hasta el 21 del mismo mes (notemos la similitud con la creencia de Todos los Santos, en la que los muertos también llegan a mediodía),[32] las ánimas vagaban mucho más cerca de los vivos y solicitaban diversos ritos y ofrendas. Las Parentalia, celebradas a partir del día 13, eran unas fiestas dedicadas a los buenos ancestros de la familia, los manes. La Feralia, que cerraba las celebraciones en honor a los difuntos, estaba dedicada a apaciguarlos a todos en general. En estos días, se apagaban los fuegos en los altares, se cerraban los templos en un gesto de duelo y se llevaban ofrendas sencillas a las tumbas de los seres queridos,[33] como lo refleja Ovidio:

Aplacad las almas de los padres y llevad pequeños regalos a las piras extintas. Los manes reclaman cosas pequeñas; agradecen el amor de los hijos en lugar de regalos ricos. La profunda Estige no tiene dioses codiciosos. Basta con una teja adornada con coronas colgantes, unas avenas esparcidas, una pequeña cantidad de sal, y trigo ablandado en vino y violetas sueltas.[34]

- Tener un gesto de duelo como respeto a los ancestros; por ejemplo, no encender el altar a otros espíritus, hacer un minuto de silencio o vestir de luto
- Llevar unas ofrendas a la tumba de los seres queridos

---

32. Amades, J. (1953), *op. cit.*

33. Marqués, N., *op. cit.*

34. Arenas Gallego, L. M. (2023), «El culto a los di Manes», *Cuadernos de arqueología de la Universidad de Navarra*, n.º 31, pp. 35-68.

Los carnavales y las mascaradas de invierno

Los carnavales son una de las festividades que más elementos atávicos rituales han mantenido. Pese a que su fecha oficial se dispone cuarenta días antes del Domingo de Resurrección, las fiestas de carácter carnavalesco, también conocidas como «mascaradas de invierno», se extienden por toda España desde diciembre hasta la llegada de la primavera.

Las celebraciones incorporan los conceptos paganos que ya se han mencionado en todo el mes de febrero: la purificación a través de lo extático, de la inversión del orden social, de emociones tan crudas como la burla despiadada, la risa, el dolor o el sexo, así como de la liberación de los impulsos más salvajes del ser humano. Sin embargo, también se busca propiciar la fertilidad del nuevo ciclo a través de la aceptación de esta naturaleza salvaje, a través de la sexualidad sin tabú y de imitar las fuerzas del invierno y la muerte en su función regeneradora.

Sería imposible recoger aquí ni una mínima parte de los espectaculares ritos carnavalescos que se dan en nuestra tierra. En las ciudades y en el sur de la península, las mascaradas de invierno se civilizaron y refinaron a través de disfraces modernos, tonadillas satíricas y el velado de su carácter mágico. En el norte, en cambio, y especialmente en las zonas rurales, se mantuvieron mucho más sus rasgos primitivos rituales: disfraces con hojas, cortezas, paja, pieles o huesos para imitar a los númenes de la naturaleza y del invierno; procesiones alrededor del pueblo con sonoros cencerros para espantar a los malos espíritus y despertar los campos; o salvajes carreras y persecuciones por las calles, en las que grotescos personajes fustigan con látigos o manchan con ceniza, harina o betún el rostro de aquellos a quienes atrapan.[35]

Muchos de estos elementos estaban ya presentes en la Lupercalia romana, que se celebraba el 15 de febrero. En ella, un grupo de jóvenes, los lupercos, vestidos tan solo con pieles de cabra recién sacrificadas y portando látigos del mismo material, se dedicaban a corretear desenfrenados por las calles fustigando a las mujeres que hallaban a su paso, que se dejaban hacer bajo la creencia de que ello las haría más fértiles. Se trataba de una fiesta de purificación y de fertilidad con un gran componente salvaje, animalesco y sexual que, sin duda, ha permeado en nuestras carnestolendas modernas.

El carnaval comienza el Jueves Lardero, un día en que es tradicional comer carne porque no se podrá durante la Cuaresma. Diversos son los alimentos típicos de la jornada:

---

35. El libro *Mascaradas de la península ibérica*, de Óscar J. González, es una exhaustiva recopilación de todos estos ritos y cuya lectura recomiendo profundamente, a falta de poder extenderme al respecto en estas páginas.

chorizos, butifarra, longaniza, tocino, repostería hecha con grasa de cerdo..., y se comen habitualmente en familia o con amigos en forma de pícnic en el campo.

Después de cobijar todos los ritos satíricos, festivos, apotropaicos, purificadores y de fertilidad durante la semana de carnaval, las celebraciones concluyen el martes siguiente, normalmente con uno de los actos rituales más icónicos de estas fechas: la muerte del Rey del Carnaval. Este personaje (ya presente de forma similar en la Saturnalia romana) rige este mundo al revés e incentiva con ello el caos y el desenfreno; además, acostumbra a ser un muñeco o monigote que, tras presidir todos los ritos, es quemado o ahorcado. El Rey del Carnaval es, a todas luces, el vestigio de un sacrificio como chivo expiatorio: representante del descontrol y del invierno, tras haber purgado la comunidad es sacrificado para que regrese el orden y el ciclo se reinicie. De hecho, el Rey del Carnaval es en muchas ocasiones una representación de algún político o personaje relevante al que se le achacan los males de la sociedad, a los cuales se busca poner fin dándole una muerte simbólica. Otro ejemplo típico de este chivo expiatorio en nuestros carnavales es el entierro de la sardina el Miércoles de Ceniza, lo mismo que la ya desaparecida costumbre de romper un plato, olla o vasija de barro;[36] símiles ambos de sacrificio en muchas fiestas populares.

Antes de concluir, no podía dejar de mencionar una figura que no solo está muy presente en las mascaradas antiguas, sino que incluso es protagonista de muchas de ellas: el oso. Los ejemplos más notorios de estas celebraciones, denominadas Fiestas del Oso, se dan en el Pirineo (Prats de Molló, Ordino, Saint Laurent de Cerdans) o en Salcedo (Galicia), si bien, como ya hemos comentado, aparece en muchos otros carnavales de la mitad norte de la península. Este animal, pues, es símbolo de la naturaleza agreste y de la faceta salvaje del hombre, y encarna el espíritu del invierno. Las fiestas en su honor terminan con la representación del sacrificio, el afeitado o el casamiento del oso con una doncella del pueblo, simbolizando así la muerte del invierno, la domesticación de la naturaleza en pro de la agricultura o su alianza con la comunidad mediante la hierogamia, respectivamente. En varias de estas fiestas, además, el oso tiñe de negro el rostro de la gente en un rito de purificación y fertilidad comunitario. El invierno y la muerte conceden sus dones al pueblo antes de marcharse, lo que permite que renazca la primavera. El disfraz ritual que supone el hollín en el rostro sirve para evitar a los malos espíritus mimetizándose con ellos, pero también representa la tierra negra y fértil; además, los componentes del tinte, que suele ser a base de ceniza y agua, están asociados a la purificación desde épocas muy remotas.

---

36. Amades, J. (1953), *op. cit.*

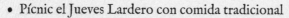

- Pícnic el Jueves Lardero con comida tradicional
- Participar de los ritos carnavalescos locales
- Despertar a la naturaleza y alejar a los malos espíritus con cencerros
- Trabajo de sombra
- Explorar el desenfreno como vía mística para el éxtasis
- Involucrar la animalidad y la sexualidad en los ritos
- Usar el disfraz ritual
- Prácticas teriomórficas
- Sacrificio simbólico del chivo expiatorio (quema de un muñeco, entierro de la sardina...)
- Purificación mediante éxtasis y dolor (flagelación ritual)
- Ritos de fertilidad

La Cuaresma

En nuestra cultura, el periodo comienza el Miércoles de Ceniza y comprende los cuarenta días previos al Domingo de Resurrección. La Iglesia dispuso este tiempo de ayuno, en el que tradicional-mente se prohibía la carne, se comía muy poco y solo alimentos pobres e insípidos, con el fin de depurar todos los excesos co-metidos durante los carnavales. Sin embargo, no está de más considerar que el ayuno ha sido contemplado como un acto purificador por prácticamente todas las culturas, en espe-cial como preparación de cara a celebraciones o ritua-les de importancia ante los cuales uno tiene que llegar limpio.

Un acto simbólico muy interesante del Miércoles de Ceniza es el que acontece en la misa: el sacerdote dibuja cruces de hollín en la frente de los fieles mientras pro-nuncia las palabras «polvo eres y en polvo te convertirás». Lo cierto es que, como ya hemos visto, la ceniza ha sido un elemento purificador para muchas religiones desde la Antigüedad, puesto que representa la pureza tras la destrucción de lo nocivo. Así lo refleja también la alquimia, en la que el proceso de nigredo (por el cual un elemento se torna negro, como el carbón) da paso a la pureza del albedo, del blanco, de la ceniza y de lo que es al fin incorruptible.

Otro elemento curioso del tiempo es la figura de la Vieja Cuaresma. Se trata de un muñequito de papel recortado que representa una anciana con siete pies y que se cuelga en las ventanas o sobre la lumbre. Cada domingo se le arranca un pie, lo cual sirve como calendario para este periodo. Llaman la atención los elementos relacionados con los espíritus paganos del invierno que este personaje ha asimilado, como la simbología de lo caduco en espera de la renovación o incluso la creencia de que la Vieja Cuaresma vigila a los niños para que se porten bien durante este periodo o, de lo contrario, los estrangulará.[37]

- Ayunos depurativos para prepararse de cara a la primavera
- Recortar una Vieja Cuaresma
- Reflexionar sobre la frase «polvo eres y en polvo te convertirás», esto es, sobre la ciclicidad de la muerte

---

37. *Ibid.*

MAGIA Y TAREAS ESTACIONALES

Bendición de las candelas

El principal rito popular de la Candelaria ha sido siempre la bendición de las candelas, por lo que cualquier practicante de magia puede preparar sus velas para el resto del año en este día y dotarlas así de más poder. Para ello, es mejor hacer un cálculo aproximado de cuántas se van a utilizar, para qué fines, y de qué materiales y colores. Independientemente de si se fabrican a mano o se adquieren, conviene recuperar los usos típicos que se les daban antaño preparando al menos las tradicionales de cera de abeja amarilla (que servirán para el culto a los ancestros y a la hora de trabajar con los difuntos) y las blancas de cera alba (que tendrán un uso más genérico: protección, ofrendas, destierros, adivinación...), además de unas cuantas de parafina, que resultan más económicas para el día a día. Si no se quieren bendecir tantas, pueden bendecirse solo unas pocas y encender el resto con ellas a lo largo del año, traspasándoles así su fuego sacralizado. Una vez preparadas, las velas pueden conjurarse o bendecirse en comunión con cualquier espíritu o poder con el que el practicante trabaje, no necesariamente de la forma católica. A continuación dejo un ejemplo más laico.

RITUAL BÁSICO DE BENDICIÓN DE CANDELAS

Materiales:
- Velas para bendecir
- Aceite de oliva
- Agua (preferiblemente de lluvia o de una fuente natural)
- 1 cucharadita de sal
- 1 ramita de romero

Ritual:

1. Tras entrar en un estado mental ritual, verter la sal en un cuenco con el agua y mezclar conjurando para despertar su poder.

2. Colocar las candelas sobre la mesa y aspergerlas con la ramita de romero mojada. Puede conjurarse el acto con unas palabras:

> *Yo purifico estas candelas de todo mal e impureza. Yo las bendigo en el nombre de todos los espíritus que me acompañan.*

3. Tras ello, se toma un poco de aceite de oliva y se ungen ligeramente con un dedo (no es necesario impregnarlas enteras, con un toque o una cruz es suficiente). A cada una puede pronunciarse:

> *Así te bendigo y conjuro tu poder.*

Aceite de populeón

El final del invierno es el momento en que despuntan los álamos negros (*Populus nigra*). Sus brotes son muy resinosos y aromáticos, y de siempre se han utilizado con fines medicinales en muchos preparados. El más célebre de ellos, el «ungüento de populeón» de las farmacopeas españolas, tiene una interesante conexión con la brujería del siglo XVI.

Por esa época, se popularizó la idea de que las brujas volaban a sus reuniones nocturnas con la ayuda de ciertos ungüentos compuestos de ingredientes tabú (grasa de niño pequeño, sangre...) y de plantas venenosas o psicoactivas. Andrés Laguna describe en su *Dioscórides* el ungüento hallado en la casa de unos acusados de brujería y que tuvo la oportunidad de analizar:

> Un cierto ungüento verde, como el del populeón, con el cual se untaban; cuyo olor era tan grande y pesado que mostraba ser compuesto de hierbas en último grado frías y soporíferas, cuales son la cicuta, el solano, el beleño y la mandrágora.[38]

---

38. Laguna, A. (1566), *Pedacio Dioscórides Anazarbeo. Acerca de la materia vegetal y los venenos mortíferos*, Madrid, Doce Calles, 1999.

ACEITE DE POPULEÓN

Materiales:
- 1 parte de yemas de álamo
- 3 partes de aceite de oliva

Procedimiento:
1. En un frasco de cristal desinfectado con cierre hermético colocar las yemas de álamo frescas y cubrir con el aceite.
2. Agitar la mezcla y dejar macerar durante cuarenta días o un ciclo lunar entero, ya sea a sol y serena, cerca de un radiador (para potenciar la extracción) o en un lugar oscuro.
3. Pasado este tiempo, filtrar y envasar el resultado, etiquetando el preparado con su composición y fecha de preparación.

También Francis Bacon incluyó las hojas de álamo, junto a muchas de las otras plantas citadas, en su propuesta de receta del preparado que supuestamente usaban las brujas para volar.[39]

El ungüento de populeón de las farmacopeas, compuesto no solo de yemas de álamo, sino también de hojas de hierba mora, adormidera, beleño, estramonio, mandrágora o belladona en grasa de cerdo,[40] inspiró en gran medida la idea del *unguentum sabbati*, el ungüento de las brujas, del que hablaremos más en el capítulo del mes de octubre. Así, por las asociaciones del álamo con el alma y el Inframundo en las mitologías clásicas, muchos practicantes lo incluyen en ungüentos de vuelo.

---

39. Hatsis, T. (2015), *The witches' ointment: The secret history of psychedelic magic*, Rochester, Park Street Press.

40. Calvo Muñoz, C. (2013), «Usos medicinales del chopo negro (*Populus nigra* L.)», *Medicina naturista*, vol. 7, n.° 2, pp. 99-115; *Farmacopea matritense en castellano* (1823), Madrid, Cosme Martínez; Jiménez, M. (1847), *Codex o farmacopea francesa*, Madrid, N. Sánchez; Academia Farmacéutica de la Capital de la República (1846), *Farmacopea mexicana*, México, Manuel N. de la Vega.

Febrero y marzo son buen momento para recolectar las yemas de álamo de las ramas que caen en días ventosos, con vistas a utilizarlas en futuros preparados, cuando el resto de hierbas estén en su momento de plenitud. Las yemas pueden secarse extendidas sobre una bandeja en un lugar ventilado y sin sol directo, o bien ponerse frescas a macerar en alcohol o aceite. De esta preparación se obtiene un bálsamo aromático y resinoso con propiedades antisépticas, antiinflamatorias y vulnerarias. Si se hace una tintura, el resultado será similar, pero bastante pegajoso. Con fines mágicos, puede utilizarse el aceite de populeón untado sobre la piel para propiciar el vuelo del espíritu, el trance y la comunicación con los ancestros. Más adelante, este aceite podrá enriquecerse con otras hierbas aliadas en función de las virtudes que se quieran potenciar.

Prácticas teriomórficas y magia animal

Febrero es el mes de las fieras, de los osos y los lobos. Lo reconocen las fiestas tradicionales de carácter animalesco y salvaje que se celebran en estas fechas, en las que el ser humano libera su esencia más primaria. Además, es una época en la que muchos animales mudan su pelaje, lo que simbólicamente acerca a la noción mágica del cambio de forma.

Las prácticas teriomórficas (es decir, de transformación en animal u adopción de sus atributos) han sido primordiales en las creencias mágicas más primitivas, tal y como puede verse en los brujos o hechiceros representados en las pinturas rupestres de las cuevas de Trois Frères, Gabillou o los Letreros. La creencia en el cambio de forma se ha mantenido presente en el folclore de la licantropía y la brujería europeas, pues se atribuía a las brujas la capacidad de convertirse en animales como aves, gatos, zorros, lobos o perros, entre otros.

La proyección del doble espiritual bajo una forma animal es un asunto complejo que requiere de mucho trabajo y experiencia, pero existen numerosas maneras de incorporar elementos teriomórficos más sencillos en la práctica espiritual para comenzar a tantear este terreno. Aquí van algunas propuestas:

- *Incubatio* para conocer al propio *daimon* animal: En el folclore europeo, así como sucede en muchas otras partes del mundo, existe la creencia de que cada persona posee un espíritu tutelar que suele manifestarse bajo una forma animal.[41] Este se encarga de proteger, guiar, advertir o, en caso de pertenecer a una bruja, llevar a cabo encargos por ella. Si bien en el esoterismo actual son muy comunes las meditaciones guiadas para encon-

---

41. Lecouteux, C. (1999), *Hadas, brujas y hombres lobo en la Edad Media: Historia del doble,* Palma de Mallorca, José J. de Olañeta.

trar ese típicamente llamado «animal de poder», ante la facilidad de que el propio ego tergiverse su interpretación, una *incubatio* puede arrojar resultados más interesantes. Para ello, puede llevarse a cabo el rito de incubación del mes de febrero durante tres noches consecutivas, ofrendando y pidiendo al espíritu animal que se presente en sueños. Si se logra el encuentro o alguna señal de este, se podrá comenzar a trabajar con él prestando atención a sus atributos principales y de qué manera se expresan estos en uno mismo, así como advirtiendo apariciones del animal en el día a día como mensajes, incluyéndolo en las prácticas mágicas...

- Rito extático de cambio de forma: En el folclore europeo, también es frecuente la creencia de que algunos humanos tienen una forma animal predilecta en la que su alma puede transformarse para deambular por el Otro Lado. Esta es la base del teriomorfismo. Una buena práctica para comenzar a tantearlo es generar un ambiente ritual que propicie el trance extático a través de la música, la danza u otros agentes de preferencia (preparados mágicos, técnicas de respiración, enteógenos, etc.). Una vez logrado este estado, bailar imitando la forma, los movimientos y los atributos animales para percibir aquel con el que se sienta más cómodo y capaz de dejarse llevar, olvidando la propia condición humana. Los disfraces rituales y el uso de elementos animales como plumas, pieles o huesos facilitan este tipo de trance y práctica mágica, tal y como ha quedado presente en muchos ritos carnavalescos. Cerrar los ojos y dejarse llevar, danzar hasta la extenuación y terminar yaciendo en el suelo, dejando al espíritu volar, puede traer experiencias muy reveladoras.

- Magia animal: La incorporación de elementos de origen animal (que pueden ser encontrados de forma ética en la naturaleza o en rastrillos de antigüedades) en la práctica mágica es un tema apasionante que explorar en febrero. Los huesos, el pelo, las plumas, las uñas, los dientes o las astas, entre otros, incorporan la energía del animal a la tarea, y su espíritu puede ser un aliado tan poderoso y recurrente como lo son las plantas para muchos practicantes. A continuación, dejo unos ejemplos de su uso mágico tradicional en amuletos de origen animal:[42]

  - Colmillo de jabalí: protector, en especial contra el mal de ojo, y para favorecer la lactancia y la dentición.

  - Mandíbula de erizo: protector y para favorecer la dentición.

  - Diente de cánido: protector, en especial contra el mal de ojo.

---

42. Alarcón Román, C. (1987), *Catálogo de amuletos del Museo del Pueblo Español*, Madrid, Ministerio de Cultura.

- Asta de ciervo: protector, en especial contra el mal de ojo y contra veneno.

- Huesos: son la materia prima que se tallaba para dar diferentes formas como manos abiertas, higas, corazones o cuernecillos. En general, protector, en especial contra el mal de ojo.

- Conchas de cauri: protectoras, en especial contra el mal de ojo, y para aumentar la fertilidad.

- Haba de Santa Lucía (opérculos): protectora contra la esterilidad, el dolor de cabeza y el mal de ojo.

- Garra de tejón: protectora, en especial contra el mal de ojo.

- Cuernos: sirven contra los animales ponzoñosos, contra el mal de ojo y contra las brujas.

- Mandíbula de escarabajo ciervo volante (vacaloura): protectora contra animales ponzoñosos y el mal de ojo.

Purificación mediante un chivo expiatorio

En este contexto, un chivo expiatorio es un elemento ritual como, por ejemplo, un muñeco (antaño una persona o animal) al que se carga con todos los males de la comunidad para posteriormente ser sacrificado y así purgar las desdichas colectivas. Muchos carnavales y celebraciones de invierno contienen elementos que lo refieren, como la quema del Rey del Carnaval. La muerte de aquello que representa el caos y el invierno propicia la purificación, el orden y el reinicio del ciclo.

La forma más directa de trabajar con este elemento ritual es la siguiente: elaborar un muñeco con tela, lana, ramas, papel o el material que se prefiera. Centrarse en atribuirle todo aquello que para uno represente lo viejo que debe morir, así como todos los males de los que se quiere deshacer. Como ayuda, puede rellenarse con papeles que mencionen el problema o elementos vinculantes. Cuando se tenga, se bautiza, se le insufla aliento o se carga de energía con el método de preferencia para darle vida. Entonces se le ha de decir qué es y lo que representa. Después, se prepara una hoguera (pueden añadirse hierbas purificadoras) y se sacrifica en las llamas. Que el fuego lo destruya y el humo lo purifique mientras se observa su fin. Luego, se esparcen o entierran las cenizas.

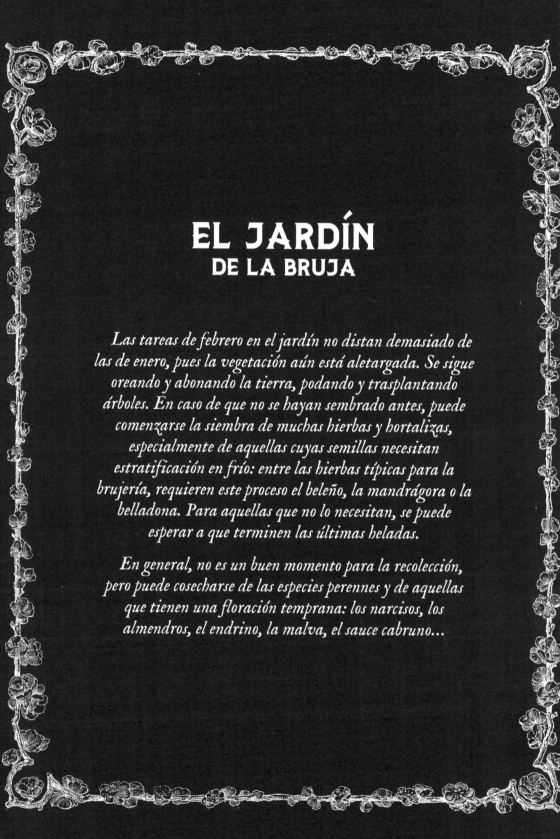

EL JARDÍN
DE LA BRUJA

Las tareas de febrero en el jardín no distan demasiado de las de enero, pues la vegetación aún está aletargada. Se sigue oreando y abonando la tierra, podando y trasplantando árboles. En caso de que no se hayan sembrado antes, puede comenzarse la siembra de muchas hierbas y hortalizas, especialmente de aquellas cuyas semillas necesitan estratificación en frío: entre las hierbas típicas para la brujería, requieren este proceso el beleño, la mandrágora o la belladona. Para aquellas que no lo necesitan, se puede esperar a que terminen las últimas heladas.

En general, no es un buen momento para la recolección, pero puede cosecharse de las especies perennes y de aquellas que tienen una floración temprana: los narcisos, los almendros, el endrino, la malva, el sauce cabruno...

ALIADOS DE LA TEMPORADA

Hierbas

En febrero, son aliados de la temporada la mayor parte de los espíritus vegetales ya mencionados en enero. A ellos se suman:

○ *Violeta: Según la creencia popular, su aroma solo se percibe durante la Cuaresma, y su color simboliza la humildad y la penitencia. Se trata de una flor ofrendada a los muertos desde la época romana y hasta casi la actualidad, por contar la mitología que Proserpina recogía violetas cuando fue raptada por Plutón, dios del Inframundo.*

○ *Campanilla de invierno: De las más tempranas en su floración, junto con las violetas. Es una flor icónica en la celebración celta del Imbolc por su simbolismo de que la vida prevalece y medra a pesar de estar rodeada de muerte.*

○ *Flor de almendro: Simboliza el renacimiento del ciclo. Es el árbol de flores llamativas más temprano en tramar. El almendro se ha tenido como una madera clásica para hacer varas mágicas.*

○ *Yemas de álamo: Se recogen de las ramas caídas por las ventadas. Deben recolectarse al final del invierno para elaborar en el futuro preparaciones que lo incluyan entre sus ingredientes junto a otras hierbas de recogida más tardía.*

○ *Vara de avellano: Durante este mes los avellanos florecen. Junto al tronco principal, suelen brotarles ramas muy rectas y flexibles, que se tienen en la magia popular como material para varas de brujo destinadas tanto a maleficiar como a sanar. Su madera también se usa para proteger de la acción brujesca.[43] Asimismo, las varas son usadas por los zahoríes para detectar la presencia de agua o tesoros bajo tierra, y por la gente de campo para controlar mágicamente al ganado.[44] De avellano se dice que era la vara con la que Apolo obsequió a Mercurio.[45]*

○ *Flor de endrino: Un arbusto muy asociado a las brujas. Sus flores se pueden recolectar en febrero y guardar para preparaciones futuras como licores, inciensos mágicos...*

---

43. Llano Roza de Ampudia, A. de (1922), *Del folklore asturiano. Mitos, supersticiones, costumbres*, Madrid, Talleres de voluntad.

44. Amades, J. (1953), *op. cit.*

45. Maciñeira, F. (1929), «Las romaxes de San Andrés de Teixido», *Arxiu de tradicions populars*, fasc. IV, p. 242.

- ○ ***Agalla de roble:*** *El invierno hace más visibles las agallas que crecen en las ramas de los robles. Tradicionalmente, estos tumores, producidos por un pequeño insecto, se llevaban en el bolsillo como amuletos de buena suerte[46] o se usaban en los hechizos de protección, con fines medicinales y para hacer tinta ferrogálica (a la que se puede dar un uso mágico). Para guardarlas se deben coger solo las que tengan el agujerito de salida del insecto, porque así sabremos que este ya no está en su interior.*

- ○ ***Narciso:*** *Reconocido es el mito de Narciso, el joven que, por su vanidad y egocentrismo, fue castigado por los dioses a enamorarse de su propio reflejo en un lago. En el lugar donde cayó y se ahogó, emergió la flor del narciso, que se utiliza en la magia amorosa y de fascinación.*

Otros recursos

- ○ ***Cencerros:*** *Para espantar a los malos espíritus y despertar la tierra.*

- ○ ***Flagelo:*** *Para espantar a los malos espíritus y para usar en ritos de purificación.*

- ○ ***Leche:*** *Elemento presente en la celebración de la Candelaria debido a que las mujeres embarazadas y las madres con bebés solían mostrarle los pechos a la Virgen de la Leche para tener una buena lactancia,[47] así como en Santa Águeda por ser esta la patrona de las lactantes al sufrir el martirio de que le arrancaran los pechos. Estaba presente también la leche en el rito de la Lupercalia, donde se usaba para limpiar la sangre de la frente de los lupercos. Así pues, se trata de un elemento purificador y que representa el renacimiento. Puede usarse también como ofrenda.*

- ○ ***Sangre:*** *Sacrificio en pago a los espíritus por la fertilidad de la tierra. Tan solo debe conseguirse de forma ética: puede pincharse el propio dedo con una lanceta estéril o incluso usar la sangre menstrual. En ritos de purificación, conviene enfocar todo el mal de uno mismo en la gota de sangre que se extraiga y ofrecerla en sacrificio a la tierra o al fuego.*

- ○ ***Sal:*** *Como elemento purificador y ofrenda romana a los difuntos.*

- ○ ***Oso:*** *Animal simbólico del mes que representa el espíritu del invierno. Ya sea evocando su imagen o a través de algún elemento físico suyo (huesos, pelo, tierra que haya sido pisada por ellos...), es un espíritu del que tomar fuerza. Puede hacerse una donación a alguna asociación de protección del oso como ofrenda al territorio y muestra de respeto a los espíritus del invierno.*

---

46. Blanco Castro, E., *op. cit.*
47. *Ibid.*

o **Cuevas:** *Asociadas con el oso, son un emplazamiento fantástico para ritos enfocados al ciclo de muerte y renacimiento, al trabajo de sombra y al contacto con la Otredad.*

o **Sardinas:** *Típico chivo expiatorio del Carnaval, momento en que se queman o entierran como acto purificador.*

o **Muñecos de paja, ramas o retales de tela:** *Son quemados como chivo expiatorio, práctica que representa la muerte de lo viejo por la renovación.*

o **Plumas, pieles, astas y otros elementos animales:** *Para disfraces rituales, prácticas de teriomorfismo y magia relacionada con la animalidad.*

o **Ollas, platos o vasijas de cerámica:** *Para romperla en símil al sacrificio. Después conviene enterrar los restos frente a casa como ofrenda a los espíritus locales.*

MARZO

Al fin, la luz conquista los prados verdes. La noche se retira, derrotada y cabizbaja. Arrecian los vientos de cambio, que agitan las incipientes hojas y mecen las tímidas flores. Temerosa aún, pero desperezándose en la naciente primavera, la vida resurge.

Marzo fue para muchas culturas el primer mes del año, como hemos comentado respecto al antiguo calendario romano de Rómulo. Su nombre deriva de *Martius*, que a su vez refiere a Marte, el dios de la guerra romano. El mes se dedicó a esta divinidad porque la llegada del buen tiempo inauguraba las campañas militares, detenidas temporalmente desde los meses de octubre o noviembre del año anterior.

Por otro lado, del 20 al 23 de marzo acontece el equinoccio de primavera, el punto de inflexión a partir del cual, por primera vez desde el otoño anterior, el día vuelve a durar más que la noche: las horas de luz irán en aumento hasta alcanzar su punto álgido en el solsticio de verano. Este fenómeno, junto al evidente renacer de la naturaleza, inspiró un sinfín de mitos de muerte y resurrección en muchas culturas, cuyas principales divinidades eran celebradas alrededor de estas fechas mediante diversos cultos místicos. Es el caso de Atis, del que hablaremos en la sección de calendario del mes y cuyas fiestas se celebraban del 22 al 28 de marzo; de Líber o Baco (asimilado con el griego Dioniso), en cuyo honor se festejaba el día 17 la Liberalia, o de Deméter y Perséfone, cuyos misterios eleusinos menores también se celebraban en febrero. El equinoccio inicia también la rueda del zodiaco, cuyo primer signo es aries, bajo el planeta regente de Marte. Por todo ello, aún cuando oficialmente el calendario comenzara en enero, marzo tenía y sigue teniendo hoy un clarísimo aire de nuevos comienzos.

En nuestra cultura popular, marzo es considerado el mes con el clima más variado y, en especial, de carácter ventoso. En los lunarios, solía representarse como un niño o personaje tricéfalo: con un rostro que sopla, uno que ríe y otro que llora.[1] Su carácter era tenido por traicionero, haciendo creer permanente la llegada del buen tiempo para después regresar a la rigurosidad invernal.

Tradicionalmente, en nuestra cultura, el equinoccio de primavera no caló demasiado como celebración, sino que el comienzo de la primavera y su simbolismo como renacimiento de la vida se comprendían en el contexto de otras fiestas religiosas cercanas, especialmente de la Semana Santa. De hecho, se consideraba que el invierno terminaba en esta festividad, hasta la cual debía llevarse el abrigo. A partir de la misma, vestir la indumentaria propia del invierno se consideraba ya una excentricidad de mal gusto.[2]

Y es que Semana Santa repite, si bien poniendo a Jesús como protagonista, el arquetipo del mito ya mencionado al hablar de Atis, Perséfone o Dioniso: el dios que muere y resucita a la par que lo hace la naturaleza.

La luna nueva de marzo, por su parte, se consideraba de mal agüero y el sol se tenía por cálido pero nocivo, ya que la gente era propensa a quemarse y resfriarse por esta época (probablemente, por exponerse demasiado a los rayos solares, así como al fresco con la llegada del buen tiempo). Solía decirse que, en este mes, igual que sucedía en septiembre, el sol pasa por la Torre de Babel y por ello hay que guardarse de él.[3]

Con todo, marzo producía muchos cambios en las dinámicas de la comunidad. Comenzaban todos aquellos trabajos pospuestos por el mal tiempo del invierno y se iba haciendo vida de nuevo en el exterior, al aire libre, tanto en el ámbito laboral como en el ocio. Comenzaban a pasar los vendedores ambulantes y se reactivaba el comercio. En la agricultura tradicional, se reanudaban muchas actividades: era el momento de preparar las tierras que no se habían podido arar o abonar a causa del mal tiempo,[4] ya que marzo se tenía como el último mes para la labranza; si no se había hecho este trabajo, los cultivos del año se verían perjudicados sin remedio.[5] Comenzaban las siembras de hortalizas y cereales como las patatas, el ajo, las judías, el trigo marzal o tremesino, el arroz y el maíz, pero también ya de los semilleros de muchas hortalizas de verano. A su vez, se realizaban tareas de desherbado y empezaban a empollar las gallinas, los gansos y los patos.

---

1. Amades, J. (1953), *op. cit.*

2. *Ibid.*

3. *Ibid.*

4. Zafont, J. de (1844), *Almanaque religioso, civil, histórico, geográfico, físico y agrícola para el año* 1845, Barcelona, Juan Francisco Piferrer.

5. Amades, J. (1953), *op. cit.*

En las regiones de montaña, cuando marzo no traía lluvias, permitía dejar los zuecos de madera y comenzar a utilizar el calzado de verano. En este momento muchos trabajadores del bosque, como los carboneros o los productores de cal, se trasladaban solos o en familia a sus cabañas para comenzar sus labores. Estos oficios han conservado, por su proximidad a la naturaleza más agreste, antiquísimas leyendas, mitos y rituales dispuestos para evitar los peligros de la montaña y proteger sus hornos de los malos espíritus. Ellos perpetuaron más que nadie las historias de gentiles, gigantes, anjanas, lamias, *simiots* o de númenes como la diosa Mari, el Akerbeltz, el Basajaun, la Molsosa y *l'Home d'Escorça*.

Otra tarea habitual en el mes de marzo es segar los prados de hierba y reservarla para alimentar al ganado durante el invierno siguiente, aprovechando que la vegetación comienza a crecer. Decía Amades que este mes era el de los boques y, por ello, el mejor para los aquelarres y los ritos iniciáticos para iniciarse en la brujería.[6]

En cuanto al buen tiempo, diversos animales anuncian su llegada: comienzan a resurgir los reptiles y anfibios, que acostumbran a brumar durante los meses más fríos; y si el invierno es corto, aparecen las golondrinas y otras aves migratorias, a las cuales se atribuyen buenos augurios tanto en general como respecto a las cosechas.

En el ciclo espiritual anual, es evidente que marzo otorga el renacimiento. Sus fiestas a los difuntos ya no se basan en purificaciones y expulsiones como ocurría en febrero, sino en el agradecimiento: el invierno y el reinado de la muerte han llegado a su fin tras cumplir su función de fertilizar la nueva vida. Los númenes ctónicos abandonan su faceta destructiva y putrefactiva para tomar la de la abundancia, la de los dones maravillosos y la de los tesoros escondidos. Los muertos dan paso a las hadas, aunque unos y otros no son más que contrapartes de lo mismo: la muerte desintegradora y la sublimada muerte regeneradora, que sustenta la vida. Los espíritus de la vegetación, de los animales y de la fertilidad serán a partir de ahora los que reinarán y regirán las celebraciones de la comunidad, con un carácter mucho más benefactor que los del invierno.

---

6. *Ibid.*

CALENDARIO TRADICIONAL DE
MARZO

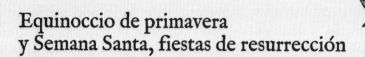

Equinoccio de primavera
y Semana Santa, fiestas de resurrección

El equinoccio de primavera, aunque no festejado de una manera directa y literal, ha influido profundamente en nuestras celebraciones de marzo. El carácter de este momento del año es evidente: la naturaleza renace y la luz predomina sobre la noche. Simbólicamente, es un momento de mucha energía que diversos pueblos de la Antigüedad aprovecharon para referir en su religión, situando en él los mitos de renacimiento de sus dioses.

Alrededor del equinoccio vernal se celebraban las fiestas en honor a Atis, sacerdote de Cibeles, que se castró a sí mismo en un momento de locura; tras quitarse la vida, renació por gracia de la diosa de la tierra como un esbelto pino. Los romanos absorbieron el culto griego a Cibeles con celebraciones comprendidas entre el 22 y el 28 de marzo, en las que se representaban diversos momentos del mito de Atis y se realizaba un sacrificio sobre las raíces de un pino, que luego se talaba y se transportaba en procesión. Muy posiblemente, este rito influyera en la adopción del Árbol de Mayo de nuestra cultura, que se erige en las fiestas del mes homónimo y del que hablaremos en el capítulo correspondiente. El 24 de marzo se conocía como el *Dies Sanguini* por ser el día en que se castró Atis, cuya sangre había caído a la tierra, y al día siguiente se celebraba la Hilaria, la fiesta de la alegría, en la que se conmemoraba el renacimiento del sacerdote por favor de la diosa Cibeles.[7] El simbolismo de dicha celebración no es más que el antiquísimo concepto del sacrificio y la muerte que, entregados a la tierra, hacen renacer la vida, renovando y purificando el ciclo.

Estos conceptos, por cierto, están más que presentes en la Semana Santa, una de las fechas más destacadas de nuestro calendario festivo tradicional. Que Jesús fuera martirizado, se sacrificara y muriera para después renacer precisamente en estas mismas fechas no es un hecho casual, sino que se constituye de igual forma que en muchas otras religiones místicas de la Antigüedad, entre las cuales se hallaba el primer cristianismo: la Semana

---

7. Marqués, N., *op. cit.*

Santa se ubica en el calendario de modo que el Viernes Santo caiga en el primer viernes después del plenilunio que sigue tras el equinoccio de primavera. Así, la celebración tiene un importante componente astrológico.

Cada jornada de la Semana Santa (de forma parecida a como se hacía en las fiestas de Atis y Cibeles) se conmemora y representa un estadio del proceso de martirio, muerte y resurrección de Jesús. Las similitudes entre ambas celebraciones abarcan incluso el hecho de que los sacerdotes de Cibeles, emulando la pasión de Atis, llegaban a fustigarse por las calles tal y como lo hacen también los nazarenos.[8] Dado que esta obra no versa sobre catolicismo, sino sobre tradiciones mágicas populares, y la Semana Santa es un tema muy amplio, no me extenderé en explicar cada jornada, sino tan solo algunas costumbres mágicas o supersticiosas relacionadas que puedan resultar interesantes.

- Celebrar la llegada de la primavera
- Rituales simbólicos de muerte y resurrección
- Ritos mistéricos
- Acercamiento o culto a dioses que han muerto y renacido

Domingo de Ramos

El Domingo de Ramos, que inaugura la Semana Santa, merece especial mención por sus innumerables costumbres mágicas relacionadas con el ámbito vegetal: es uno de los días más importantes en la herbolaria taumatúrgica tradicional. La asociación de esta jornada concreta con las plantas parte de la creencia cristiana de que en este día Jesús fue recibido en Jerusalén con ramas de palma a su paso. Por este motivo es común acudir al oficio del día portando palmas decoradas que se bendicen, así como repartir ramas de laurel, romero u olivo, entre muchas otras especies (aunque las mencionadas son las más comunes), también benditas.

Sin embargo, aunque la justificación sea aparentemente cristiana, la llegada de la primavera inaugura en la espiritualidad popular el tiempo de festividades dedicadas a los númenes de la vegetación y a las virtudes mágicas de las plantas, que tienen un antiquísimo

8. *Ibid.*

origen pagano. Veremos esta clara tendencia desde ahora hasta San Juan, periodo con varios días en que se llevan a cabo prácticas con plantas concretas y que iremos indicando en cada mes. Las palmas o ramas benditas del Domingo de Ramos se cuelgan detrás de las puertas, en las cuadras, los umbrales y los balcones de las casas o los castilletes de las embarcaciones pesqueras hasta el Miércoles de Ceniza del año siguiente (en el que se queman) con la función claramente mágica de proteger el lugar de la entrada de brujas, tormentas, granizo, rayos y malos espíritus. Incluso se sabe que se colgaban con ese fin en el cabecero de la cama.[9] También se hacen con ramas de palma diversas figuritas de virtud apotropaica, así como pequeñas cruces con estas o también con hojas de laurel, que se clavan en las puertas. El laurel de esta jornada es el que se guarda para los estofados del resto del año, puesto que los dotará de mayor gusto y virtud, o bien se reserva para quemarse en la chimenea durante las tormentas y evitar así su mal disipándolas con el aromático humo. Es común, además, ornamentar las cruces de la iglesia con ramas verdes, del mismo modo que se hace en fecha de la Cruz de Mayo y que resulta una costumbre heredada del culto pagano a los númenes vegetales de las fiestas homónimas. Otra similitud con las prácticas de los Mayos era decorar las palmas y los ramos de la jornada con rosquillas y dulces.[10]

Además de las ya mencionadas, algunas otras especies que típicamente se bendicen esta jornada son el espino albar, el pino, el acebo, el tejo, el rusco, la lavanda, el lentisco, el trigo (que se guardaba en casa para atraer buenas cosechas),[11] el boj (que se colgaba en las tapias de los campos con el mismo fin)[12] y un largo etcétera.

A parte de la bendición de los ramos, había muchas otras actividades mágicas relacionadas con plantas durante la jornada. En Asturias, por ejemplo, era común acudir con el laurel a los campos y usarlo para asperger agua bendita sobre ellos mientras se pronunciaba una oración protectora,[13] y hay muchos lugares donde el ramo se clavaba en la tierra para proteger las matas de garbanzos.[14] En Lebanza (Palencia), se recorría con el ramo todas las estancias de la casa para purificarla y atraer la suerte.[15] En la provincia de Huesca,

9. San Miguel López, E. (2004), *Etnobotánica de Piloña (Asturias): Cultura y saber popular sobre las plantas en un concejo del Centro-Norte Asturiano*, tesis doctoral, Madrid, Universidad Autónoma de Madrid. Departamento de Biología.

10. Ferrández Palacio, J. V., y J. M. Sanz Casales (1993), *Las plantas en la medicina popular de la comarca de Monzón (Huesca)*, Huesca, Instituto de Estudios Altoaragoneses de la Diputación de Huesca; Amades, J. (1932), *Les diades populars catalanes*, vol. IV, Barcelona, Barcino.

11. Benítez Cruz, G. (2009), *Etnobotánica y etnobiología del poniente granadino*, tesis doctoral, Granada, Universidad de Granada, Facultad de Farmacia.

12. Ferrández Palacio, J. V., y J. M. Sanz Casales, *op. cit.*

13. San Miguel López, E., *op. cit.*

14. *Inventario español de los conocimientos tradicionales relativos a la biodiversidad agrícola* (2018), Madrid, Ministerio de Agricultura, Pesca y Alimentación.

15. Pascual Gil, J. C. (2019), *Estudio etnobotánico de la montaña palentina*, tesis doctoral, Valladolid, Universidad de Valladolid, 2019.

también se ha registrado la costumbre de elaborar collares, brazaletes y rosarios enhebrando los frutos del boj a modo de amuletos.[16]

- Conseguir una rama bendita de las hierbas mencionadas (también pueden ser benditas por uno mismo con el método de preferencia) y colgarla en la puerta de casa
- Recolectar laurel y guardarlo para usarlo a lo largo del año con fines mágicos varios
- Elaborar un collar o brazalete protector enhebrando frutos de boj

Jueves Santo

La víspera del Jueves Santo se dedica al concepto de la muerte. En ella se asiste tradicionalmente al oficio de tinieblas, una misa de carácter funerario presidida por quince cirios que se van apagando uno a uno hasta quedar los feligreses sumidos en la oscuridad. Con ello se pretende simular las tinieblas que cubrieron el mundo durante la estancia de Jesús en el sepulcro, pero en realidad es también una imitación del proceso de la muerte y la experiencia de la tumba. El apagado completo de las velas se acompaña de los fasos, un gran estruendo producido por los fieles al repicar sobre los bancos o hacer ruido con matracas y que pretende imitar el terremoto que se produjo tras la crucifixión. Sin embargo, a nivel popular, se otorgaba a los fasos la función de espantar a los malos espíritus que podían acercarse en el momento de oscuridad.[17] Este paso simbólico del iniciado (o el fiel) para comprender la muerte de primera mano y asimilarla como proceso hacia el renacimiento es muy común en las religiones mistéricas, y se aventura que actos de este tipo podrían formar parte de las representaciones y actos rituales de misterios como los de Eleusis o los órficos.

El papel protagonista de la muerte en esta víspera quedaba también reflejado en las ya prácticamente perdidas tradiciones de las «danzas de la muerte», una suerte de procesiones macabras protagonizadas por esqueletos bailando que se popularizaron a finales de la Edad Media. Un ejemplo aún conservado es el de la procesión de Verges, en la que cinco

---

16. Ferrández Palacio, J. V., y J. M. Sanz Casales, *op. cit.*

17. Amades, J. (1932), *op. cit.*

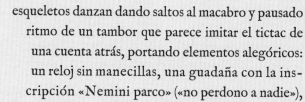

esqueletos danzan dando saltos al macabro y pausado ritmo de un tambor que parece imitar el tictac de una cuenta atrás, portando elementos alegóricos: un reloj sin manecillas, una guadaña con la inscripción «Nemini parco» («no perdono a nadie»), una bandera con una calavera y dos huesos cruzados que reza «Lo temps és breu» («el tiempo es breve») y unos platitos con cenizas. La muerte, en realidad, también se refiere en la celebración romana que hemos comentado: el mismo día de la Hilaria se conmemoraba la Violaria, una fiesta dedicada a los difuntos de la que hablaremos más en la sección de actividades del mes.

Por su parte, diversas son las creencias supersticiosas que se dan entre el Jueves y el Sábado Santo: barrer, coser o incluso trabajar era de mal agüero; por la noche, puede verse pasar al Demonio, y los niños son especialmente vulnerables a las brujas; calzar por primera vez a los infantes en Jueves Santo, sin embargo, garantiza que echen pronto a andar; pegar bastonazos a los frutales traerá una producción más abundante, y cortarse el pelo lo hará crecer en abundancia. Los huevos puestos estos días tienen especial potencia medicinal, además de alargar la vida y dar suerte; mientras que los comidos en Pascua guardan todo el año de ladrones y embrujos. Puede sanarse de enfermedad si se guarda sin ser visto una moneda del cepillo y se deja a cambio otra de doble valor.[18]

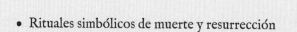

- Rituales simbólicos de muerte y resurrección

- Danza ritual de la muerte

- Despedir a los difuntos que cierran el ciclo

- Espantar a los malos espíritus con ruido

- Presenciar las procesiones de Semana Santa; aunque no se sea cristiano, su componente simbólico, popular y ritual es interesante

18. *Ibid.*

Sábado Santo

En Sábado Santo o Sábado de Gloria se lleva a cabo el rito de la bendición del fuego y el agua. El pueblo acude a recoger agua bendita para proveerse en casa, puesto que en este día su virtud es máxima. Con ella es común rociar los rincones de la casa para alejar a las brujas y los malos espíritus.[19]

También se suele llevar a cabo el rito de bendición de los hogares. En esta práctica, llamada en algunos lugares «salpás», el sacerdote asperge agua y sal benditas en la puerta y el umbral de las casas, normalmente con una ramita de romero o laurel. Aunque esta tradición ya casi se ha perdido, antaño servía para proteger el domicilio en cuestión de las brujas y los encantamientos; de hecho, en algunos lugares tiene nombres tan curiosos como «desechar la moura»[20] (término este que se usaba para denominar a hadas y brujas). Otra costumbre del salpás es que el sacerdote, cuyos servicios solían pagarse con tortas y huevos, bendijera un recipiente de agua y otro de sal en la entrada de cada hogar para que los residentes los guardaran y pudieran darle un uso mágico doméstico a lo largo del año.

Una práctica mágica curiosa más del Sábado Santo, aunque también del Domingo de Resurrección, es que deben recogerse cierto número de piedrecitas (cinco, siete o nueve, según el lugar) que se utilizarán el resto del año para disipar las tormentas. Su forma de uso también es variada: se colocan en cruz sobre el tejado, o se ponen en un platito con agua, o se lanza cada una hacia un punto cardinal.[21]

- Bendecir el fuego (puede usarse la vela de la Candelaria)
- Bendecir el agua y la sal que se usará el resto del año o adquirirlas de un santuario local
- Asperger la casa con agua bendita y un ramillete de laurel

19. *Ibid.*

20. Pedrosa, J. M., C. J. Palacios y E. Rubio Marcos (2001), *Héroes, santos, moros y brujas (leyendas épicas, históricas y mágicas de la tradición oral de Burgos): Poética, comparatismo y etnotextos*, Burgos, Elías Rubio Marcos.

21. Amades, J. (1932), *op. cit.*; Rodríguez Pastor, J. (1987), «Las Supersticiones (su estado actual en Valdecaballeros)», *Revista de estudios extremeños*, vol. 43, n.º 3, pp. 759-780.

Pascua Florida

En esta jornada se celebra el fin de las privaciones de Cuaresma con actividades alegres y festivas. Es popular acudir al campo a disfrutar de la gastronomía típica y la primavera. Suele regalarse a los niños las tradicionales monas, roscos, bollas u hornazos de Pascua, repostería que acostumbra a tener un huevo encima. Los huevos son el elemento más icónico de Pascua, ya que representan el renacimiento y la primavera por poseer el germen mismo de la vida. En nuestro territorio, se guardaban como amuleto o se comían bajo la creencia de que traían buena suerte y protección; también hay regiones donde se pintaban, como en Andalucía, que posee su propia fiesta, la del Pintahuevos, aunque no es una actividad ni lejanamente tan tradicional y popular en España como en otros países.

- Celebrar el renacimiento del ciclo en el campo
- Preparar repostería tradicional de Pascua
- Regalar y comer huevos
- Pintar huevos

MAGIA Y TAREAS ESTACIONALES

Amuletos de Domingo de Ramos

Hoy en día, acostumbrados como estamos a tener a disposición toda hierba o material que se nos antoje en cualquier momento del año, no está de más tomar conciencia de que ese privilegio humano no aplica a la magia tradicional biorregional. En el saber popular, ciertos días aplican una virtud especial que no puede ser reproducida a nuestro antojo, sino que debe ser aprovechada cuando sucede. Este es el caso del Domingo de Ramos, el primer día que se dedica a las hierbas mágicas del año, en el que se deben preparar y colgar en casa los amuletos típicos de la jornada para estar protegidos de todo mal a lo largo del año. Como ya hemos comentado en el calendario del mes, los más populares son las palmas y las ramas de laurel. Una actividad ineludible este día es recolectar el laurel que se usará el resto del año en la práctica mágica, además de adquirir una rama para colgarla en la entrada de casa.

Ritual de muerte y resurrección

Como hemos comentado, esta es una fecha remarcada en muchas religiones iniciáticas, puesto que el ciclo natural invita a indagar en los misterios de la muerte y la resurrección. Si bien son muchas las formas en las que pueden trabajarse a nivel ritual estos aspectos, el formato más popular a lo largo de los siglos y las diferentes religiones han sido representaciones del proceso de la muerte, la estancia en el Otro Lado y el renacimiento, de las que el iniciado es testigo o directamente actor al experimentar la vivencia simbólica en sus propias carnes. Estos ritos deben ser impactantes para la psique si se busca una experiencia transformadora de veras, y por ello deben sacar a la persona de su zona de confort. Se trata del descenso mítico a los infiernos, en el que se producirán las revelaciones con las que contará el iniciado al regresar a la vida.

Para ello, puede acudirse al anochecer a una cueva o dolmen donde se sepa que no se va a correr peligro físico (y llevando un pequeño equipo de supervivencia básica, un saco de dormir y un buen abrigo). Antes de entrar, debe reflexionarse sobre qué se espera de la experiencia y cuáles son las motivaciones y preguntas que se albergan. A continuación, puede purificarse uno mismo por el método de preferencia y entrar a la cueva con una vela, una ofrenda a los espíritus del lugar y otra a aquellos númenes ctónicos que se desea que acompañen y muestren el camino. Tras entrar en un ligero trance mediante la meditación, puede invocarse a los espíritus y entregarse o compartirse las ofrendas en un acto de comunión. Puede llevarse a cabo algún acto simbólico, como comer unos granos de granada, quemar un incienso con plantas funerarias o incorporar algún aliado herbal. Tras ello, se apagará la vela y se tenderá en el suelo, en una postura mortuoria como bocarriba o en posición fetal. De esta manera, se representará el acto de morir. Puede meditarse en esa postura el tiempo que sea necesario, recrearse en la experiencia de la muerte y dejarse llevar por las sensaciones y visiones que se den. Se pasará toda la noche en soledad dentro de la cueva, simplemente tomando conciencia de las percepciones, emociones y revelaciones que se tengan: puede meditarse, mantenerse despierto y consciente, o incluso dormir y prestar atención a los sueños. La propia oscuridad, junto con la inquietud, es un potentísimo inductor al trance.

Al amanecer, seguro que se habrá tomado una perspectiva nueva sobre muchas cosas, y se sentirá auténtica alegría al percibir las primeras luces del día en la cueva tras pasar una noche de viaje por el Otro Lado. Como la naturaleza en primavera, cuando se esté listo, se saldrá de las entrañas de la tierra a la vida: emerger de la cueva simbolizará el renacimiento. Puede terminarse el ritual con una nueva purificación en el exterior, o yendo a bañarse a un cauce natural de agua cercano.

Una versión más sencilla del rito, aunque también de impacto menor, es pasar tan solo un rato en la cueva durante el día, el tiempo necesario para llevar a cabo un pequeño ritual y la meditación sobre la muerte y el renacimiento.

Rito al Maestro de las Brujas

Es evidente que la figura del Diablo en el folclore, el diablo del pueblo, dista considerablemente del concepto eclesiástico. El Señor del Aquelarre, aquel que se presentaba en las encrucijadas e invocaban las hechiceras para que las ayudara en sus labores, aquel que adoptaba la forma de un macho cabrío negro como la noche, ha acumulado en sí mismo un buen número de atributos de dioses y espíritus locales paganos bajo un velo de demonización. Algunas de las figuras de las que se nutrió fueron sin duda los dioses Pan (o Fauno) y

Dioniso (también Baco o Líber). Ambos se relacionan estrechamente con el éxtasis (el pánico de Pan y la ebriedad de Dioniso como locura divina), poseen un carácter sexual y desenfrenado, y vinculan la faceta salvaje de los bosques y la naturaleza a la que mora escondida en el hombre civilizado. El culto a Dioniso, de hecho, era un culto mistérico basado en el mito de su muerte y resurrección, y que al parecer giraba en torno a la comprensión de los ciclos de vida, muerte y fertilidad de la tierra. El culto romano a Baco, por su parte, fue asumido por las bacantes y poseyó también un carácter mistérico, sembrando así un claro precedente en la imaginería del Sabbat de las brujas. Las bacantes se reunían de noche en los montes para llevar a cabo una práctica ritual desenfrenada en honor al dios, basada en el consumo de enteógenos, la sexualidad, la danza, la disolución de la identidad, la transgresión de la norma social y la exploración del lado salvaje del ser. Los atributos descritos de las bacanales tienen estrechas similitudes con el concepto del Sabbat, así como Dioniso o Baco, habiendo tomado atributos de Pan como las cuernas, se asemeja estrechamente al Diablo como Señor del Aquelarre.

El 17 de marzo se celebraban las bacanales y la Liberalia,[22] en honor a Líber, las cuales pueden inspirar a los practicantes de brujería folclórica a celebrar aquelarres y llevar a cabo ritos de comunión con el Maestro de las Brujas. El Diablo, en la brujería tradicional moderna, además de ser el señor del éxtasis, se contempla como un espíritu prometeico, portador del conocimiento sagrado, y como el ancestro original del Arte, el primero en cruzar al mundo de los espíritus y regresar de él para transmitir ese conocimiento a sus iniciados. El motivo de la muerte y el renacimiento dionisiaco está muy presente en su figura, y por ello esta es una gran fecha para acercarse a él.

A diferencia de otras corrientes neopaganas y espirituales cuya liturgia es definida y abierta, para la mayoría de practicantes de brujería folclórica la práctica es muy fluida, si bien de carácter mistérico. No existe tal cosa como la religión de la brujería tradicional, un bloque establecido y con ritos definidos; cada practicante y cada conventículo decide sus propias actividades y genera sus ritos en función del folclore local y su experiencia personal con lo numinoso. Por ese motivo, no es posible describir ni dar instrucciones para llevar a cabo un aquelarre. Si bien la inspiración parte de unos mitos comunes que remiten a la nocturnidad, la práctica en grupo, lugares determinados (como cuevas, prados, fuentes, megalitos o bosques), el éxtasis y la invocación al Maestro de las Brujas, sea quien sea este en cada lugar, un aquelarre será distinto y único para cada grupo. El interesado en adentrarse en esta práctica deberá encontrar sus propias fórmulas guiado por su fuego interno y, en confianza, de la mano de otros practicantes y los espíritus. Por este motivo, a continuación dejo una estructura básica que puede ayudar a idear y poner en práctica

---

22. Gálvez, J. (2009), *Fiesta romanas: Las antiguas fiestas paganas en la capital del imperio*, s. c., Javier Gálvez.

ritos de este tipo. En grupo, estos podrían llegar a devenir para los participantes en un aquelarre; en solitario, por la propia definición del término, se tratará de un rito extático en comunión con el Maestro. No hay nada malo en esto último; una bruja puede perfectamente practicar en solitario, pues en realidad nunca conjura sola: acude a reunirse con los espíritus.

1. **Preparativos**: Elección del lugar y el momento, preparación de las ofrendas y las herramientas, así como de los elementos y aliados que asistirán tanto en el rito como en el momento previo y posterior.

2. **Establecimiento**: Llegada y comprobación del lugar elegido. Preparación de los elementos y disposición del altar improvisado.

3. **Trance inicial**: Proceso destinado a serenar la mente, despejarla de los asuntos mundanos y concentrarla en el rito. Para ello, puede ayudar dar un paseo sensorial por la zona, meditar, hacer unos ejercicios de respiración o practicar otras técnicas tranquilas para inducir el trance. También es adecuada una pequeña purificación. No conviene apresurarse en este punto, ya que es la base sobre la que se desarrollará el rito, por lo que determinará mucho el resultado.

4. **Invocación**: Una vez se alcanza esa sensación de extraña serenidad, de trance ligero, y se palpa la energía tanto del instante como del lugar, de la proximidad de lo numinoso, es el momento de la invocación. Se llamará a los espíritus con los que se quiera interactuar en el rito por los métodos y fórmulas de preferencia.

5. **Ofrenda y comunión**: Bendición y entrega de las ofrendas. Para ritos de este tipo, recomiendo compartirlas con los espíritus bebiendo y comiendo una pequeña cantidad simbólica: está ampliamente recogido en el folclore que el alimento destinado a los espíritus lleva a las personas que lo ingieren a su mundo. Comer de lo mismo acerca y ayuda a cruzar al mundo de lo numinoso.

6. **Técnicas de trance**: Tras compartir las ofrendas, es momento de entregarse al éxtasis propiamente dicho. Pueden usarse técnicas y aliados que ayuden a lograr un estado alterado de conciencia que permita el viaje o la comunión tanto con el Otro Lado como con los espíritus. En los aquelarres, las técnicas de trance se apoyan principalmente en técnicas dinámicas (movimientos repetitivos, danza, correr, gritar, tocar instrumentos, respiración agitada...), influencia ambiental (la noche, el bosque, el fuego...), pero también en el uso de aliados vegetales y enteógenos (aunque esto último, por supuesto, no es imprescindible). En este último caso, es conveniente conjurar a los aliados antes de usarlos para despertar su poder.

7. **Tiempo fuera del tiempo**: Se trata del espacio que dura el trance, en el que puede suceder cualquier cosa en comunión con los espíritus. Es el tiempo de gnosis.

8. **Regreso**: Cuando el momento ha pasado, es fácilmente perceptible. Es el momento de serenarse y regresar mientras el trance se disipa.

9. **Despedida y cierre:** Despedida de los espíritus con agradecimientos antes de dar el rito por terminado.

10. **Integración:** A menudo, no se procesa el ritual a nivel consciente e inconsciente hasta después de terminar y recoger. El contacto con lo numinoso siempre nos cambia, por lo que es preferible dar espacio al proceso y no entregarse inmediatamente a la sobrestimulación de la vida mundana.

La Violaria: agradeciendo a los muertos

Sin duda, marzo huele a violetas del bosque. *Viola odorata* es una de las hierbas más icónicas del mes, porque es en este momento cuando estalla su floración y desprende su característico y etéreo aroma. En el folclore, las violetas tienen una estrecha relación con las fiestas de este periodo, así como con el ámbito funerario, la humildad y la penitencia, pero también con el renacimiento del ciclo. La creencia popular dice que estas flores solo desprenden su olor hasta el día de la Anunciación (el 25 de marzo)[23] o bien durante la Cuaresma, y que por ello deben ser recogidas antes de esas fechas. Su color violeta simboliza el luto, la modestia y la penitencia de la Semana Santa, así como la vida tras la muerte. Antaño, el Sábado de Gloria y el Domingo de Pascua, mujeres y niños recogían violetas para decorar con ellas las entradas de las casas, las mesas y los altares.[24]

Sin embargo, la asociación de estas flores con la muerte y el renacimiento, así como su papel prominente en las festividades de marzo, viene de mucho más antiguo: ya los romanos celebraban el día 22 la Violaria, que consistía en llevar violetas a las tumbas de los antepasados.[25] Como vimos en la cita de Ovidio de la página 37, estas flores eran una ofrenda funeraria común, y así continuaron siéndolo en España hasta bien entrado el siglo XX, especialmente en coronas con las que se enterraba a las jóvenes fallecidas.[26] Su relación con los misterios de la vida y la muerte, así como el hecho de ser una ofrenda para doncellas difuntas, se refleja también en el mito de Proserpina, según el cual la joven se hallaba recogiendo violetas cuando fue raptada por el dios del Inframundo.[27]

---

23. Amades, J. (1953), *op. cit.*

24. Pinto, A. M. (2005), *Etnobotánica del Parque Natural de Montesinho*, Madrid, Universidad Autónoma de Madrid.

25. Marqués, N., *op. cit.*

26. Amades, J. (1980), *op. cit.*

27. Segura Ramos, B. (1981), «El rapto de Proserpina (Ovidio, *Fastos*, IV, 417-620)», *Habis*, n.º 12, pp. 89-98.

En el folclore, la llegada de la primavera pone fin al reinado de los muertos, que se van viendo relegados al mundo subterráneo al ser expulsados por el triunfo del sol. Dado que los espíritus han permitido la regeneración del ciclo y ahora otorgarán desde abajo la fertilidad a la tierra, tiene sentido dedicar un momento en estas fechas para ir a visitar a los difuntos amados y agradecerles su legado. Imitando la Violaria, la propuesta consiste en acudir al cementerio para llevarles un ramito de violetas o colocarlo en el altar doméstico destinado a los ancestros. En el caso de que se disponga de poco espacio en casa, esta fecha es un buen momento para recoger su altar, que habrá estado presente durante todo el invierno, o bien disponerlo de una forma más compacta para dar espacio al culto a otros espíritus más presentes en verano.

Como tarea estacional, es un momento interesante en el que recolectar violetas y ponerlas a secar para utilizarlas el resto del año con fines medicinales y mágicos. También pueden ser usadas como ofrenda, en inciensos o preparados para los difuntos, añadirse al ungüento de vuelo tal y como indican algunas fórmulas del unguento de populeón, o bien llevar a cabo recetas mágicas, medicinales o culinarias con ellas. Una preparación idónea para estos tres usos es el jarabe azul o cerúleo, un preparado tradicional del cual presento mi propia versión, adaptada a partir de las que ofrecen la Farmacopea Española de 1844 y la Farmacopea Francesa de 1847.

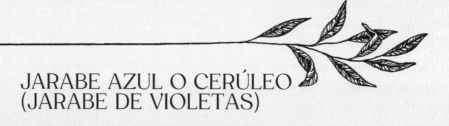

JARABE AZUL O CERÚLEO (JARABE DE VIOLETAS)

Materiales:
- 1 vaso de pétalos de violetas del bosque, sin el cáliz (unos 16 g)
- 3 vasos de agua destilada tibia (a unos 45 °C)
- ½ vaso de agua destilada hirviendo (60 ml)
- ½ vaso de azúcar blanco (120 g)

Procedimiento:
1. Verter los tres vasos de agua tibia sobre los pétalos de las violetas en un cuenco de cristal y remover suavemente unos minutos. Después filtrar y desechar el agua. Este primer lavado sirve para extraer los compuestos que

alteran el color de estas flores, de manera que el azul quede más estable en el preparado final.

2. Echar las violetas lavadas en un frasco de cristal con tapa y verter sobre ellas el agua destilada hirviendo. Aplastar con una cuchara de madera para que vayan perdiendo volumen y queden sumergidas. Tapar y dejar reposar ocho horas.

3. Pasado este tiempo, filtrar y desechar las violetas. Poner la infusión resultante al baño maría a fuego suave y añadir el azúcar hasta que se disuelva por completo. Para una mejor conservación, envasar en un par de botellitas pequeñas con gotero y almacenar en un lugar oscuro.

Uso:

El jarabe azul se utilizaba como emoliente y para tratar infecciones de las vías respiratorias, tan comunes en esta época del año, a una dosis de entre una a tres cucharadas soperas al día. Sin embargo, puede utilizarse también para endulzar infusiones, en repostería o para saborizar el agua. En este caso, en que se usará una cantidad mayor, el jarabe debe prepararse con agua corriente o mineral en lugar de destilada, aunque la cal del agua alterará el color del preparado, ya que las violetas son muy sensibles al cambio de pH. Si bien la preparación perfecta da como resultado un jarabe de color azul intenso, que quede verde o morado no altera sus propiedades, tan solo se produce por estos cambios sutiles del pH. Para su uso en repostería o como saborizante, la proporción de violetas respecto a la de agua puede ser más laxa, hasta dos vasos de agua por uno de violetas, e incluirse las flores enteras en lugar de solo los pétalos.

A nivel mágico, es una fantástica ofrenda que añadir a la comida y la bebida para los difuntos, ya que, además de ser una flor tradicionalmente usada en su culto, el dulzor que las caracteriza ayudará a apaciguar a los espíritus y a favorecer la buena relación con ellos. Puede disolverse una cucharadita del jarabe en una copa de agua o en un vaso de leche y tomar la mezcla u ofrendarla. También es del agrado de espíritus feéricos, por lo que puede usarse de forma ceremonial y para meditar en ritos simbólicos de muerte y resurrección. Las violetas ayudan en procesos de sanación y reconexión espiritual, mejoran las cualidades psíquicas y potencian las prácticas necrománticas. Asimismo, ayudan a gestionar la tristeza y calmar el ánimo, y permiten hallar fortaleza en el reconocimiento de la vulnerabilidad.

Novena depurativa de primavera

El cambio de estación es un excelente momento para llevar a cabo prácticas medicinales y energéticas con intención depurativa. A este fin propongo una novena con hierbas mágico-medicinales, que pueden elegirse al gusto personal. En general, las más utilizadas son las diuréticas y las amargas, ya que los principios de estas últimas se utilizan en la medicina herbal tradicional para la depuración hepática y del sistema digestivo. A nivel mágico, pues, las hierbas amargas también se relacionan estrechamente con la purificación. Algunos ejemplos de aquellas que pueden servir para esta novena son el diente de león, la alcachofera, el boldo, el cardo mariano, la bardana, la fumaria, la centáurea menor, la genciana o la cola de caballo. Es importante, antes de decidirse por una o varias de ellas, asegurarse de que son compatibles con las propias condiciones médicas (enfermedades, alergias, embarazo, medicación...).

NOVENA DEPURATIVA

Materiales:
- 1 o varias hierbas amargas de elección aptas para infusión
- Agua fría

Ritual:
1. Cada noche, durante nueve días consecutivos, echar una cucharada (o la dosis adecuada) de las hierbas secas en un vaso de agua fría y dejarlo tapado hasta el día siguiente.
2. Por la mañana, tras colar la infusión en frío resultante, acudir en ayunas ante el altar o a un lugar tranquilo y meditar durante un par de minutos.
3. A continuación, tomar el preparado a sorbitos, poco a poco, mientras se pone toda la atención en depurar no solo el cuerpo, sino también la propia energía.

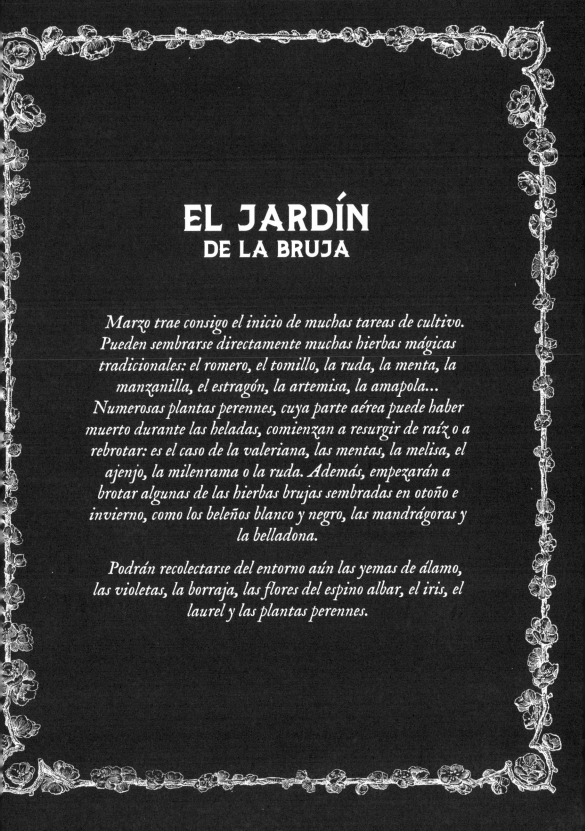

EL JARDÍN
DE LA BRUJA

Marzo trae consigo el inicio de muchas tareas de cultivo. Pueden sembrarse directamente muchas hierbas mágicas tradicionales: el romero, el tomillo, la ruda, la menta, la manzanilla, el estragón, la artemisa, la amapola… Numerosas plantas perennes, cuya parte aérea puede haber muerto durante las heladas, comienzan a resurgir de raíz o a rebrotar: es el caso de la valeriana, las mentas, la melisa, el ajenjo, la milenrama o la ruda. Además, empezarán a brotar algunas de las hierbas brujas sembradas en otoño e invierno, como los beleños blanco y negro, las mandrágoras y la belladona.

Podrán recolectarse del entorno aún las yemas de álamo, las violetas, la borraja, las flores del espino albar, el iris, el laurel y las plantas perennes.

ALIADOS DE LA TEMPORADA

Hierbas

Además de las comentadas en febrero que aún se encuentren en temporada, se encuentran las siguientes:

○ *Ajo silvestre (lágrimas de la virgen):* Su floración se da en marzo. Puede recolectarse su bulbo y ponerse a secar para darle los mismos usos mágicos que al ajo común.

○ *Eléboro verde o fétido (tóxica):* Si bien ya se vio en enero, una práctica adivinatoria con ella en el mes de marzo consiste en ver cuántas vainas ha desarrollado la flor fructificada en estas fechas: si tiene dos, la cosecha será escasa; si tiene tres, correcta, y si tiene cuatro, muy abundante.[28]

○ *Violetas del bosque:* Ya comentadas en las actividades del mes y en el apartado dedicado a las hierbas de febrero.

○ *Gallocresta (Salvia verbenaca):* Tradicionalmente usada como vulneraria y para curar orzuelos, vista turbia y cuerpos extraños en los ojos (motivo por el cual se la llama también hierba del ciego o de Santa Lucía), esta hierba puede emplearse a nivel mágico para «ver» con mayor claridad en prácticas de adivinación, por ejemplo. También se utiliza como hierba purificadora.

○ *Laurel:* Hierba protectora y purificadora, asociada al triunfo y el sol. Relacionada también con la adivinación y con el dios Apolo, sus ramas y las cruces elaboradas con sus hojas son un amuleto tradicional del Domingo de Ramos.

○ *Romero:* Hierba protectora y purificadora cuyas ramas benditas se cuelgan en casa a modo de amuleto tradicional del Domingo de Ramos. Se usa, además, en hechizos amorosos y de prosperidad. Es una de las hierbas más utilizadas en la magia popular española, con un sinfín de costumbres y asociaciones.

○ *Olivo:* Hierba protectora cuyas ramas benditas se cuelgan en casa a modo de amuleto tradicional del Domingo de Ramos.

---

28. Amades, J. (1953), *op. cit.*

o **Fumaria:** *Utilizada como incienso para la purificación de los establos y evitar que en ellos proliferen los parásitos y las enfermedades.*[29] *También es una hierba purificadora energética.*

o **Bolsa de pastor:** *Sus hojas en forma de corazón invitan a la magia amorosa. Asimismo, tanto por signatura como por sus efectos medicinales, se ha utilizado tradicionalmente por su acción sobre la sangre para detener hemorragias y regular la menstruación. Puede contribuir a la magia de prosperidad y de protección.*

o **Malva:** *Aunque puede encontrarse en flor casi todo el año, la malva está asociada a la Semana Santa y a la primavera, momentos en los que era común lanzar malvas al aire para celebrar.*

o **Hierba doncella (tóxica):** *Las vincas (tanto la mayor como la menor) se quemaban contra el mal del ojo y las brujerías dentro de las casas y corrales, así como para evitar los parásitos. También se hacían collares con ellas, en combinación con otras hierbas, para ponérselos al ganado y proteger su producción de leche de los males mencionados.*[30] *Es, por lo tanto, tenida como una hierba protectora y purificadora. Su condición de enredadera puede resultar útil en la magia amorosa y las ligaduras (vinca proviene del latín vincire, «atar», «enredar» o «trabar» y uno de sus nombres populares, vincapervinca, reitera el concepto).*[31] *También se la conoce como viola de bruixa o violeta de muerto, por su frecuente crecimiento en las tapias de los cementerios y por ser usada para tejer guirnaldas a las niñas y jóvenes fallecidas.*[32]

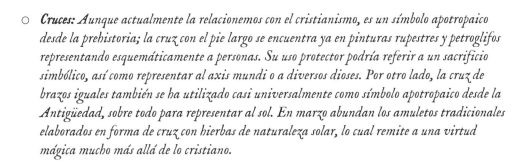

Otros recursos

o **Cruces:** *Aunque actualmente la relacionemos con el cristianismo, es un símbolo apotropaico desde la prehistoria; la cruz con el pie largo se encuentra ya en pinturas rupestres y petroglifos representando esquemáticamente a personas. Su uso protector podría referir a un sacrificio simbólico, así como representar al axis mundi o a diversos dioses. Por otro lado, la cruz de brazos iguales también se ha utilizado casi universalmente como símbolo apotropaico desde la Antigüedad, sobre todo para representar al sol. En marzo abundan los amuletos tradicionales elaborados en forma de cruz con hierbas de naturaleza solar, lo cual remite a una virtud mágica mucho más allá de lo cristiano.*

29. Pinto, A. M., *op. cit.*

30. *Ibid.*

31. Font Quer, P. (2016), *Plantas medicinales: El Dioscórides renovado*, Barcelona, Península.

32. *Ibid.*

○ **Huevos y su cáscara:** *Simbólicamente, el huevo representa el mundo, la totalidad, la potencialidad y el origen de la vida. Es un elemento mágico muy típico del inicio de la primavera que se usa como amuleto, como sacrificio propiciatorio (enterrándolo en el jardín o en los campos), como alimento de celebración... Pueden decorarse, bendecirse o regalarse. Además, pasear por el bosque durante este mes permite hallar las cáscaras de los huevos que han caído de sus nidos una vez nacidos los polluelos; molidas, sirven en magia de protección y prosperidad de proyectos, o bien se entregan a la tierra como ofrenda, ya que el calcio es un bien preciado para la vegetación.*

○ **Cuevas:** *Son un emplazamiento fantástico para ritos enfocados al ciclo de muerte y renacimiento, al trabajo de sombra y al contacto con la Otredad.*

○ **Viento:** *Los vientos de marzo traen nuevos inicios. Acudiendo a lugares elevados, podemos valernos de ellos en ritos de purificación y renovación. Cuando arrecian también es un buen momento para abrir las ventanas, de modo que refresquen el hogar y se lleven todo el estancamiento del invierno. Pueden llamarse colgando campanillas en las ventanas.*

○ **Sangre:** *Tal y como se refleja en el mito y los ritos a Atis, en marzo eran comunes las ofrendas de sangre vertidas en la tierra, ya que el inicio de las labores del campo y de las campañas tanto comerciales como militares requerían un pago para un comienzo propicio. Es buen momento para realizar un rito en el que se entregue a la tierra unas gotas de sangre propia (extraída de un dedo con lanceta o de la menstruación) para agradecer y pedir el crecimiento del alimento en los campos y de los propios proyectos.*

○ **Vuelo de las aves:** *La observación de pájaros como práctica adivinatoria era muy popular en la cultura romana, y se daba especialmente al inicio de nuevas campañas. De hecho, hace pocos años, la observación de ciertas aves en esta época todavía servía para augurar buenas o malas cosechas. Puede tomarse como auspicios cruzarnos con pájaros inusuales, o la llegada de especies migratorias como las golondrinas. También es posible llevar a cabo prácticas más complejas con fines adivinatorios delimitando durante unos minutos la observación del cielo para extraer conclusiones del vuelo de las aves (la altura, la dirección, la fluidez, los cambios de sentido...), así como de sus acciones (si cazan, si huyen...) o sus características (la especie, si hay indicios de enfermedad, su vigor...) y el número de ejemplares que crucen nuestra vista.*

○ **Agua bendita:** *Ya sea recogida de la iglesia o bendita por el método de preferencia de la bruja, se prepara durante las fiestas de marzo y es tradicional utilizarla en aspersiones para purificar el hogar.*

○ **Sal:** *Tradicionalmente bendita en estas fechas para guardarla de cara al resto del año, sirve especialmente a prácticas mágicas salutíferas, de purificación y de destierro.*

○ **Cambio de hora:** *Independientemente de que para muchos se trate de un suceso artificial carente de sentido, el cambio de hora que se produce a finales de marzo condiciona la vida de la comunidad y su relación con el entorno. Si antes anochecía a las ocho, ahora lo hará a las nueve, lo cual genera el efecto de que disponemos de una hora más de luz por la tarde. Puede aprovecharse este cambio para adaptar la rutina mágica a la nueva dinámica según las horas de luz y llevar a cabo alguna actividad para conectar con el ciclo natural durante esa hora «adicional».*

ABRIL

La lluvia mece los brotes verdes y se desliza hasta la tierra negra para penetrar en sus profundidades. Truena. El aire es puro y trae el aroma de la tierra mojada. Poco a poco, las nubes oscuras dan paso a un sol cálido y dulce que hace brillar con destellos dorados las perlas de agua sobre los pétalos de las flores. El cielo es alabado por el canto de mil aves y la tierra, coronada de mil colores.

Según Ovidio, el nombre del mes de abril proviene del término *aperire*, que significa «abrir», puesto que en estas fechas se abre la naturaleza con la llegada del buen tiempo. El mes estaba dedicado a la diosa Venus por semejanza con la hermosura de la tierra fértil en este periodo, y comenzaba, de hecho, con una fiesta en su honor: la Veneralia. La mayor parte de las celebraciones romanas de abril estaban dedicadas a favorecer mágicamente la agricultura y la fertilidad, y los númenes adorados solían ser aquellos asociados a los cultivos, la tierra, el ganado y el amor, como la ya mencionada Venus, Cibeles o Magna Mater, Fauno, Flora y Ceres.[1]

Abril es para muchos uno de los meses más hermosos del año. Su carácter, aunque de clima inestable, se tiene por mucho más transparente, amable y benefactor que el de marzo: trae los últimos días fríos, pero la tónica general ya es perceptiblemente cálida, con las temperaturas más agradables para las personas. Se consideraba que, si bien los últimos fríos de abril podían llevarse a los enfermos, el convaleciente que pasaba de San Marcos tendría la vida asegurada, al menos, hasta Navidad.[2] La muerte habría pasado de largo

---

1. Marqués, N., *op. cit*.
2. Amades, J. (1953), *op. cit*.

hasta el invierno siguiente. Sin embargo, al ser un mes de transición entre la cosecha de un año y la del siguiente, las cosas podían complicarse si la producción anterior había sido escasa, ya que en este momento comenzaban a terminarse las reservas y los alimentos de la temporada aún no estaban listos para ser recogidos.

Normalmente, abril es el mes más lluvioso del año en nuestro territorio. Se agradecen sus precipitaciones por ser consideradas muy necesarias para el óptimo desarrollo de los cultivos y la naturaleza en general; de hecho, se cree que crecerán las plantas y engordarán los frutos tanto como agua caiga en este mes. Por ello, un abril seco augura una cosecha desafortunada, mientras que los truenos son señal de buen progreso en el cultivo del cereal.[3] El granizo también es relativamente frecuente, pero, contrario a la lluvia, se tiene por perjudicial debido a los daños que acostumbra a causar en las plantas. Por ese motivo, en las zonas rurales se habrían provisto ya tradicionalmente de los amuletos vegetales típicos del Domingo de Ramos, que tendrían dispuestos en los campos y listos para quemar en la lumbre de casa, a fin de expulsar a las brujas y disipar las tormentas y el granizo. La asociación entre unas y otros en el folclore es muy estrecha, ya que son las brujas las que cabalgan las nubes y producen el temporal; por ese motivo, los amuletos que protegen de las primeras suelen proteger también de lo segundo, y viceversa. La asimilación folclórica de las brujas a las tormentas remite al mito pagano paneuropeo de la Cacería Salvaje, que comentaremos en diciembre.

Por otra parte, en la creencia popular barcelonesa, la luna de abril se tenía por fantástica para las prácticas adivinatorias y para iniciarse en la brujería.[4] Es posible que esta concepción se diera por la proximidad de la misma con la víspera de los Mayos, noche que, como su opuesta, la del día de los Fieles Difuntos, posee un sinfín de leyendas sobre brujas y espíritus. De hecho, parece ser que en la Antigüedad la fiesta del Primero de Mayo, celebrada por celtas, romanos y germanos, podría haberse llevado a cabo, al menos por parte de los primeros, en la luna llena más próxima a la fecha, ya que la mayoría de estos pueblos usaban un calendario lunar.

Por otro lado, un eclipse lunar, que hace que la luna se vea roja, en este mes se tenía por un pésimo augurio, ya que se creía que se llevaría la cosecha.[5]

La llegada del buen tiempo traía consigo muchos cambios en las actividades de la comunidad, como el acondicionamiento de los caminos maltrechos por las lluvias y el invierno, debido a que se hacía más vida en el exterior y estaban más transitados. Estas vías mantenían a la población comunicada y permitían la llegada de recursos externos, como los que traían los vendedores ambulantes, que habían iniciado sus campañas con la primavera.

---

3. *Ibid.*

4. *Ibid.*

5. *Ibid.*

En el campo se sembraban cereales, legumbres y hortalizas como lino, cáñamo, melones, sandías o calabazas y, en general, aquellas de simiente blanda que no requieren de frío para germinar.[6] En abril, la tarea principal en los campos es desherbar, puesto que la mayor parte de los cultivos ya comienzan a crecer y se busca evitar que las hierbas adventicias les roben el abono. El aporte de agua es vital en este momento del ciclo, y por ello, de escasear las lluvias, se debe regar con el agua reservada en las albercas.

Con el florecimiento de los campos comienzan a hacer miel las abejas, y los apicultores llevan a cabo la limpieza de las colmenas y el traslado a otras nuevas cuando es necesario. Las colonias se reproducen para dar lugar a jóvenes reinas que buscarán un nuevo emplazamiento donde fundar su enjambre.

También los pastores acuerdan sus condiciones con los terratenientes y se lleva a los rebaños a alimentarse de hierba fresca en los prados. El ganado, por su parte, muda el pelo para aligerar su espesor de cara a las temperaturas cálidas. Como ya comenzaba a verse en marzo, muchos pájaros migratorios como las golondrinas, las cigüeñas, el cuco, los vencejos, las abubillas o los milanos hacen su aparición.

En los pueblos costeros, el agua de mar de abril se tenía por la más virtuosa, motivo por el cual se aprovechaba para preparar remedios, para bautizar las nuevas embarcaciones, y los marineros se daban un baño en el mar con el fin de protegerse. Este mes se realiza la pesca de muchas especies y se inician los trabajos en las salinas artesanales, cuyo proceso de extracción durará hasta agosto.[7]

Aprovechando el buen tiempo, comienza la temporada de ferias y fiestas florales, entre las cuales destacan algunas tan icónicas como la Feria de Abril de Sevilla o las fiestas de Sant Jordi catalanas. Asimismo, desde este mes hasta finales de junio, empezará la época de romerías a ermitas y santuarios, muchos de los cuales, situados en parajes naturales, sincretizaron cultos paganos a númenes locales. Además, su carácter festivo, pues a menudo se llevan a cabo cantando y bailando junto a los campos o los lugares sagrados, también pueden recordar a los cultos antiguos profesados a las divinidades de la vegetación que abundaban en este mes. Y es que, en el ciclo anual, abril vierte al fin la vida hacia fuera, hacia una naturaleza cada vez más exuberante y amable, e invita a adorar con alegría a los númenes que regalan su belleza y prometen la abundancia.

Finalmente, abril terminará con una de las vísperas más importantes para diversos pueblos paganos europeos, la del Primero de Mayo, cuya celebración hemos heredado con gran notoriedad. Esta será el punto álgido del ascenso natural de todo el mes y de la presencia de los espíritus que despiertan en estas fechas, pero hablaremos de ello en el capítulo de mayo para no separar una misma fiesta en dos meses.

---

6. Zafont, J. de, *op. cit.*

7. Amades, J. (1953), *op. cit.*

CALENDARIO TRADICIONAL DE
ABRIL

Romerías y fiestas agrícolas y pastoriles

Durante el mes de abril, había en la cultura romana una serie de fiestas de corte agrícola y pastoril que determinaron el carácter de nuestras celebraciones tradicionales en estas fechas, en algunos casos de una forma notablemente directa. Un interesantísimo ejemplo de ello se da en la celebración de las Mondas de Talavera de la Reina, que nació de la Cerialia, fiesta en honor a la diosa Ceres, y en el año 602 pasó en su lugar a venerar a la Virgen del Prado al ser cristianizada.[8] El templo local dedicado a Júpiter, Pales y Ceres pasó a albergar esta advocación de la virgen, y sus festividades, como la Cerialia y la Parilia, que se celebraban el 19 y 21 de abril, respectivamente, dieron lugar a las Mondas, cuyo nombre parece referir a una de las actividades de la fiesta pagana, la apertura del *mundus Cereris*, un pozo dedicado a la diosa Ceres en el que se le entregaban ofrendas. En la versión cristiana, el término «monda» siguió designando los regalos dedicados a la virgen[9] y las actividades de la jornada continuaron siendo similares a lo que eran previamente: lo que antaño fue el sacrificio de veintidós toros pasó a ser un espectáculo de tauromaquia, y los animales se comían de igual modo al terminar. Sus cenizas eran un elemento mágico que se repartía entre los sacerdotes en la fiesta cristianizada,[10] al igual que las cenizas del feto de una vaca servían en la Parilia romana para elaborar el *suffimen*, un preparado purificador sagrado.[11] Ya entonces se llevaban al templo dos carneros pintados de rojo, como los que protago-

---

8. Ballesteros Gallardo, Á. (2009), «Las Mondas, fiesta de interés turístico nacional», *Alcalibe: Revista del Centro Asociado a la UNED Ciudad de la Cerámica*, n.º 9, pp. 413-416.

9. Ruiz Hombrebueno, Ó. (2019), «Influencia de las Mondas y la fiesta de los toros en Talavera de la Reina en la época moderna», *Alcalibe: Revista del Centro Asociado a la UNED Ciudad de la Cerámica*, n.º 19, pp. 111-139.

10. *Ibid*.

11. Marqués, N., *op. cit.*

nizan la fiesta en la actualidad.[12] Y tanto las decoraciones florales como las guirnaldas con las que se coronaba al ganado que antaño se entregaba a la pastoril diosa Pales[13] también han seguido usándose hasta la actualidad.

Estos son tan solo un ejemplo muy evidente de cómo las fiestas agrarias y pastoriles del mes de abril beben directamente de sus antecesoras paganas, pero es posible que hallemos muchos otros ejemplos en romerías y fiestas locales a nuestro alrededor. La bendición del ganado y los campos sigue siendo tan importante ahora como antaño, y las viejas fórmulas nunca han dejado de estar presentes, si bien bajo nuevas máscaras.

San Marcos:
25 DE ABRIL

En gran parte del territorio nacional, el día de San Marcos ha reunido un buen número de prácticas de carácter ritual y mágico destinadas sobre todo a la protección de los cultivos frente a las tormentas.[14] Al santo tanto se le podía pedir que guardara de las malas precipitaciones como que trajera lluvias en caso de sequía.

El día de San Marcos destaca por sus romerías a las ermitas del santo, que terminan con festejos, danzas y comidas comunitarias en el campo. También era común que el párroco se desplazara a los cultivos para bendecir tanto la plantación como el ganado. Los becerros, remitiendo de nuevo a las fiestas romanas mencionadas, solían tener un papel prominente en la celebración, jornada en la que se regalaba un par al santo y se hacía andar a otro hasta el altar en lo que parece un vestigio del sacrificio ritual en el templo.[15]

En la localidad extremeña de Casas del Monte se mantuvo la costumbre de hacer sahumerios el día de San Marcos a las puertas de las casas para protegerlas de enfermedades, incendios y tormentas. Por la misma razón, se dejaba en libertad a los animales durante ese día porque se creía que así no padecerían accidentes, ataques de lobos ni muertes a causa

12. Luengo Soria, Ó. (2014), «Las Mondas, la fiesta más entrañable de Talavera», *Crónicas: Revista trimestral de carácter cultural de La Puebla de Montalbán*, n.° 30, pp. 4-10.

13. Marqués, N., *op. cit.*

14. Aranburu Urtasun, M. (1989), «Folklore festivo del valle de Arce», *Cuadernos de etnología y etnografía de Navarra*, vol. 21, n.° 54, pp. 343-376; López Piñero, J. M. (1999), *Calendario de fiestas de la Comunidad Valenciana*, Palma de Mallorca, Bancaja.

15. Domínguez Moreno, J. M. (1987), «La fiesta del "Toro de San Marcos" en el oeste peninsular (I)», *Revista de folklore*, n.° 80, pp. 49-58.

de los rayos en todo el año.[16] En muchas poblaciones, el ganado estaba muy presente en esta celebración y se llevaba en procesión de una forma similar a la del día de San Antón. En otros lugares, se encendían hogueras a cuyo humo se atribuía el mismo fin.[17] Curiosamente, una de las actividades de la fiesta romana de la Parilia era el sahumerio del ganado mediante el humo de hogueras purificadoras sobre las que se daban saltos,[18] así como las procesiones alrededor de los campos y la población con el ganado que luego sería sacrificado. Este texto de los *Fastos* de Ovidio nos permite apreciar la similitud entre ambas celebraciones:

> Me reclaman las Parilias. [...] Pastor, purifica al caer la tarde a tus ovejas hartas. Primero salpica la tierra con agua y bárrela con una escoba; adorna el redil con hojas y ramas adosadas; adorna la puerta y cúbrela con una larga corona. Produce humo azulado con azufre puro, y que balen las ovejas alcanzadas por el humo del azufre. Quema olivos machos y tea y hierbas sabinas, y que el laurel crepite quemándose en medio del hogar. Y que una cesta de mijo acompañe pasteles de mijo. La diosa campesina se alegra principalmente de este alimento. Añade comida y un jarro de leche, que es lo apropiado, y una vez partidos los alimentos, ruega con leche templada a Pales, habitante de la selva... Por estos medios hay que propiciar a la diosa. Di estas palabras cuatro veces, vuelto a la salida del sol, y lávate las manos con rocío vivo. Luego procede que pongas una gamella, como si fuese un cráter, y bebas la leche blanca como la nieve y el vino cocido color de púrpura; y luego procede que atravieses con tu cuerpo y con pie ligero los montones ardiendo de leña crepitante.[19]

Otra tradición muy popular del 25 de abril es la elaboración de hornazos, como los ya comentados en Pascua con un huevo duro en el centro, roscos o panecillos de San Marcos, que también se asemejan a las tortas que se ofrendaban en la Parilia. En Jaén, estos roscos se guardan entre ramos de manzanilla durante todo el año, bajo la creencia de que atraen el dinero al hogar.[20] En otros lugares, se tenían por amuletos curativos para el dolor, las fiebres y la labor de parto. También se colgaban de los árboles, así como de las orejas y los cuernos de las vacas y demás ganado,[21] para preservarlos del mal.[22]

---

16. Domínguez Moreno, J. M. (mayo de 2018), «Las tormentas en Extremadura: Supersticiones, creencias y conjuros», *Revista de folklore*, n.° 434, pp. 4-28.

17. Amades, J. (1953), *op. cit.*

18. Marqués, N., *op. cit.*

19. Ovidio Nasón, P. (2016), *Fastos*, Madrid, Gredos.

20. Guzmán Tirado, M. A. (1997), *Aproximación a la etnobotánica de la provincia de Jaén*, tesis doctoral, Granada, Universidad de Granada, Departamento de Biología Vegetal.

21. Ruiz Fernández, J. (2004), «Entre la tradición y la modernidad: La fiesta de San Marcos en El Ejido (Almería)», *Actas de las III Jornadas La Religiosidad popular y Almería*, Almería, Instituto de Estudios Almerienses.

22. Amades, J. (1953), *op. cit.*

HECHIZO
TRADICIONAL

Atar el rabo al Demonio

El día de San Marcos, en toda la franja mediterránea del país es común llevar a cabo una costumbre mágica llamada «atar al Diablo» o «atar el rabo al Diablo». Consiste en anudar dos tallos vegetales como espigas de cebada, ramas de retama [23] o tallos de centeno, trigo o jaramago según el lugar, con el fin de frenar al demonio. Con ello, se impide su mala acción sobre las cosechas, así como los daños y las penas durante el año vigente. En ocasiones, el rito se acompaña de una oración como el padrenuestro o el avemaría, o bien de un conjuro específico como este de la comarca sevillana de Estepa: «Marco, marcado, el demonio está atado, a la hora de mi muerte que no se suelte».[24] Cabe decir que no solo varían las hierbas que se utilizan para ello según el territorio, sino también lo que se ata mágicamente: en Jaén, por ejemplo, no es el rabo, sino los testículos del Diablo. [25] Esta costumbre, también típica del día de la Encarnación (celebrada el 25 de marzo), sin duda entra para la Iglesia en el ámbito de la superstición y es posible que tenga un origen antiguo en ritos destinados a proteger los campos de la acción de los malos espíritus durante una época tan crucial para el crecimiento de las cosechas.

23. Benítez Cruz, G., *op. cit.*

24. Díaz Fernández, E. A. (2018), «La festividad de San Marcos (de León) en la comarca santiaguista de Estepa», *Actas de las XIV Jornadas de historia y patrimonio sobre la provincia de Sevilla. Ferias, fiestas y romerías en la provincia de Sevilla: El ciclo festivo local*, Sevilla, Asociación Provincial Sevillana de Cronistas e Investigadores Locales, pp. 439-448.

25. Guzmán Tirado, M. A., *op. cit.*

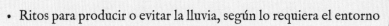

- Ritos para producir o evitar la lluvia, según lo requiera el entorno
- Ritos de protección del campo o el jardín
- Ritos de protección de los animales a nuestro cargo
- Hogueras purificadoras
- Adquirir panecillos de San Marcos como amuleto
- Ofrendar roscos
- «Atar el rabo al Diablo»
- Trabajo ritual con el arquetipo o el espíritu del toro
- Exvoto en forma de becerro o carnero

San Pedro de Verona:
29 DE ABRIL

San Pedro de Verona, también llamado san Pedro Mártir, se consideraba un excelente abogado contra las tempestades, los rayos, los partos difíciles, el mal de ojo y las brujas.[26] También se le considera el patrón de las hierbas.[27]

Las tradiciones mágicas celebradas en su día son muy populares en toda España y reflejan un claro sincretismo pagano: en esta jornada, casi situada en la víspera de mayo, se repiten un sinfín de tradiciones de herbolaria mágica llevadas a cabo el Domingo de Ramos, el Primero de Mayo, el día de la Santa Cruz y en San Juan. Así, todas estas fiestas están conectadas y parten de un sustrato precristiano común: las celebraciones de mayo y del solsticio de verano.

En San Pedro Mártir, la creencia popular dicta que las hierbas medicinales y mágicas tienen mayor virtud, motivo por el cual era tradicional ir a recolectar aquellas que servirían para elaborar remedios, aguas, aceites o vinos medicinales.[28] Se bendecían ramos de laurel y de olivo con los que luego proteger los cultivos de plagas y tempestades, de una forma muy similar a como se hace el Domingo de Ramos, así como también frutos de la tierra y objetos variados como medallas, velas, ajos, cédulas y estampas que luego se usaban en la protección mágica del hogar y las personas.[29]

---

26. López Piñero, J. M., *op. cit.*
27. Amades, J. (1980), *op. cit.*
28. Amades, J. (1953), *op. cit.*
29. López Picher, M. (2013), «Aspectos de la devoción popular a san Pedro de Verona en el convento de

ABRIL

A parte de las ramas de laurel u olivo, muchas otras especies de plantas destacaban por estar benditas durante esta jornada, como el espino albar florido, el boj o la esparraguera. Era común este día poner unas hojas de ellas sobre una brasa en una pala de cocina y sahumar toda la casa para alejar a los malos espíritus.[30] Cabe decir que la creencia popular sitúa una mayor presencia de brujas, hadas y espíritus en la víspera de mayo, motivo por el cual tendría sentido purificar y proteger la casa en este día previo.

Los ramos de San Pedro se elaboraban con un sinfín de hierbas medicinales: romero, tomillo, lavanda, hinojo..., que se colgaban detrás de las puertas, en las ventanas, en la lumbre y en los establos, o se clavaban en los campos a fin de guardar estos espacios de brujas, rayos, visitas indeseadas, maleficios y malos espíritus. Era popular también la elaboración de cruces con hatillos de estas hierbas, que también se colocaban en los campos, y después rezar de rodillas un avemaría sobre ellos. En ocasiones, se clavaba uno en cada punto cardinal o diversos alrededor del terreno de forma envolvente. En el Rosellón, por ejemplo, las cruces se hacían con ramas de avellano y espigas de trigo.[31]

También el agua del día de San Pedro, como sucede el Primero de Mayo o en San Juan, tiene mayor virtud mágica, en un pequeño adelanto de las prácticas que vendrán un par de días después. Se suele bendecir el agua que se utilizará a lo largo del año en remedios curativos.[32] Además, en este día se hace un llamamiento a la lluvia a través de romerías, rogativas y ritos. Una tradición que muestra, una vez más, lo fantásticamente poco ortodoxo que resulta el evidente componente mágico que subyace tras el catolicismo popular es la que se hace en el municipio riojano de Arnedo: antes, se tomaba la imagen del santo y, después de llevarla hasta un estanquillo cercano, ¡al agua patos!, se la echaba al fondo del estanque para pedirle lluvia. Actualmente, la tradición se ha dulcificado un poco y solo se le vierten un par de vasos de agua en la cara.[33]

- Recolectar hierbas típicas del día de San Pedro
- Elaborar con ellas preparados mágicos y medicinales
- Purificar la casa con un sahumerio de dichas hierbas
- Elaborar ramos o cruces con las plantas del día y colgarlos en puertas, ventanas y jardines

Santo Domingo de A Coruña», en F. J. Campos y Fernández de Sevilla (ed.), *Patrimonio inmaterial de la cultura cristiana*, Madrid, Ediciones Escurialenses, pp. 665-678.

30. Amades, J. (1953), *op. cit.*

31. *Ibid.*

32. López Picher, M., *op. cit.*

33. Hernández Donamaría, M. T. (2008), «San Pedro Mártir de Verona y el agua del cielo», *Belezos: Revista de cultura popular y tradiciones de La Rioja*, n.º 6, pp. 46-49.

MAGIA Y TAREAS ESTACIONALES

Magia herbal de San Pedro Mártir

Dice el saber popular que durante la jornada de San Pedro Mártir las hierbas tienen más virtud. Por ese motivo, es un día fantástico para ir a recolectar las que son típicas de la celebración y elaborar con ellas amuletos y preparados tanto mágicos como medicinales. A continuación, te dejo algunas recetas que puedes llevar a cabo este día (en el apartado dedicado a los aliados de la temporada sabrás más sobre ellas).

AMULETO TRADICIONAL: CRUZ DE SAN PEDRO MÁRTIR

La elaboración de este amuleto solía llevarla a cabo de noche, frente a la lumbre, la mujer de la casa.

Materiales:
- 1 o varias hierbas tradicionales de la jornada
- Hilo o cuerda roja
- 1 vela bendita de la Candelaria

Procedimiento:
1. Recolectar las hierbas elegidas durante el día de San Pedro Mártir.
2. Colocar dos ramas o ramilletes en perpendicular, formando una cruz, y atar con el cordel para fijarlos.
3. Encender la vela bendita de la Candelaria y verter unas gotas de cera en el centro de la cruz. La vela se apaga y se reserva para ocasiones futuras.

Uso:
La cruz puede colgarse en el lindar interior de la puerta de casa, en corrales, en jardines o en los campos para protegerlos de todo mal.

INCIENSO PARA ALEJAR LA ENFERMEDAD

Materiales:

- Flores de saúco
- Hojas y flores de tomillo
- Hojas y flores de espliego, cantueso o lavanda
- Hojas y flores de romero

Procedimiento:

1. Recolectar las hierbas el día de San Pedro Mártir y extenderlas en una superficie ventilada y sin sol directo para secarlas.
2. Unos días después, una vez secas, a partes iguales o en una proporción según la preferencia personal, picarlas con la ayuda de los dedos, el mortero o un molinillo. Después, mezclarlas conjurando la intención mágica. Envasar en un frasco hermético con su etiqueta.

Peregrinación a un santuario o lugar sagrado

Abril inaugura la época de peregrinaciones y romerías, una costumbre que, aunque se asocie al catolicismo, han llevado a cabo todos los pueblos desde la Antigüedad. La presencia de los dioses y los espíritus estaba ligada a lugares específicos del territorio: los númenes celestes eran más accesibles en montañas y colinas, mientras que los ctónicos lo eran en cuevas, encrucijadas, pozos y cauces de agua. Los manantiales se relacionaban especialmente con deidades salutíferas, y los bosques, con aquellas regentes sobre la naturaleza salvaje. Muchos santuarios y templos se erigieron sobre lugares que ya recibían un culto previo, por reconocerse en ellos la especial presencia de un numen local poderoso. Acudir a ellos o sus proximidades era considerado como una ofrenda y garantizaba una mayor acción del espíritu frente a las peticiones que se le hicieran. Posteriormente, muchos de estos cultos locales se sincretizaron enmascarando al numen bajo la nueva forma de un santo o virgen, y es así como tenemos innumerables casos de vírgenes de la cueva en

ACEITE PARA RECOLECTAR HIERBAS

Materiales:

- ½ vaso de aceite de almendras dulces
- Ramitas floridas de romero
- Hojas de laurel
- 1 puñado de violetas
- 1 cucharadita rasa de lágrimas de resina de pino

Procedimiento:

1. Introducir las hierbas, frescas o secas, en un frasco de cristal y añadir aceite hasta cubrirlas.
2. Dejar macerar a sol y serena durante cuarenta días y, pasado ese tiempo, filtrar el aceite resultante, envasar y etiquetar.

Uso:

Antes de la recolección, ungirse las manos o las tijeras de jardinería. Este aceite purifica y sacraliza las herramientas con que se recolecta y ayuda a propiciar el favor de los espíritus vegetales.

grutas donde la arqueología ha hallado restos de algún culto precristiano, o santos de fuentes donde aún se llevan a cabo ritos claramente paganos.

Como animistas y practicantes de magia tradicional, si bien se puede decidir participar en las romerías del pueblo desde una perspectiva personal, es interesante localizar aquellos emplazamientos del territorio que sugieren la presencia de un numen local para llevar a cabo un culto enfocado a los espíritus naturales del entorno. Buenos puntos de partida son los santuarios y capillitas ubicados en parajes como cuevas, colinas, encrucijadas o fuentes naturales, o construidos sobre templos paganos anteriores. También puede dar pistas la toponimia del territorio, como accidentes naturales cuyo nombre derive del de un dios (el monte Teleno, por ejemplo) o lugares cuyo nombre haga referencia a hadas, anjanas, duendes, encantadas, mouras o diablos. En estos casos, aunque no se conserve leyenda alguna al respecto, el reconocimiento de un espíritu local en ese lugar por parte de las comunidades que han vivido allí será casi seguro. De carecer de pistas de este tipo, pueden investigarse simplemente cuevas, fuentes naturales, capillas, encrucijadas, santuarios, ríos, playas, megalitos, colinas, cimas de montañas o enclaves en el bosque que se sientan especiales.

Abril es un mes para rendir culto y mostrar respeto a los espíritus del territorio, motivo por el cual una actividad idónea a llevar a cabo es acudir en peregrinación (aunque no sea más que una excursión de un par de horas) a algún santuario o lugar natural de tradición que rezume energía o en el que habite algún numen con el que se conecte especialmente. No tiene por qué irse a pedir nada, sino que es posible limitarse a llevar una pequeña ofrenda de agradecimiento y meditar allí. Si se le quiere hacer alguna petición, conviene hacerla con ofrendas de más valor o exvotos.

Antes de volver, puede tomarse la bendición de dicho espíritu pidiendo permiso para purificarse con el agua del lugar, en caso de haber ido a una fuente, o bien llevarse una ramita de una hierba local para transmitir un poco de la presencia de ese espíritu a casa. Una peregrinación, aunque tan solo sea una excursión de unas horas, es muy transformadora a nivel espiritual: ayuda a encontrar respuestas, a ver con mayor perspectiva y a conectar tanto con la fortaleza interna como con el apoyo por parte del plano intangible.

Baño venusino

Abril es un mes relacionado con el ámbito amoroso debido a la proximidad de las fiestas de mayo y al cambio tanto en las dinámicas sociales como biológicas que trae la llegada del buen tiempo. Ya se sabe que «la primavera la sangre altera». Además, no olvidemos que este mes estaba dedicado a Venus, y que existen diversas prácticas mágicas de carácter amoroso en este periodo. Un ejemplo curioso que se llevaba a cabo el día de San Marcos consistía en que las jóvenes metieran un dedo en el ojo de la cerradura de la capilla de San Marcos para que el santo les encontrara marido. Se creía que cuanto más tiempo aguantaran, más adentro lo hundieran y más presión hicieran, más joven, guapo y rico sería el marido.[34] Se trata de un acto claro de magia de semejanza de carácter sexual. Otra fecha relacionada con el amor en este mes es San Jorge, que en territorio catalán es el día por excelencia de los enamorados: en él, los hombres regalan rosas a sus parejas como gesto de amor.

---

34. Amades, J. (1953), *op. cit.*

BAÑO RITUAL PARA EL AMOR

Este rito está inspirado en los baños que las mujeres tomaban durante la Veneralia para purificarse y propiciar su fortuna tanto en el amor como en el sexo, pero también en plantas del mes relacionadas con el querer. La receta puede adaptarse a las flores y hierbas amorosas locales, añadiendo o prescindiendo de las citadas según las posibilidades y el gusto personal.

Materiales:

- ½ litro de agua de mar o de una fuente natural
- 1 vaso de pétalos de rosa frescos
- 1 rama de mirto fresco
- 1 vaso de flores de valeriana o milamores frescas
- 1 vaso de leche

Ritual:

1. Preparar la bañera, o un cubo en su defecto, con agua tibia. Añadir la leche, el agua de mar y las flores.
2. Tomar un baño con mimo, centrándose en el amor propio. Puede tomarse el baño al aire libre y bajo el sol, lavándose ceremonialmente con la rama de mirto. De usar un cubo, es preferible reducir el agua de mar a un vaso y la leche a un chorrito, para evitar que deje textura pegajosa en la piel.
3. Al terminar, es recomendable ungirse el cuerpo con algún aceite aromático asociado al amor, como un oleato de romero en aceite de almendras dulces.

Los *tempestarii*

En abril, pedir lluvias está muy presente por lo esenciales que son para el ciclo natural y agrícola. Si bien se solían hacer estas peticiones a los santos, una de las acusaciones de brujería por excelencia fue justo la de provocar tormentas. Esta práctica, asociada a los *tempestarii* en las ordenanzas que recogían el delito de brujería, se penaba por ser una maldad, por dañar los cultivos y la comunidad. Sin embargo, las acciones mágicas se rigen por la intención y, si es buena, se pueden conjurar lluvias favorables para el entorno.

Los métodos para producir tormentas en el folclore son variados, si bien existe una serie de hierbas, como el helecho[35] o el culantrillo de pozo, que se creían propicias. Uno de los más reconocidos consistía en que la bruja cavaba un hoyo en el suelo, orinaba en él y después salpicaba todo a su alrededor con una rama hasta producir la tormenta.[36] En general, estas leyendas hablan de agua de una fuente u orines, que se batían para salpicarlo todo y generar la lluvia, así como de humo para levantar nubes. A continuación, expongo mi propio ritual de *tempestarii*, inspirado en los ritos de las brujas:

35. Domínguez Moreno, J. M. (mayo de 2018), *op. cit.*

36. Lara Alberola, E. (2010), *Hechiceras y brujas en la literatura española de los Siglos de Oro*, Valencia, Publicacions de la Universitat de València; Gomis i Mestre, C. (1987), *La bruixa catalana: Aplec de casos de bruixeria, creences i supersticions recollits a Catalunya a l'entorn dels anys 1864 a 1915*, Cels Gomis i Serdañons (ed.), Barcelona, Alta Fulla.

RITO PARA LLAMAR LA LLUVIA

Materiales:

- 1 caldero u olla resistente al calor
- 2 o 3 carboncillos litúrgicos
- Hojas de helecho o culantrillo de pozo
- 1 rama de helecho

Ritual:

1. Acudir a un río, poza o fuente, y entrar en un estado de trance ligero.
2. Ubicar el caldero en la orilla y trabajar con los pies sumergidos o arrodillado en el agua.
3. Encender los carboncillos en el caldero y echar sobre ellos las hojas de helecho o culantrillo mientras se conjura a su espíritu para producir la lluvia.
4. Cada pocos minutos, añadir hierbas para generar humo, y visualizarlo como nubes de agua. Ayuda cerrar los ojos y tocar el caldero con las manos.
5. Cuando se logre un trance mayor y un estado de gnosis como si realmente se estuvieran manipulando las nubes, tomar la rama de helecho y, sin sacar los pies del agua, salpicar en todas direcciones para recrear la lluvia en la psique. Puede cantarse mientras alguna canción tradicional relacionada con la lluvia («Que llueva, que llueva, «Plou i fa sol»...) y repetirla tantas veces como sea necesario en ese estado de gnosis, girando y salpicando rítmicamente, hasta que se haya generado y movido la energía suficiente.

EL JARDÍN
DE LA BRUJA

El mes de abril es adecuado para recolectar todas las especies de plantas mencionadas en los apartados donde hemos hablado de las fiestas del calendario y de los aliados de la temporada. Muchas hierbas, como el romero, el tomillo, el espino albar, el laurel, el cantueso, la manzanilla, el saúco o la salvia, estarán en flor y en su periodo óptimo de recolección. Además, es un buen momento para cosechar las hojas de la mandrágora.[37] El endrino, el almendro o el ciruelo, que dieron sus flores con las ramas desnudas, ya habrán terminado la floración y tendrán abundantes hojas. Comenzará a ser perceptible la rapidez con la que crecen las hierbas del jardín, que no necesitarán mucho más que un buen riego y alejar las especies adventicias que puedan restarles recursos.

---

37. Jiménez, M. (1830), *Farmacopea razonada o tratado de farmacia práctico y teórico*, Madrid, Imprenta de los Hijos de doña Catalina Piñuela.

ALIADOS DE LA TEMPORADA

Hierbas

Además de las mencionadas en el mes de marzo, pueden encontrarse las siguientes en su momento óptimo:

○ **Espino albar:** *Se trata de una de las especies más icónicas del día de San Pedro Mártir y de las fiestas del Primero de Mayo, que se comentarán en el próximo capítulo, ya que florece en esta época. Se usa para alejar a las brujas y los rayos. Además, una floración abundante de majuelo era vaticinio de buena cosecha,[38] y también es útil en la magia amorosa, así como para calmar los nervios, purificar, fortalecer el ánimo e infundir valor y seguridad. Las espinas pueden usarse en la magia defensiva.*

○ **Gamón:** *Su floración se da en esta época. En la mitología griega, el también llamado asfódelo es la flor que recubre los prados del Inframundo, por lo que debe recolectarse ahora si se quiere para elaborar preparados de culto a los difuntos que se utilizarán en otoño.*

○ **Diente de león:** *Especie medicinal y comestible, durante todo abril se encuentra en su momento de floración. Su asociación con el aire lo ha dotado en la magia de propiedades mercuriales y comunicativas. En la brujería, puede usarse para facilitar el diálogo con los espíritus y el viaje entre mundos. Popularmente, se soplan sus volátiles semillas para pedir deseos.*

○ **Mirto:** *Sus ramas constituían un elemento central en la celebración romana de la Veneralia, el 1 de abril, pues con ellas se lavaban y purificaban las estatuas de Venus. Hierba sagrada para esta diosa, el mirto se utiliza en la magia amorosa.*

○ **Saúco:** *Su floración comienza a finales de mes, y se trata de una especie muy presente en las fiestas del Primero de Mayo. El saúco se ha utilizado ampliamente para proteger de los rayos y las tormentas. Es frecuente elaborar cruces con sus ramas y bastones con los que quitar el mal de ojo. Asimismo, sus flores servían para hacer sahumerios con que limpiar la enfermedad de las estancias y en velatorios, y se colgaban en puertas y ventanas para la protección.*

○ **Romero:** *Se encuentra en pleno apogeo de floración. Hierba protectora y purificadora, es una de las más utilizadas en la magia popular española contra el mal de ojo y los espíritus nocivos. Se usa, además, en hechizos amorosos y de prosperidad.*

---

38. Benítez Cruz, G., *op. cit.*

- ○ **Tomillo:** *Empleado en sahumerios, purifica el espacio y aleja la enfermedad. Puede ser utilizado para adquirir fortaleza interna y valor.*

- ○ **Cantueso, espliego o lavanda:** *Las lavandas se utilizan en general como potentes purificadores y protectores, pues inciden contra todo tipo de mal, pero especialmente se las conoce por su eficacia contra la enfermedad y las pesadillas.*

- ○ **Laurel:** *Hierba protectora y purificadora asociada al triunfo y el sol. Relacionada también con la adivinación y con el dios Apolo, sus ramas y las cruces elaboradas con sus hojas son un amuleto tradicional del día de San Pedro Mártir.*

- ○ **Helecho:** *Utilizado para provocar lluvias. La grana de helecho, además, es un amuleto tradicional muy típico de la hechicería española que se empleaba para atraer el dinero, el sexo, el amor, la victoria en el juego, la protección de todo mal… Es una hierba con un gran componente mágico-mítico ligado a la víspera de San Juan.*

- ○ **Culantrillo de pozo:** *Utilizada para pedir lluvias y en la magia amorosa. Según la mitología, de culantrillo estaba hecha la corona de Hades y rodeado el lugar donde Hilas fue raptado por las ninfas,[39] lo que sugiere una asociación necromántica.*

- ○ **Hinojo:** *Usado en la protección y la purificación del hogar.*

- ○ **Espigas de cereal:** *Se usan para «atar al Diablo» e impedir la acción de los espíritus maléficos tanto sobre las personas como sobre las cosechas.*

- ○ **Milamores y valeriana:** *Se encuentran en floración en esta época. La flor de las valerianas puede usarse en la magia amorosa y para traer paz y armonía.*

Otros recursos

- ○ **Agua de mar:** *Según la creencia popular, tiene mayor virtud durante este mes, por lo que puede recogerse ahora, filtrarse y guardarse para el resto del año como agua bendita o en ritos de protección y purificación.*

- ○ **Azufre:** *Se utilizaba en los sahumerios purificadores de las fiestas de la Parilia. Su naturaleza aversiva sirve como elemento de destierro, pero también se presta a la invocación de espíritus ctónicos.*

---

39. Casana, E. (1993), *Patrimonio etnobotánico de la provincia de Córdoba: Subbética, Campiña y Vega del Guadalquivir*, tesis doctoral, Córdoba, Universidad de Córdoba.

○ **Vino:** Un elemento destacadísimo en las fiestas del mes, ya que en abril concluye la maceración del primer vino del año y queda listo para el consumo. Este fermento inaugural tenía su propia fiesta en la cultura romana, la Vinalia, que se celebraba el 23 de abril, y ha seguido estando muy presente en el día de San Marcos. Puede emplearse como ofrenda a los espíritus más representativos de esta época del año.

○ **Panecillos o roscos de San Marcos:** Amuleto que se guarda para atraer el dinero, se cuelga en los árboles para propiciar su fertilidad o se conserva con fines curativos para el resto del año.

○ **Plenilunio de abril:** En la creencia popular, es óptimo para las prácticas brujescas, hechiceriles y de adivinación.

○ **Becerros y toros:** Animales simbólicos de abril, están relacionados con la agricultura y la entrada de la constelación de Tauro. Puede trabajarse con su arquetipo evocando su imagen o con su espíritu a través de algún elemento físico (huesos, pelo, cuernos, carne...). También están relacionados con la fuerza, la fertilidad, la resistencia y la potencia sexual. El toro y el becerro son animales muy presentes en las religiones prerromanas de la península, y existen diversas divinidades asociadas a ellos.

○ **Plumas:** Tanto la llegada de muchas aves migratorias como el nacimiento de otras tantas residentes puede facilitar el hallazgo fortuito de plumas, además de las cáscaras de huevo ya mencionadas en el capítulo anterior. De hallar plumas, pueden guardarse para la magia de purificación y ritos, preparados o herramientas dispuestas para propiciar el vuelo del espíritu.

○ **Abejas:** No es periodo aún de recolecta en la producción apícola, pero puede trabajarse con el arquetipo o el espíritu de estos animales para temas de trabajo, disciplina, prosperidad, contacto con dioses y espíritus solares o magia profiláctica, entre otros. En la creencia popular, el alma de los buenos difuntos toma forma de abeja, y por ello también se relacionan con el ámbito funerario.

MAYO

El aire cálido y perfumado trae el campanilleo de las risas y la música. Vestida de flores, la maya presenta su regio porte al público, encarnando aún hoy a la diosa de la vida y de los exuberantes campos que hemos adorado desde nuestros orígenes. Las anjanas peinan sus dorados cabellos y tienden sus blancos paños junto a las fuentes. Las brujas danzan alrededor de los viejos megalitos, entregándose a aquel que ilumina con su fuego entre los cuernos. Los espíritus verdes demandan culto ahora que nos entregan todo su vigor.

Dedicado a la diosa ninfa Maya, de la cual deriva el nombre del mes (*Maius*), y a su hijo (Mercurio), mayo comenzaba con la celebración de la Floralia, comprendida entre el 28 de abril y el 3 de mayo. Esta fiesta se solapaba a su vez con la tradición celta de Beltane y con la noche de Walpurgis germana, todas ellas similares en motivación, lo cual ha causado una enorme pervivencia de prácticas de culto de origen pagano por estas fechas en toda Europa, incluido nuestro territorio.

Mayo es un mes de contrastes en cuanto a las creencias espirituales paganas asociadas a él. Por un lado, posee un carácter festivo por el auge de númenes benefactores relacionados con la vegetación, el amor, la fertilidad y la vida. Por otro lado, también tiene una faceta temerosa por la especial presencia de espíritus nocturnos maléficos. Esto se refleja especialmente en la víspera del 30 de abril y durante el Primero de Mayo, momento en que tanto Beltane como la noche de Walpurgis recogían en la Antigüedad, y hasta hoy, la especial presencia de brujas, espíritus de muertos y seres feéricos de carácter perjudicial. También reconocían este hecho los romanos, que ubicaban del 9 al 13 de mayo una importante celebración apotropaica, la Lemuria, dedicada a aplacar a los malos muertos para evitar sus acciones dañinas. En una concepción espiritual anual, el Primero de Mayo es una fecha opuesta al día de los Difuntos, y ambas son consideradas momentos liminales que, en culturas como la celta, demarcan el paso de la estación de invierno a la de verano, del mundo de los muertos al de los vivos. Por este motivo, la acción de los espíritus es mucho más próxima en esas vísperas.

De todos modos, la naturaleza de los espíritus nocturnos presentes la víspera del mes de mayo es, en el folclore, notablemente distinta a la de aquellos presentes en el día de los Fieles Difuntos. Pese a que se reconoce la existencia de seres maléficos e incluso el paso de la Cacería Salvaje y de su equivalente folclórico posterior, las brujas, los númenes por excelencia de los Mayos son los espíritus feéricos. Hadas, ninfas, anjanas, mouras y encantadas son las protagonistas de esta noche como representación de la contraparte generadora de los muertos: los espíritus ctónicos que, aunque tienen un potencial peligroso, gobiernan sobre la vida y la abundancia y caracterizan el periodo primaveral. Su presencia será muy notable durante todo el mes de mayo y de junio, al representar los aspectos naturales de este momento del ciclo natural.

Mayo estaba dedicado a las diosas de las flores y la vegetación, y, mediante un proceso de sincretismo, el catolicismo popular lo consideró el mes de la Virgen María. En él se da, de hecho, la romería más importante del territorio español, la de la Virgen del Rocío, aunque también se adora a muchas figuras locales del mismo modo que antaño se honraba a las diosas y espíritus femeninos de la primavera.

Así, con su ya instaurada calidez, mayo trae la cosecha de los primeros frutos como las cerezas y las fresas. Las tareas en el campo consisten, a grandes rasgos, en desherbar y aclarar las viñas y los frutales para mejorar su producción. Se siembra el maíz y se siega la hierba y el heno.[1] Es un mes de gran crecimiento tanto en el huerto como en los campos, por lo que la presencia de lluvia, como ocurría en abril, es crucial para el desarrollo de los cultivos.

En zonas de alta montaña, este mes presenta ya la suficiente calidez como para subir el ganado a los pastos elevados, donde pasarán la temporada de verano. La hierba fresca hace que dé leche de mayor calidad, y por ello los quesos que elaboran los pastores en mayo son de los mejores del año. Se esquilan las ovejas y, en su proceso tradicional, la lana se lava, se carda y se hila. También en este mes, con la vitalidad propia de la primavera, quedan las ovejas preñadas para dar a luz en octubre.[2] En los oficios del bosque, mayo ha sido considerado el mejor momento para elaborar carboneras, y también abundaba el trabajo para las herboristas, que acudían al monte a recolectar plantas medicinales y las vendían de forma ambulante por las poblaciones.

Este es el tiempo en que las abejas hacen más miel y de mejor calidad, por la abundancia

---

1. Zafont, J. de, *op. cit.*
2. Amades, J. (1953), *op. cit.*

y la virtud de las flores. Las ranas comienzan a croar con insistencia y es más fácil ver parejas de tórtolas.

En la costa, mayo es un mes agradecido y de buena pesca, en especial la de la sardina.

El sol de este mes es benefactor y agradable, así como la lluvia. De hecho, se decía que a las jóvenes que salían al aire libre bajo las lluvias de mayo, les crecía más el cabello, en un símil de este a la vegetación.[3]

Pero no solo las precipitaciones de este mes se creían dotadas de una virtud mágica incomparable, sino todas las aguas en general. Como veremos en la primera fiesta del mes, son tan importantes en estas fechas que, de aquí a San Juan, se otorgaba un poder incomparable. Por ello era un periodo en que curanderos y apotecarios elaboraban remedios a base de agua de mayo y hierbas de temporada para venderlos en los mercados una vez listos, hacia finales de mes.[4] De hecho, desde al menos el siglo XVI el día de San Ponce (el 11 de mayo) se organiza en muchas poblaciones de Cataluña un mercado de hierbas, remedios y miel por considerarse aquel el santo abogado de las plantas medicinales y patrón de los herboristas y los apicultores.

El agua de mayo también se consideraba un elixir de belleza para las mujeres y era ingrediente habitual de hechizos:[5] por ejemplo, beberla traía salud y se consideraba un filtro amoroso si se tomaba de una hoja de hiedra recién arrancada;[6] lavarse con ella otorgaba hermosura y exponerse al rocío, vitalidad y vigor. También se creía que tenía la virtud de proteger de malas miradas y maleficios.[7] Otra agua que solía recogerse en este mes y se consideraba un poderoso ingrediente mágico era la de siete o nueve pilas, obtenida de recoger agua bendita en iglesias distintas.[8]

En la tradición popular, mayo se relaciona con el amor, pues el florecimiento y fructificación de la naturaleza, así como la reproducción de los animales y un estilo de vida al aire libre, gracias al buen tiempo, propiciaban los cortejos y amoríos. Por estas fechas se reconocía que la juventud estaba especialmente alborozada, y socialmente se incentivaban los noviazgos y los matrimonios (para evitar sorpresas en pecado). Este aspecto, que es un elemento central en las fiestas de mayo, ya era considerado en su equivalente celta. Curiosamente, por el contrario, para los romanos era un mes desafortunado para los matrimonios por la celebración de la Lemuria, dedicada a los muertos sin descanso, que vaticinaba la mala fortuna para la unión.[9]

---

3. Salillas, R. (1905), *La fascinación en España*, Madrid, Imprenta Eduardo Arias.

4. Amades, J. (1953), *op. cit.*

5. Guzmán Tirado, M. A., *op. cit.*

6. Casas Gaspar, E. (1947), *Costumbres españolas de nacimiento, noviazgo, casamiento y muerte*, Madrid, Escelicer.

7. Amades, J. (1953), *op. cit.*

8. *Ibid.*

9. Marqués, N., *op. cit.*

CALENDARIO TRADICIONAL DE
MAYO

Los Mayos:
VÍSPERA DEL 30 DE ABRIL Y PRIMERO DE MAYO

Las fiestas de los Mayos son el resultado de la evolución y el sincretismo de las celebraciones paganas que tenían lugar en estas fechas de una forma similar en el seno de diversas culturas europeas. Muy posiblemente, esta celebración parta de un sustrato común en todas ellas que ha perdurado hasta los festejos actuales del Primero de Mayo.

Por lo general, en esta jornada se dan dos aspectos mágico-rituales principales: la presencia de un elemento vegetal preponderante y la elección de una persona joven que tiene un papel protagonista en la fiesta por representar a la divinidad de la vegetación y la fertilidad. Las actividades mágicas contemplan primariamente la especial virtud del agua y de las hierbas (sobre todo con fines salutíferos). También se contempla como elemento común la inusitada actividad de los espíritus de carácter feérico y, de una forma más indirecta, de muertos, brujas o malas hadas. La fertilidad y el amor son aspectos sociales en los que se incide especialmente con los ritos de cortejo como actividad prominente en la celebración. Cabe decir que muchos de los elementos mencionados se replicarán de forma similar en San Juan, si bien duplicados probablemente a causa de la interacción de diversas culturas en el territorio que celebraban fiestas similares y del sincretismo religioso.

La infinidad de costumbres mágicas que esta celebración tiene en la península es imposible de recoger en este espacio, por lo que, como en las demás fiestas anuales de este calibre, comentaremos los aspectos más comunes y algunos ritos anecdóticos. Con todo, animo al lector a investigar e involucrarse en las tradiciones locales de su región, porque dotarán tanto a la práctica mágica como a la celebración de una mayor riqueza y vínculo con la comunidad y los espíritus del entorno.

El primer aspecto destacado de esta festividad es la importancia de los elementos herbales, lo cual delata su carácter de celebración en honor a los dioses y genios de la vegetación. Esto también, como ya hemos visto, vincula el Primero de Mayo con la Floralia romana, dedicada a la diosa Flora; en la fiesta de los Mayos, encontramos una infinidad de flores decorando altares, casas y a los personajes principales. La tradición más importante en este sentido, presente en gran número de poblaciones por toda la geografía española y con equivalentes por muchos países de Europa, es la de la plantada o «pingada» del mayo: se trata del nombre que recibe el árbol que, según la zona (puede ser la víspera del 30 de abril, el Primero de Mayo u otros días del mes homónimo), se tala, se transporta a la plaza del pueblo y se erige o «pinga» en un emocionante rito para el cual es necesaria la cooperación de la comunidad, que se coordina para izarlo tirando de varias cuerdas. El árbol elegido es normalmente un pino o un álamo por su madera ligera, su crecimiento rápido y su verticalidad. En muchos lugares, unos cuantos hombres jóvenes llevan a cabo tanto la elección como la tala del mayo amparados por el secretismo de la noche;[10] el transporte debe hacerse a mano, sin uso de maquinaria que facilite el proceso, y una vez en la plaza se descorteza entero menos un penacho que lo corona,[11] y se decora a veces con guirnaldas, cáscaras de huevo, roscos, flores o cintas.[12] En muchos pueblos, el mayo sirve de cucaña en las fiestas, por lo que se engrasa y se cuelgan de su copa jamones, chorizos y otros alimentos.[13] La pingada del mayo, que se mantiene erigido durante todo el mes, suele acompañarse de danzas a su alrededor. Terminado el mes, se corta en trozos que se reparten como amuletos para la buena fortuna o se dejan en la puerta de casa de diversos personajes destacados de la comunidad con fines jocosos. En otras zonas, como en Galicia o en algunos pueblos de La Rioja, el mayo consiste en un arbusto o estructura enramada profusamente decorada con huevos y elementos naturales que, si bien es de menor tamaño, imita la forma de un árbol y es también una figura central en la fiesta.[14]

Otro elemento vegetal importante en esta celebración son las enramadas, estructuras vegetales que los jóvenes montan en las puertas o ventanas de sus enamoradas la víspera del Primero de Mayo. Igual que sucede en las enramadas sanjuaneras, a menudo los vegetales empleados para elaborarlas tienen un código de significados de carácter amoroso o satírico con el que se mandan mensajes a las jóvenes que las reciben. Como acompañamiento a las enramadas, tradicionalmente han sido muy populares los cantos de ronda que los chavales hacían por la noche a las mozas bajo sus ventanas[15] y que, para no variar, suelen recibir también el nombre de mayos[16] (como vamos viendo, se llama «mayo» o «maya» a

10. Amades, J. (1953), *op. cit.*

11. Perez Cardenal, D., y P. Sanz Yagüe (1988), «La fiesta del mayo en Huertahernando», *Revista de folklore*, n.º 86, pp. 60-64.

12. Amades, J. (1953), *op. cit.*

13. Viguera Simón, P. (2018), «El Mayo en la Villa de Ocón. Una fiesta de primavera que pervive en la actualidad», *Belezos: Revista de cultura popular y tradiciones de La Rioja*, n.º 36, pp. 34-37.

14. *Ibid.*

15. Perez Cardenal, D., y P. Sanz Yagüe, *op. cit.*; Domingo Delgado, L. (1983), «Fiestas del "Mayo" en Segovia capital», *Revista de folklore*, n.º 29, pp. 177-180.

16. Alonso Revenga, P. A. (1984), «La fiesta de la Cruz de Mayo y los Mayos de Noez», *Los Montes de Toledo: Boletín Informativo de régimen interior de la Asociación Cultural Montes de Toledo*, n.º 26, pp. 13-22.

casi todo elemento principal de la fiesta). Esta actividad formaba parte de los numerosos ritos de cortejo de la celebración, como la del emparejamiento de las mayas (las solteras del pueblo) con un mozo a través de subastas en las que los jóvenes pujaban por ser el mayo, la pareja durante la jornada de aquella que les gustaba. Las mayas debían bailar entonces con el muchacho que les hubiera tocado, y si bien podían rechazarlo, para humillación del mozo, no pocas veces surgían emparejamientos de esta tradición.[17]

Esta subasta forma parte de otro grupo de costumbres del día que consistían en la colecta de dinero y alimentos como huevos o castañas para financiar los festejos y hacer una comida popular. Además de los jóvenes, en ellas solían participar los niños, en ocasiones engalanados profusamente con elementos vegetales,[18] que entonces se llamaban *maiets* (mayitos), o portando con ellos un arbolito decorado a modo de mayo en miniatura.[19] Este tipo de colectas por parte de niños y jóvenes que personifican los genios de la vegetación, recuerdan a prácticas de ofrenda a estos últimos. Los jóvenes protagonizan la fiesta de los Mayos porque representan la fertilidad, el vigor y la vitalidad de la naturaleza en este momento del año.

Otro aspecto muy presente en los Mayos, hablando de la encarnación de los dioses y espíritus que rigen esta época del año, es la elección de la maya.[20] Se trata de una niña o joven (la considerada más hermosa) a la que se viste y engalana con bellísimos atuendos y flores para convertirla en la protagonista de la fiesta que recibirá los cantos de alabanza y observará las danzas y festejos desde un altar rebosante de flores. La maya encarna, de forma ritual, la misma diosa Maya.

La víspera del Primero de Mayo, además de ser objeto de todas estas tradiciones en numerosas poblaciones, también ha reunido desde antaño muchas creencias y leyendas. Se comentaba que en este momento las anjanas y otras ninfas acuáticas danzaban alrededor de los manantiales, lo que causaba que la mañana siguiente sus aguas tuvieran, como ya hemos comentado, una virtud inusitada. El primero que bebe de una fuente este día absorbe su poder para disponer de gran fortuna. Por este motivo, en ellas se llevaban a cabo esta mañana prácticas mágicas de carácter salutífero y amoroso: los enfermos solían lanzar monedas, mendrugos de pan o dejar atado su pañuelo en un árbol próximo; y aquellos que deseaban suerte, echaban a la fuente una piedrecilla, mientras que las jóvenes que buscaban marido lanzaban al agua una aguja torcida.[21] Todo esto son realmente ofrendas al espíritu de la fuente, que siguieron llevándose a cabo hasta hace apenas unas décadas del

---

17. Perez Cardenal, D., y P. Sanz Yagüe, *op. cit.*
18. Amades, J. (1953), *op. cit.*
19. Viguera Simón, P., *op. cit.*
20. Perez Cardenal, D., y P. Sanz Yagüe, *op. cit.*
21. Casas Gaspar, E., *op. cit.*; Amades, J. (1953), *op. cit.*

mismo modo que en la Antigüedad, y a él se le atribuían los poderes similares a los que ya se atribuían a los dioses y númenes precristianos de las fuentes y los manantiales.

Otra creencia común en esta víspera es que los espíritus maléficos, los feéricos más peligrosos y las brujas campaban a sus anchas. Estas últimas tenían una marcada actividad durante la noche porque llevaban a cabo sus aquelarres en prados, cuevas o montañas cercanas para adorar al Diablo danzando en círculo.[22] Los megalitos eran, en la creencia popular, un emplazamiento típico para estas reuniones nocturnas porque la misma comunidad les atribuía una potencialidad mágica particular, así como una conexión con el mundo de lo numinoso. De hecho, en mayo son muy comunes algunos ritos en ellos, porque abundan aquellos a los que se otorga la capacidad de concebir a las parejas que no pueden tener hijos.[23]

- Participar de las actividades tradicionales locales
- Practicar magia amorosa y sexual
- Decorar un mayo de forma ritual
- Magia y celebración con flores frescas
- Recoger agua de fuentes naturales
- Práctica mágica o espiritual en megalitos
- Enramadas para decorar puertas o ventanas
- Aquelarre y comunión con el Maestro de las Brujas
- Culto a los genios vegetales y a los espíritus del territorio

22. Amades, J. (1953), *op. cit.*
23. *Ibid.*

La Cruz de Mayo:
3 DE MAYO

El día de la Santa Cruz o la Cruz de Mayo es una versión sincretizada por el catolicismo de las fiestas de los Mayos, que tienen un carácter pagano menos encubierto. Las actividades son prácticamente las mismas en ambas celebraciones, con la simple diferencia de que el elemento vegetal central es, en lugar de un árbol, la cruz (la semejanza es fácil, ya que se trata de un madero vertical, igual que un árbol).

Esta fiesta es especialmente popular en Andalucía, mientras que en la franja norte de la península ibérica se mantiene más la fiesta de los Mayos. En muchos lugares, ambas se mezclan.

En la Cruz de Mayo, una de las actividades más típicas es el engalanado de cruces y altares con flores. Es muy habitual que cada barrio haga la suya propia y se concurse a la más hermosa, pero también se elaboran a nivel doméstico para colocarlas en la puerta o el patio de casa.

Asimismo, se ornamentan los cruceros ubicados en plazas o caminos, de manera que en algunos lugares se aprovecha el día para pasarlo en el campo.[24] Son comunes las canciones de ronda de temática alegre y amorosa, así como las enramadas ya mencionadas en la fiesta de los Mayos.[25] También se dedican cantos a la Virgen María.

- Decorar con flores el altar doméstico
- Participar de las actividades tradicionales locales
- Realizar las mismas actividades que en los Mayos

24. Montoya Beleña, S. (2013), «Los mayos como patrimonio cultural inmaterial. Algunos ejemplos conquenses», *Patrimonio inmaterial de la cultura cristiana*, Madrid, Ediciones Escurialenses, pp. 405-426.

25. *Ibid.*

San Isidro Labrador:

15 DE MAYO

La fiesta de San Isidro, aunque no presente en todas las comunidades autónomas, recoge de nuevo muchos de los atributos ya comentados en los Mayos y que caracterizan la espiritualidad del mes: la madrugada de este día, se acudía a las fuentes a por agua por tener una virtud especial.[26] A san Isidro se le atribuye haber sido zahorí y se le considera dotado del poder de hacer brotar las fuentes. También se le cree capaz de producir lluvias benefactoras para los cultivos, por eso en los años secos se echaban sus estatuillas al agua o se le ponía un arenque salado en la boca para que le diera sed e hiciera así llover.[27] Es patrón de los agricultores y protector del trigo, motivo por el cual en su fiesta se le ofrendan manojos de este cereal con la intención de que dé una buena cosecha. El día de San Isidro son comunes las danzas y las representaciones que simulan la siembra, quizá como vestigios de ritos agrarios; y también era popular encender hogueras en la era (la explanada frente a las masías donde se trillaba el trigo) con las malas hierbas arrancadas de los campos de cultivo como un acto purificador. A estos fuegos se les atribuía una virtud profiláctica contra los malos espíritus que pudieran afectar a los campos o a la casa.[28]

- Quemar de forma ritual las hierbas adventicias del jardín
- Ritos de fertilidad de los cultivos

---

26. Mateo del Peral, L. R. (2022), «La celebración de la festividad de san Isidro, patrón de Madrid, en la Pradera y otros lugares de la Villa», LVIII ciclo de conferencias del IV Centenario de la canonización de San Isidro Labrador, pp. 359-396.

27. Amades, J. (1953), *op. cit.*

28. *Ibid.*

MAGIA Y TAREAS ESTACIONALES

Aquelarre: brujas, hadas y espíritus del territorio

La víspera del Primero de Mayo se conoce en el folclore como una de las grandes noches de las brujas, que se reúnen para celebrar sus aquelarres en diversos lugares de la geografía junto a su maestro cornudo. De hecho, es muy curioso cómo en algunos lugares del Pirineo, la celebración recoge también en sus danzas y representaciones una figura central astada: es el caso de Aude, donde la última persona casada del pueblo baila alrededor del árbol de mayo portando dos grandes cuernos, y lo mismo sucede en el municipio gerundense de Cornellà de Terri.[29]

MAYO

Como ya comentamos en el mes de marzo y al igual que sucede con el concepto de «bruja», un aquelarre puede implicar algo distinto para cada practicante aun dentro de la misma corriente de la brujería folclórica. Por ese motivo, la actividad propuesta no es más que acudir en la víspera del Primero de Mayo a algún lugar natural dotado de poder o definido en la tradición como un punto de encuentro de brujas y reunirse a celebrar con los espíritus.

Al encuentro de las Buenas Damas

Mayo trae consigo la vibrante presencia de los númenes de las aguas, las cuevas y los bosques. Son conocidas bajo un sinfín de nombres en nuestra geografía: lamias, xanas, anjanas, mouras, hadas, encantadas, buenas gentes, damas, dueñas, señoras, señoritas, *bones dones*, *goges*, *aloges*, *dones d'aigua*, lavanderas... Las hadas de nuestro folclore derivan de las ninfas, así como de diversas diosas y espíritus femeninos precristianos que se adoraron en este territorio. Un precedente que las vincula estrechamente con la fecha del Primero de Mayo es que en este día los romanos celebraban su fiesta dedicada a la Bona Dea (la «buena diosa»). Si bien se tiene poca información de ella, era hija o esposa de Fauno, según el autor; y en su mito destaca que se embriagó de vino para yacer con Fauno en forma de serpiente. Parece ser que a Maya se identificaba también con Bona Dea, con Fauna y con Ops, diosa de la tierra, la fertilidad y la abundancia. Sea como fuere, la Bona

---

29. *Ibid.*

Dea recibía un culto místérico del que no podían ser partícipes los hombres.[30]

Lo que es realmente interesante es la vinculación de estos espíritus feéricos y de diosas como la Bona Dea con la posterior brujería. «Buena diosa», «buena dama» y «buena señora» (*bona domina*) son epítetos y eufemismos con los que algunas mujeres en el siglo XIV designaban a una diosa o espíritu femenino con el que aseguraban volar de la noche.[31] Sus declaraciones fueron el precedente del constructo tardomedieval de la brujería, que posteriormente se demonizó para convertir al espíritu central de estas prácticas extáticas en el Diablo. Una de las diosas a las que se equiparó a esta buena diosa o dama en las confesiones fue a Diana, como reza el *Canon Episcopi*, del siglo IX:

> Ciertas mujeres [...] crean y digan que se van de noche con la diosa Diana, diosa de los paganos, y junto con una gran masa de mujeres, montando ciertos animales, recorriendo amplios espacios de la tierra en el silencio de la noche y obedeciendo a Diana como señora suya [...]. Una multitud innumerable se deja ganar por esa locura y considera que es verídico.[32]

Diana es una diosa de los bosques que va siempre rodeada de sus ninfas. En el norte de España, a los espíritus femeninos de los bosques se las llamaba «dianas». Autores como Julio Caro Baroja y Constantino Cabal exponen que este vocablo derivó en «jana» (término con el cual se identificaba tanto a las brujas como a las hadas), y este a su vez en *anjana* o xana. Pero las conexiones no terminan aquí, porque a las damas nocturnas, las hadas y las xanas también se las conoce como «buenas gentes», «Buenas Damas» o «buenas mujeres». Epítetos similares continúan presentes en culturas de toda Europa y con ellos se designa al pueblo feérico con el que las acusadas de brujería aseguraban viajar durante las noches. Autores como Carlo Ginzburg deducen que estas experiencias serían vestigios de prácticas extáticas de carácter doméstico y exclusivo femenino, como hemos visto que era el culto a la Bona Dea o como se caracteriza la corte de Diana, a la que no podían acercarse los hombres. ¿Con quién confesaban ir estas mujeres en vuelo nocturno, por ejemplo, en

---

30. Grimal, P., y C. Picard (2020), *Diccionario de mitología griega y romana*, Francisco Payarols (trad.), Barcelona, Paidós.

31. Ginzburg, C. (2003), *Historia nocturna*, Barcelona, Península.

32. *Ibid.*

Cataluña? Con las *bones dones*,[33] (las *bonae dominae* en latín y las *bonnes dammes* francesas),[34] llamadas también «encantadas», seres que habitan en los bosques, las cuevas, las ruinas y las pozas catalanas.

Así, los espíritus femeninos de la brujería prediabólica, las hadas y las diosas como Bona Dea, como Diana o como Abundancia (en las confesiones, Abundia, Dame Habonde o Richella, sin olvidar que en la mitología también era llamada Ops, que compartía nombre con la Bona Dea), tienen mucho que ver entre sí. Númenes ctónicos femeninos todos ellos asociados a la abundancia, a la vida y la muerte, a los misterios del Otro Lado y el conocimiento oculto, al destino, a la naturaleza salvaje y al culto extático femenino. Con ello, no estoy afirmando en absoluto que todas estas figuras sean lo mismo, ni que existiera un culto brujo en Europa a una única buena diosa y a un dios astado, como exponía Margaret Murray; eso sería simplificar y deformar hasta la falsedad algo mucho más profundo y rico, algo que es más bien una red de conexiones entre diversos espíritus de diferentes épocas y lugares, así como también de diferentes naturalezas o caracterizaciones, pero con elementos vinculantes entre sí. Para no extendernos, no tocaré las vinculaciones de estos númenes de las brujas y las hadas con las parcas o las matres, ni con la Cacería Salvaje, el solsticio de invierno y los muertos, pero podríamos tirar de muchos más hilos; recomiendo la lectura de Ginzburg para saber más al respecto. Esta exposición simplemente pretende dar una pequeña panorámica de los misterios de las damas nocturnas y su conexión con las hadas y espíritus femeninos de las fuentes y los bosques que se homenajean en las fiestas de mayo.

Por ese motivo, este mes es un fantástico momento para llevar a cabo un acercamiento a los númenes femeninos de los bosques y las fuentes, o a esas Buenas Damas que llevaban consigo las almas de las mujeres para festejar en el mundo de los espíritus y revelarles sus misterios. Una buena forma de hacerlo es acudir a algún lugar típicamente asociado a ellas: si en tu entorno existe algún topónimo que de una pista, como «cueva de la encantada» o «piedra de la moura», o se recoge alguna leyenda asociada a ellas, tendrás un buen sitio por donde comenzar a buscar; de lo contrario, servirán la entrada de alguna cueva, las pozas, las fuentes, los ríos o los bosques para ello. Puedes ir de día o de noche, según quieras exponerte a un contacto más o menos directo, pues el momento más activo en el folclore para estos númenes es el anochecer y el menor, las horas diurnas.

Conviene llevar ofrendas adecuadas: normalmente, los espíritus de la naturaleza salvaje (de fuera del cerco o la población) valoran aquello que pertenece al ámbito humano (del

---

33. Castell Granados, P. (2013), *Orígens i evolució de la cacera de bruixes a Catalunya (segles XV-XVI)*, tesis doctoral, Barcelona, Universitat de Barcelona.

34. Ginzburg, C., *op. cit.*

interior del cerco) por ser algo raro y escaso en su entorno: productos de animales domesticados como la miel, la leche o los huevos de gallina, o bien fruto de la agricultura, como el grano, el pan, la fruta o el vino, pero también arte y artesanía (en especial, la música), etc.

Dispón las ofrendas de forma agradable y, tras entrar en un trance ligero, entrégalas con unas palabras sinceras sobre la motivación que te ha movido a acercarte. Puedes meditar un rato esperando respuesta o utilizar un sistema oracular para comunicarte con los númenes. Si en algún momento dejas de sentirte cómodo en el ambiente, es preferible no alarmarse, sino simplemente despedirse, dar las gracias por la atención y marcharse sin mirar atrás.

Decoración del mayo y culto a los genios de la vegetación

Los espíritus de la vegetación son el principal foco de adoración de las fiestas de los Mayos. De hecho, el mismo árbol podría representar uno al que se lleva al poblado como símil de alianza entre la naturaleza y la comunidad, y su decoración ser una muestra de adoración o vestigio de ofrenda. Por ese motivo, una buena actividad para esta fecha es elaborar o decorar un mayo. Lo más sencillo si en la zona no se ha conservado nada similar a la pingada del mayo es hacerlo como en las poblaciones que decoran un arbusto u ornamentan con materia vegetal una estructura de alambre a modo de mayo. En caso de decorar un arbusto, no es necesario cortarlo; puede decorarse alguno del jardín, del monte o del parque con materiales biodegradables como cáscaras de huevo teñidas con tintes naturales, rosquillas y flores.

Por otro lado, este momento es perfecto para un rito de ofrenda y trabajo con los espíritus del territorio, en especial con los genios de la vegetación.

Aguas mágicas

Como ya hemos visto en el apartado introductorio, las aguas de mayo son uno de los elementos mágicos más reconocidos en la práctica popular: tanto las de las fuentes naturales como las de los pozos tienen un poder mágico especial la mañana del Primero de Mayo, pero también lo tienen la lluvia y el rocío este mes. Asimismo, preparar el agua de siete pilas (agua bendita tomada de siete iglesias distintas) era una práctica típica en esta época, en sincretismo con la tradición pagana del agua de siete fuentes, que tanto podía encontrarse por las fiestas de los Mayos como por San Juan.

AGUA HERBAL DE MAYO

Materiales:
- Agua de mayo
- Alcohol de 96°
- Hierbas frescas recogidas la mañana del Primero de Mayo

Procedimiento:
1. Recoger, preferiblemente la mañana del Primero de Mayo, el agua de una fuente natural y las hierbas. Escoger aquellas que se prefieran de entre las que estén en un buen momento de recolección y tengan cierta capacidad aromática: hinojo, melisa, menta, romero, lavanda, rosa... Aconsejo elegirlas de forma intuitiva durante el paseo a la fuente.
2. En un frasco de cristal con cierre hermético, añadir las hierbas picadas hasta llenar ¾ del recipiente. Cubrirlas con el agua y llenar el último cuarto del frasco, hasta arriba, con el alcohol. Cerrar, agitar y dejar al sol, en el exterior, durante todo el día y toda la noche.
3. A la mañana siguiente, filtrar la infusión, envasarla y etiquetar el preparado. Lo ideal es usar un frasco con vaporizador para guardarlo.

Uso:
Si bien el matiz puede variar según las hierbas utilizadas, esta agua servirá para refrescar y revitalizar, así como para limpiar y abrir caminos, pues contiene los atributos de crecimiento, belleza, juventud y oportunidad de la naturaleza en el mes de mayo. Puede usarse el preparado como colonia, vaporizándose con él por la mañana o cuando se necesite refrescar la mente, mejorar la creatividad, un aporte de vitalidad o encontrar el propio centro.

Todas estas aguas pueden usarse en trabajos mágicos de protección, purificación, crecimiento, belleza y bendición, pero también como ofrenda a los espíritus vegetales, ya que se les atribuye la capacidad de dar vitalidad a los cultivos.

Un detalle a tener en cuenta es que el agua recogida de fuentes o de lluvia debe estar muy limpia para que se conserve y pueda usarse durante el resto del año. Por ese motivo, en caso de duda, es preferible hervirla y filtrarla antes de guardarla.

El agua de mayo, pues, se utilizaba para hacer toda clase de remedios mágico-medicinales. A continuación, dejo un ejemplo sencillo.

Buenos y malos muertos: habas y rosas

La víspera de mayo, anualmente opuesta a la noche de Todos los Santos, revela la presencia de los espíritus. Al comenzar la estación cálida, los muertos se despiden en un último paseo por la superficie terrestre y regresan a su mundo subterráneo. Celtas, germanos y romanos reconocían en este momento la necesidad de protegerse de ellos. Estos últimos celebraban la Lemuria, una festividad de tres días de duración (los 9, 11 y 13 de mayo) en que llevaban a cabo actos de apaciguamiento que garantizarían la protección del hogar de la ira de los lemures, los muertos sin descanso. El padre de familia llevaba a cabo un interesantísimo rito nocturno en el cual lanzaba habas negras hacia atrás, por encima del hombro, y hacía el gesto de la higa.[35]

Se creía que los espíritus iban recogiendo las habas del suelo y así quedaban apaciguados con su alimento predilecto. Aún hoy en día, el folclore español recoge la costumbre de dejar un puñado de habas en la entrada de casa o junto a la lumbre para que los duendes y los malos espíritus las cuenten, y evitar así que importunen a los durmientes.

Así como debía disuadirse a los malos espíritus mediante ofrendas, también este mes reconocía el agradecimiento a los ancestros con la celebración de la Rosalia, que consistía en llevar rosas a sus tumbas. Puedes aprovechar algún momento durante mayo para realizar esta actividad.

35. Marqués, N., *op. cit.*

RITUAL
DE APACIGUAMIENTO
Y PURIFICACIÓN

En mayo, las habas se encuentran en su momento de recolección, por lo que podemos involucrarlas en este ritual apotropaico en el que he adaptado libremente lo que se conoce de la Lemuria y del folclore mágico de nuestro territorio.

Materiales:
- 1 cuenco de agua bendita o, en su defecto, agua con sal
- 1 campanilla o algún elemento ruidoso de metal
- 9 habas (mejor si son negras)

Procedimiento:
1. Preparar de antemano un pequeño altar con el cuenco de agua, las habas y la campanilla u objetos para hacer ruido (por ejemplo, una olla y una cuchara).
2. Ir a dormir y, pasada la medianoche, despertarse y acudir descalzo y con ropas que no tengan nudos ni lazos, a purificarse lavando las manos en el cuenco.
3. Sin mirar atrás, preparar el puñado de habas en una mano y hacer el gesto de la higa en la otra. Después, ir lanzándolas por encima del hombro pronunciando un conjuro de este estilo:

Lanzo estas habas para protegerme a mí y a los míos.

4. Después de repetir este proceso nueve veces, una por cada haba, continuar sin mirar atrás y lavar las manos de nuevo.
5. Finalmente, hacer sonar la campanilla o el objeto ruidoso que se haya escogido y pronunciar la fórmula: «Marchad en paz, espíritus». Repetirlo nueve veces también.

EL JARDÍN
DE LA BRUJA

Mayo y junio son los mejores meses para la recolección de la mayoría de las hierbas mágicas y medicinales. Casi cualquier aromática (romero, tomillo, ajenjo, ruda, lavanda, hisopo, menta, melisa, albahaca, mejorana...) se encuentra en su tiempo óptimo, así como otras plantas como la rosa silvestre, la agrimonia, la manzanilla, el marrubio, la siempreviva, el cardo mariano, la borraja, el beleño blanco y el negro... Conviene, si se quiere potenciar la cosecha, irla realizando de forma escalonada a partir de abril en lugar de en una única vez; esto es, recogiendo una cantidad moderada cada par de semanas para incentivar la producción de hojas y no debilitar de golpe a la planta.

Mayo es un buen mes para ofrendar a los genios verdes que rigen sobre las plantas del jardín o el balcón con el fin de propiciar su crecimiento abundoso. Una buena ofrenda es agua de mayo recogida de alguna fuente local. También es tiempo de prestar atención a las plagas que pueden afectar a los cultivos y disponer de estrategias para combatirlas.

ALIADOS DE LA TEMPORADA

Hierbas

La abundancia de hierbas en su mejor momento para la recolección hace imposible enumerarlas todas en esta sección, por lo que solo comentaré algunas de ellas y omitiré aquellas ya mencionadas en otros meses, como el laurel o el romero. Cada localidad tiene sus propias plantas predominantes, y por ello animo a buscar las del propio entorno en esta época del año aunque no se encuentren en esta lista.

○ *Habas: Desde la época romana, son uno de los principales alimentos de los muertos. En la Lemuria se aplacaba a los lemures lanzándoles habas, y aún en nuestro folclore se utilizan para dispersarlos en las noches de invierno, dejándoles un platito para que las cuenten y no importunen a los durmientes. Además, en la hechicería popular española se utilizaron ampliamente en prácticas amorosas y de adivinación, sobre todo con un sistema llamado «la suerte de las habas» que exploramos en mi anterior obra,* Fuegos enciende, polvos levanta. *Estas legumbres pueden cosecharse ahora si van a usarse frescas, pero, si se quieren secas para prácticas adivinatorias o como ofrenda funeraria en otoño, deberán dejarse en la mata hasta verano.*

○ *Espino albar: Su floración acontece de marzo a junio y es típico de las fiestas de mayo. Puedes ver sus atribuciones en los aliados de abril.*

○ *Saúco: Su floración se produce entre finales de abril y mayo. Puedes ver sus atribuciones en los aliados de abril.*

○ *Rosa silvestre (Rosa canina): Suele florecer durante el mes de mayo. Con ella era típico preparar una infusión para lavarse el rostro y los ojos por la mañana tras haber dejado macerando los pétalos en un cuenco de agua al sereno.[36] Esta elaboración puede servir también para magia de belleza, fascinación y amor. Los pétalos de la rosa silvestre bajo la almohada ayudan a conciliar el sueño,[37] y colgada en el balcón o del bastón del caminante protege contra el rayo,[38] los malos espíritus y el mal de ojo. Sus agallas, en una bolsita sujeta al cuello, servía para mitigar el dolor de todo el cuerpo.[39] El rosal silvestre está muy ligado a la presencia de espíritus y númenes locales, como puede apreciarse en la cantidad de vírgenes aparecidas en rosales que recoge la creencia popular; por ello, puede sustituirse por la rosa común de jardín.*

36. Benítez Cruz, G., *op. cit.*

37. *Ibid.*

38. Ferrández Palacio, J. V., y J. M. Sanz Casales, *op. cit.*

39. Pinto, A. M., *op. cit.*

Se cree que la silvestre prefiere crecer en lugares que antaño se consideraron bosques sagrados o que estuvieron destinados al sacrificio y enterramiento paganos, como los túmulos.[40] De ello se extrae cierta conexión con el ámbito funerario, presente también en la fiesta romana de la Rosalia que se celebraba este mes.

○ **Ruda:** Su floración acontece en mayo. Su momento de recolección óptimo es en días soleados, cuando lleve tiempo sin llover, para que la potencia de su aroma esté bien concentrada. La ruda es una de las hierbas más reconocidas en la hechicería popular española. Se le ha dado múltiples usos (colgada, en sahumerios, como amuleto, en aguas...) para proteger de todo mal, en especial de las brujas, del mal de ojo, de los maleficios y de los malos espíritus. Se utiliza también en casa, en personas, en el ganado, en los corrales... Como aventura su aversivo aroma, la ruda es un potente purificador empleado en prácticas de destierro y exorcismo. Además, tradicionalmente, una maceta de ruda en casa aportaba protección y buena suerte, como comenta el refranero popular: «A la casa en que hay ruda, Dios la ayuda» o «Qui té ruda i se li mor, se li acaba la sort» («a quien se le muere la ruda, se le termina la suerte»). Esta planta se usaba también en hechizos de magia amorosa: se recolectaba ruda, se cocía y se daba el agua resultante a quien se deseaba atraer para asegurarse su cariño eterno.[41] Dice una copla popular: «Si supiera la casada para qué sirve la ruda, trasnochara y madrugara a cogerla con la luna».

○ **Marrubio:** De amargo sabor, esta planta puede ser usada como purificadora y para avivar la mente.

○ **Amapola:** Puede usarse para relajar los nervios, para ayudar a dormir y tener sueños proféticos. También se asocia al amor y la prosperidad, y se usa como amuleto para aumentar la creatividad.[42] Sus pétalos machacados sirven como tinta mágica. La amapola puede emplearse como regalo a los difuntos: con ella se hacen unos pequeños muñecos, los llamados monaguillos, que se usan como vaso de espíritu u exvoto.

○ **Adormidera (tóxica):** Es una de las hierbas medicinales más usadas desde la Antigüedad. A nivel mágico, se relaciona estrechamente con el ámbito onírico y el funerario, por ser una de las flores que recogía Proserpina cuando fue raptada y llevada al Inframundo. Flor de Tánatos, la muerte, y de su gemelo, Hipnos, el sueño, en la entrada de cuya cueva crecía un extenso prado de adormideras. Se han encontrado representadas cápsulas de esta flor en muchas imágenes de Deméter y Perséfone, por lo que se aventura que este enteógeno, del cual se extrae el opio, pudo tener relevancia en el culto mistérico dedicado a ambas figuras. Sus pétalos pueden ponerse bajo la almohada para ayudar a dormir e inducir sueños proféticos o en preparados para ofrendar a los difuntos; mientras que es posible emplear sus cápsulas como

40. Machado y Álvarez, A., *op. cit.*
41. *Ibid.*
42. Ciruelo, P., *op. cit.*

maracas para entrar en trance. Se enterraba a los difuntos con adormideras o se quemaban para evitar que un muerto quisiera llevarse a alguien durante el velatorio.[43] Se decía de las brujas que colocaban junto a la almohada o bajo la cama cápsulas de adormidera para evitar que las personas despertaran mientras ellas vagaban en la noche.[44] Son muy comunes los grabados de esta flor en la simbología funeraria de los cementerios, puesto que simboliza el sueño eterno y una muerte apacible.

○ **Artemisa:** Si bien esta planta ha ido perdiendo mucho uso en la práctica popular en los últimos tiempos, José Quer ya mencionaba en el siglo XVII que la población le atribuía muchas supersticiones, entre ellas la capacidad purificadora del ambiente.[45] La artemisa se ha utilizado en la magia popular española para propiciar la fertilidad y los partos, y con ella se hacían coronas y cintos la noche de San Juan.[46] Su uso extendido en la nueva era como inductora de sueños proféticos y para la adivinación no se ha encontrado en documentación etnobotánica del territorio español, pero tiene sentido que se empleara para entrar en trance al tratarse de una hierba con virtud sedante.

Otros recursos

○ **Megalitos y túmulos:** Son lugares cuyo poder es especialmente reconocido en celebraciones como las fiestas de mayo o San Juan. Se atribuye a ellos la presencia de espíritus antiguos y seres feéricos. Suelen reunir leyendas acerca de tesoros enterrados bajo ellos o de ser la entrada a maravillosos mundos subterráneos habitados por las encantadas.

○ **Higa:** Este gesto, consistente en un puño cerrado con el pulgar entre el índice y el corazón, se ha utilizado como profiláctico desde tiempos romanos. En la tradición española conforma el amuleto más común contra el mal de ojo. Es especialmente popular en la franja norte de la península ibérica, donde suelen representarse en figurillas de azabache.

○ **Cáscaras de huevo:** Un elemento típico para decorar los árboles de mayo. Pueden pintarse con tintes naturales como el resultante de hervir pieles de cebolla (amarillo), remolacha (rojo) o lombarda (azul).

○ **Agua de siete o nueve pilas:** Se le asocia una gran virtud purificadora.

---

43. Amades, J. (1980), *op. cit.*
44. Salillas, R., *op. cit.*
45. Quer, J. (1762), *Flora española ó historia de las plantas que se crían en España*, Madrid, Imprenta Joachin Ibarra.
46. *Ibid.*

○ **Agua de siete o nueve fuentes:** *Se le asocia una virtud purificadora, protectora, revitalizante, salutífera y portadora de suerte. Puede usarse como agua bendita.*

○ **Agua del Primero de Mayo:** *Se le asocia una virtud purificadora, protectora, revitalizante, salutífera y portadora de suerte.*

○ **Rocío y lluvia de mayo:** *Sobre la piel, otorgan belleza y vitalidad; sobre el cabello, hacen que crezca más abundoso y hermoso.*

○ **Fuentes:** *Emplazamientos que en este mes recogen muchas prácticas mágicas de carácter salutífero, de fertilidad, purificación, protección, vitalidad y suerte.*

○ **Pozas:** *Lugares que el folclore reconoce como habitados por lamias, anjanas, xanas o goges, todos ellos espíritus femeninos de las aguas. Estos seres suelen considerarse temperamentales y peligrosos, pero también se presentan en las leyendas como aliados de los humanos respetuosos, a los que otorgan conocimientos ocultos, salud y abundancia.*

○ **Lavaderos:** *Lugares que, según el folclore, están habitados por unos espíritus femeninos conocidos como lavanderas. Probablemente emparentadas con la diosa celta Morrigan, las lavanderas se aparecen de noche en lavaderos y fuentes para pedir al transeúnte que las ayude a escurrir la colada. El incauto debe cuidarse de no retorcer en el mismo sentido que ella para evitar la desgracia. En ocasiones se presentan como viejas y feas, mientras que otras veces las vemos como jóvenes hermosas, pero, sea como sea, son espíritus asociados a la muerte y al destino. A menudo, las anjanas y otros númenes femeninos de las aguas también aparecen en las leyendas lavando. Así, los lavaderos pueden ser utilizados, después de dejar una pequeña ofrenda como una moneda o una flor, para practicar hidromancia en sus aguas.*

○ **Lana:** *Si se conoce a alguien que tenga ovejas y las esquile llegado el buen tiempo, puede pedirse un poco de lana para usar en las prácticas mágicas el resto del año. Este elemento se quemaba en sahumerios de purificación, e hilada sirve para muchos rituales de distinta índole que requieran atar materiales o ligar espiritualmente. El mismo acto de hilar o tejer podía acompañarse con fórmulas mágicas para convertirse en un acto ritual.*[47]

---

47. Lara Alberola, E., *op. cit.*

JUNIO

El sol alcanza al fin su trono en el cénit del cielo. Tintinea sobre las relucientes aguas de las fuentes, sobre el azul del mar, sobre la piel desnuda y las hoces de los segadores. Los campos dorados se mecen, a la espera de la primera cosecha. Todo prospera, rebosante de vida, de luz, de ganas de expandirse.

Como teoría general, junio toma su nombre de la diosa Juno, protectora de las mujeres, del matrimonio, de la fertilidad y de la familia. En este mes, la naturaleza alcanza la cima de la fecundidad y la vida. Las lluvias menguan y el clima presenta cielos claros y luminosos, con un sol que muchos gustan de disfrutar y una temperatura cálida si bien aún no tan asfixiante como la de los meses venideros. Abunda el alimento y los recursos naturales. La vida tradicional en los ámbitos social y cooperativo sale al exterior. Los días, más largos, dejan espacio para conciliar mejor que nunca el trabajo, las obligaciones, el ocio y el disfrute, y nos hacen sentir más enérgicos y vivaces.

El mes de junio trae consigo la cosecha del trigo, importantísima en las culturas mediterráneas. Este cereal ha representado en nuestra sociedad la abundancia y el sustento, por ser el ingrediente principal de uno de los alimentos más notables: el pan. Simbólicamente, el trigo se asemeja al sol y al oro y, como a ellos, se le atribuye una virtud benéfica y profiláctica.

Antaño, el oficio de segador era nómada. Los grupos de jornaleros pasaban de pueblo en pueblo, apurando velozmente su trabajo para lograr abarcar el mayor número posible de siegas (y, por lo tanto, de ganancia) en la estrecha ventana de tiempo adecuada para esta labor. Por la ancestralidad del oficio y la importancia que ha tenido la cosecha del cereal en las religiones precristianas de las que somos herederos, son innumerables las costumbres y las creencias mágicas asociadas a la siega, las cuales varían sobremanera en función de cada territorio: danzas propiciatorias, actos de protección, ritos de abundancia... Por ejemplo, en Vic, los segadores cogían cuatro piedras antes de comenzar su jornada, las refregaban con ajo y colocaban una en cada borde del campo para evitar las picaduras de las serpientes y que estas les robaran el aliento mientras dormían la siesta. De forma similar, en Camp de Tarragona, el segador de más edad escondía siete piedras por el campo para evitar que la labor fuera perjudicada por las brujas, y en Segarreta, se untaba la hoz con grasa de lobo u oso y ajo para evitar que las brujas «encortaran» la herramienta, es decir, que impidieran su función.[1]

Otro rito común al amanecer, al comenzar el trabajo, era saludar al sol. Los segadores solían quitarse el sombrero, encarar al astro rey y bendecirlo con una pequeña oración que delata vestigios del pagano culto solar al atribuirle al sol el poder sobre el cereal.[2]

Asimismo, era creencia común que las espigas de la primera garba segada tenían una virtud mágica especial, lo cual llevó a prácticas como guardarlas como amuleto o molerlas para que la mujer de la finca pudiera hacer con ellas un primer pan que comer el mismo día, previa bendición por parte del padre de familia.[3] También la última garba tenía una potencia ritual inusitada, ya que de alguna forma se creía que el espíritu del trigo se iba refugiando en las últimas espigas a medida que era segado. Así pues, son comunes las prácticas como remojar esta última garba para propiciar la lluvia de cara a la próxima cosecha o hacer una muñeca con ella que se conservaba en casa hasta el año siguiente, costumbre esta que también se reporta en otras zonas de influencia celta.[4]

Otra práctica supersticiosa con raíces muy antiguas y presente tanto en zonas de España como en muchos otros lugares de Europa, consistía en dejar sin labrar (y, comúnmente, sin sembrar) una pequeña porción del campo «para el Diablo» o «para el lobo». Se creía que así ni la cosecha, ni los dueños y animales del terreno ni el próximo cultivo sufrirían daño alguno.[5] El Diablo o el lobo representan realmente al *genius loci*, al que se buscaba homenajear, o no contrariar, ofrendándole esa parte de la cosecha obtenida y dejando ese espacio para que lo habitara. Esta práctica existe en muchas culturas: en la antigua Grecia y en Roma, ese rincón del campo no se tocaba por pertenecer a los dioses, y también se menciona en Levítico 19:9, según el cual esa porción de espigas se dejaba para que las recogieran los pobres.

---

1. Amades, J. (1953), *op. cit.*
2. *Ibid.*
3. *Ibid.*
4. *Ibid.*
5. *Ibid.*

En la montaña, con junio llega el tiempo de la trashumancia, momento en que se sube el ganado a las praderas de altura o se transporta a los lugares donde pasará el verano. Los pastores, tradicionalmente, se dedicaban a pasar el rato en que no se ocupaban del ganado elaborando artesanías de madera: queseras, saleros, zuecos, flautas..., pero también recogían hierbas medicinales para venderlas posteriormente a los herbolarios. Son numerosas las prácticas mágicas apotropaicas que llevaban a cabo los pastores del Pirineo para proteger al ganado de las desgracias, brujas o espíritus y lobos, como atarles saquitos de ruda al cuello o colgar una carlina sobre el pecho de algún ejemplar, que serviría para amparar a todo el rebaño.[6]

En los oficios del bosque, se comienza la extracción del corcho; mientras que en la costa, junio es un mes de buena pesca, con especies muy variadas. Asimismo, aprovechando el buen tiempo comienzan los baños por ocio en el mar.

Este mes acontece uno de los eventos astronómicos más importantes: el solsticio de verano. El sol, como ya se ha aventurado al hablar sobre la cosecha del trigo, es un elemento importantísimo en junio, y supone el centro de muchas prácticas de carácter ritual. El solsticio, momento en que el sol alcanza el cénit y trae consigo el día más largo del año, da comienzo al verano. Este hito, además, demarca la celebración mágica más importante del folclore español, San Juan, que quedó relegada al día 24 de junio en lugar del verdadero día del solsticio por un desajuste en el calendario. Así, tanto la víspera como el día de San Juan han conservado una inusitada cantidad de prácticas y creencias paganas, fruto del enorme arraigo que estas tenían en la población aun pese al cambio de religión.

En el ciclo espiritual anual, el solsticio es el punto álgido de la vida, la regeneración y la luz. Los númenes de San Juan son los de la naturaleza abundante y rica, algo palpable en la inusitada virtud y energía que la creencia popular atribuye a los elementos del entorno, como las hierbas y las aguas. Además, la liminalidad de este momento entre mundos permite un extraordinario contacto con los espíritus, como recogen una infinidad de historias y leyendas de nuestra cultura tradicional.

La llegada a la cúspide del astro rey marca también el inicio del descenso, pero aún falta para que esto sea perceptible. Es difícil concebir la vejez cuando se está en la flor de la vida, cuando se gozan las gracias de la exuberante juventud.

---

6. *Ibid.*

CALENDARIO TRADICIONAL DE
JUNIO

San Antonio de Padua:
13 DE JUNIO

Este día está dedicado a uno de los santos más solicitados en la hechicería popular española. San Antonio, pese a considerar la Iglesia que luchó en vida contra la herejía, es en muerte amigo de las hechiceras y sujeto de un sinfín de prácticas mágicas de todo menos católicas. El santo ha sido especialmente víctima de las jovencillas enamoradas que, cegadas por el fuego de su pasión, lo sometían a todo tipo de perrerías, como castigarlo poniendo su imagen al revés o echándola al pozo de la casa hasta que les diera un novio.[7] Se creía que el bondadoso santo siempre concedía lo que se le pedía, y por ello se le tiene, aún hoy en día, un gran fervor popular. He aquí un ejemplo de un conjuro amoroso de la hechicera gaditana Ana María de San Gineto en el siglo XVIII: debía pegarse una estampa de san Antonio a un papel doblado cuatro veces y con él tapar el hocico de un cerdo bien gordo clavándoselo con dos alfileres. Al final de la novena dedicada al santo, debía conjurarse lo siguiente:

> *San Antonio grande y potente,*
> *que en una noche pasaste de levante a poniente,*
> *y quisiste volver a los puertos de Tropia,*
> *vuelve y revuelve el corazón de* [nombre].
> *Que no pueda comer ni beber sin mí,*
> *y como arde esta luz delante de ti,*
> *árdele y quémale el corazón por mí.*[8]

Además de destacar en la magia amorosa, san Antonio es involucrado en prácticas mágicas contra los ladrones y para hallar objetos perdidos. Si se había sido víctima de un robo, se echaba a escondidas (ya que el capellán no lo permitía) un haba en la lámpara del

---

7. Cabal, C. (2008), *Los dioses de la vida*, Valladolid, Maxtor.
8. Martín Soto, R., *op. cit.*

santo y, así como el aceite hinchaba el haba, se hinchaba el culpable hasta confesar o reventar.[9] La oración dedicada al santo con estos fines, de la que existen infinidad de versiones, es muy popular:

San Antonio de Padua
que a Roma fuiste
y el breviario perdiste.
Que lo perdido sea hallado,
lo olvidado, acordado
y lo alejado, acercado.

Una de mis versiones favoritas es aquella que, además, se usa con fines oraculares. Tras la petición o pregunta, se termina así:

[...]
de lo que te voy a decir
que me des señas ciertas,
de abrir o cerrar puertas,
gallos cantar,
perros ladrar,
burros rebuznar
o niños chiquitos llorar.[10]

Si en los minutos siguientes al rito se escucha alguna de las señales acordadas, la respuesta es afirmativa. Esta tonadilla puede usarse para preguntar a cualquier espíritu e incluso es posible sustituir algunas señales por otras más comunes en la actualidad, pues pocos oímos ya burros rebuznar.

El día de San Antonio era costumbre decorar sus capillas con flores y llevarle velas. También se bendecían panecillos y lirios, a los que se atribuía una especial virtud medicinal.[11]

---

9. Amades, J. (1953), *op. cit.*

10. Pérez Pérez, A. (2019), «San Antonio», *Corpus de Literatura Oral*, Universidad de Jaén, en <https://corpusdeliteraturaoral.ujaen.es/archivo/0288c-san-antonio>.

11. Amades, J. (1953), *op. cit.*

- Si se trabaja mágicamente con él o se tiene intención de hacerlo, encenderle una vela a modo de ofrenda y llevarle flores

- Magia amorosa con san Antonio

San Juan y el solsticio de verano
24 DE JUNIO

En la tradición popular, San Juan es la noche más mágica del año. Como sucede con las otras grandes fiestas de origen pagano mencionadas en el libro, resulta imposible reflejar la magnitud de sus ritos y el sinfín de prácticas que se llevaban a cabo en ella en todo el territorio, por lo que tan solo incidiremos en los aspectos más comunes e importantes. Para saber más, te recomiendo mi monografía *Magia tradicional en la noche de San Juan*.

La noche de San Juan es, en la creencia popular, uno de los grandes momentos de interacción con la Otredad y sus espíritus. Así lo recogen los miles de leyendas que hablan de encuentros en esta víspera con trasgos y duendes, encantadas, anjanas y lamias, demonios, ánimas y brujas. Muchas de estas leyendas siguen patrones comunes, y es bien seguro que encontraremos alguna por nuestra zona: cuevas de las que emergen los sonidos festivos de la corte de las hadas; grutas que se abren al mundo feérico para dejar al observador entrar a contemplar sus riquezas; apariciones feéricas como bellísimas mujeres en las pozas, los ríos y las fuentes, que lavan sábanas blancas o se acicalan el cabello con peines de oro; princesas encantadas que solo pueden ser desencantadas durante la noche de San Juan, y tesoros mágicos que únicamente pueden ser hallados a medianoche en esta velada. Además, esta es una de las grandes vísperas de aquelarres para las brujas, entendidas en el folclore como seres maléficos a medio camino entre lo espiritual y lo humano, entre lo real y el mito, e infinidad de poblaciones tienen clara la ubicación de dichos encuentros, que sitúan en prados, cuevas, montes o dólmenes locales.

De ahí que, frente a la gran actividad espiritual de la noche, muchas de las costumbres y tradiciones mágicas del momento buscaran responder mediante ritos propiciatorios con que ganar la abundancia y el favor de estos seres en su aspecto más benefactor, así como protegerse de su faceta más peligrosa o perjudicial.

Hay tres elementos que son el foco principal de la magia de la víspera y el día de San Juan: el fuego, el agua y las hierbas.

El fuego tiene tanta importancia por su estrecha asociación con el sol, del cual toma sus virtudes: es purificador y apotropaico, pues protege de la enfermedad y los malos espíritus. El fuego de San Juan tiene mayor virtud porque está relacionado con el astro rey en su momento de máximo esplendor, al que sustituye en sus funciones profilácticas durante esta noche. La costumbre más popular al respecto es sin duda el encendido de grandes hogueras en esta víspera. Alimentadas normalmente con muebles viejos en un acto de purificación y renovación, reúnen a su alrededor muchas prácticas mágicas. En ellas se quemaban las hierbas y ramos que hubieran protegido la casa desde el San Juan anterior, que ya habían cumplido su función y debían ser sustituidos.[12] También se lanzaban a las llamas determinadas hierbas como el tojo con el fin de proteger a las personas y el ganado que bañara el humo de la hoguera,[13] o se les hacía pasar sobre las cenizas frías a la mañana siguiente.[14] Las cenizas de este fuego ritual, de hecho, se creían eficaces contra las tormentas y fertilizantes para los campos si se esparcían la mañana de San Juan.[15] Sin embargo, la actividad mágica más extendida en la hoguera sanjuanera es saltar sobre ella tres, siete o nueve veces con el fin de protegerse y tener suerte durante el año. Saltar en pareja, a su vez, garantiza el amor y la fidelidad.[16]

El segundo elemento mágico reconocido en la fiesta es el agua, que destaca por ser uno de los medios de carácter liminal más importantes en el folclore europeo. Los pozos, las fuentes, los ríos, los lagos y los mares se han considerado entradas al Otro Mundo en muchas mitologías indoeuropeas, lo cual se refleja también en nuestro territorio. Por ese motivo, en esta noche, en la que el mundo de los espíritus está especialmente activo, la conexión del medio acuático con lo numinoso es especialmente estrecha, por lo que queda dotado de mayor virtud. El agua se asocia de manera fundamental a la purificación, la salud y la belleza, así como al encuentro con ninfas acuáticas como las ya mencionadas en los Mayos: lamias, xanas, *dones d'aigua...*

Algunas prácticas mágicas tradicionales relativas a las aguas son las siguientes. Revolcarse desnudo por la hierba con el rocío del amanecer de San Juan o exponerse a él de cualquier manera es un ejercicio que aporta salud, vitalidad y protección contra las

JUNIO

12. Iribarren Rodríguez, J. M. (1942), «El folklore del día de San Juan», *Príncipe de Viana*, vol. 3, n.° 7, pp. 201-217.

13. Anllo Naveiras, J. (2010), *Estudio etnobotánico de la comarca de Terra Chá*, tesis doctoral, Santiago de Compostela, Universidad de Santiago de Compostela.

14. Latorre Catalá, J. A. (2008), *Etnobotánica de la provincia de La Coruña*, tesis doctoral, Valencia, Universitat de València, Departamento de Botánica de la Facultad de Farmacia.

15. Homobono Martínez, J. I. (2021b), «San Juan: festividad y ritos solsticiales», *Supersticiones, creencias, leyendas y rituales. Facetas del imaginario popular barakaldarra*, anejo, n.° 22, pp. 85-98.

16. *Ibid.*

enfermedades de la piel y el reúma; recibe el nombre de «sanjuanarse».[17] Bañarse bajo la luz de la luna en ríos o fuentes, o bien lavarse la cara en ellos al amanecer tenía una virtud similar y solía dejarse un mendrugo de pan, una moneda, una piedrecita o un retal de ropa a modo de ofrenda. Por otro lado, bañarse en el mar a medianoche y saltar siete olas o sumergirse siete o nueve veces también es una práctica profiláctica común. Beber la primera agua del amanecer de una fuente o de siete fuentes distintas antes de que salga el sol tenía fines parecidos.[18]

El tercer elemento mágico central de San Juan son las hierbas. Las plantas y árboles se encuentran en todo su esplendor de crecimiento y fortaleza. Los genios vegetales gobiernan el territorio con vigor y, dada su dependencia del sol para crecer, se asociaba el triunfo del astro rey a una mayor virtud en las plantas, que estaban dotadas en esta jornada de un poder mágico y medicinal incomparable. A nivel químico, también muchas especies medicinales están en su mejor momento de recolección. Todo esto hace que el día y la noche de San Juan sean el momento más popular en la tradición española para recolectar materia vegetal con la que elaborar un sinfín de preparados medicinales y mágicos. Con todo, esta virtud mágica especial también se contempla en todo el periodo entre San Juan y San Pedro (que se celebra el 29 de junio).[19]

Un preparado mágico muy célebre en nuestra tradición popular es el cuenco de agua y hierbas de San Juan. Esta infusión, en su mejor versión, es agua de siete fuentes naturales distintas en la que se han macerado durante dicha víspera distintas hierbas recogidas el día anterior y sirve para lavarse uno el rostro por la mañana con fines medicinales, cosméticos y mágicos.[20] Son muchas las hierbas consideradas tradicionalmente típicas de San Juan, y varían para incluir aquellas más comunes en cada zona. Además de ser recolectadas para hacer diversos preparados mágicos y medicinales para el resto del año, se emplean en muchas prácticas como el ramo de San Juan o diversos amuletos. Hablaremos de ellas en la sección dedicada a la magia y las tareas estacionales.

Finalmente, dentro de todas las prácticas destacadas de esta velada, sobresalían los sortilegios, es decir, los hechizos dedicados a la adivinación. Algunos muy tradicionales eran el de las tijeras y el cedazo o el del huevo en el orinal, pero hablaremos más de ellos en el apartado de actividades.

17. Iribarren Rodríguez, J. M., *op. cit.*; Ferrández Palacio J. V., y J. M. Sanz Casales, *op. cit.*

18. Espés Mantecón, C. F. de (1979), «La noche de San Juan en Ribagorza, Sobrarbe y Somontano», *I Congreso de Aragón de Etnología y antropología: Tarazona, Borja, Veruela y Trasmoz*, Zaragoza, CSIC, pp. 163-172.

19. García Jiménez, R. (2007), *Etnobotánica leonesa. Municipio de Palacios del Sil*, tesis doctoral, Madrid, Universidad Complutense de Madrid.

20. *Inventario español de los conocimientos tradicionales relativos a la biodiversidad agrícola*, *op. cit.*

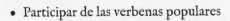

- Participar de las verbenas populares

- Saltar o dar vueltas a la hoguera

- Quemar en el fuego sanjuanero algo que se quiera dejar atrás

- Recoger las cenizas

- Aquelarre

- Actividades mágicas con el agua de San Juan

- Recolectar hierbas mágicas

- Amuletos y preparados tradicionales con hierbas de San Juan

San Pedro:
29 DE JUNIO

Esta jornada pone fin popularmente al periodo de excepcional virtud mágica de las hierbas, aunque eso no significa que carezcan de ella el resto del año.

Las costumbres de San Pedro replican en gran medida las de San Juan, sobre todo en lo referido a las hogueras. Esta festividad, además, tenía especial relevancia en las zonas costeras por ser aquel el santo patrón de los pescadores. Una costumbre mágica reportada esta jornada consistía en lavarse las manos con una infusión de milenrama, ortigas y el amuleto llamado «piedra de serpiente» para que no escaparan los peces en todo el año. Tras ello, debía echarse el agua sobrante, las hierbas y la piedra al mar. En la Costa Brava, en este día se cambiaba el pequeño trocito de coral que se llevaba en el barco como protección mágica.[21] Tradicionalmente, el coral rojo es uno de los usados con más frecuencia en la cultura española para proteger de las brujas, el mal de ojo y la desgracia, así como para aportar vitalidad y evitar las enfermedades de la sangre.[22]

- Recolectar hierbas medicinales

- Prácticas mágicas relacionadas con el mar

21. Amades, J. (1953), *op. cit*.
22. Alarcón Román, C., *op. cit*.

MAGIA Y TAREAS ESTACIONALES

Las hierbas de San Juan

Cada territorio considera las suyas, y nunca son listas cerradas. Consisten en aquellas que se encuentran en su mejor momento de recolección durante estas fechas, especialmente las floridas y de carácter aromático o medicinal. Algunas son: romero, hipérico, siempreviva, ginesta, codeso, tojo, malva, verbena, hinojo, helecho, romero, hierbaluisa, ruda, madreselva, retama, rosa silvestre, menta, poleo, menta, hierbabuena, calamento, saúco, lavanda, salvia, mastranzo, mejorana, milenrama, carrasquilla y manzanilla. Dejo tres prácticas mágicas con las hierbas de San Juan.

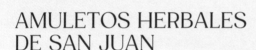

AMULETOS HERBALES DE SAN JUAN

Materiales:
- Hierbas de San Juan
- Clavos o ganchos para colgar
- Cordel

Procedimiento:

1. La víspera o la mañana de San Juan elaborar un ramo y colgarlo en la puerta, las ventanas o algún rincón.[23] Cuantas más hierbas protectoras lo compongan, mayor será su virtud contra las brujas, las desgracias y los malos espíritus,[24] aunque es típico elegir siete o nueve. También se cuelgan en la puerta de casa y los establos hierbas espinosas o de flor amarilla (por el componente solar) como el tojo, el cardo, la siempreviva, la retama o la carlina.

2. Fabricar cruces con hierbas de San Juan (solían ser de romero o hipérico) con un cordel y colgarlas en la puerta para impedir el paso a todo mal.

---

23. Latorre Catalá, J. A., *op. cit.*
24. Amades, J. (1953), vol. IV, *op. cit.*

AGUA DE SAN JUAN

Materiales:
- Agua de siete fuentes tomada la víspera de San Juan o, en su defecto, de una sola fuente natural
- Siete o nueve hierbas de San Juan, preferiblemente aromáticas
- 1 cardo
- 1 cuenco grande

Procedimiento:
1. La víspera de San Juan, llenar el cuenco del agua recogida y sumergir en ella las hierbas elegidas.
2. Colocar un cardo apoyado sobre los dos bordes de manera que cruce el cuenco. Tradicionalmente, esto se hacía en algunos lugares para que ni el Demonio, ni las brujas ni los malos espíritus de esta noche liminal defecaran o se lavaran el culo en el agua.
3. Dejar el cuenco a la intemperie toda la noche, para que macere bajo su magia y tome el rocío del amanecer. Por la mañana, lavarse la cara o el cuerpo entero con el agua, que habrá cogido un aroma muy agradable. A esta práctica se le atribuye la capacidad de aportar belleza y vitalidad, así como de sanar afecciones cutáneas y proteger de todo mal.

RATAFÍA, LICOR DE NUECES Y HIERBAS

Existen tantas recetas de ratafía como familias. Lo común y relevante es que lleva muchas hierbas medicinales o aromáticas del entorno, algunas especias y, lo más importante, nueces verdes, para darle su color. Las hierbas más comunes suelen ser la manzanilla, el poleo menta, la menta, la hierbaluisa, el hinojo, el anís, la melisa, el hisopo o el tomillo. Sin embargo, también se incluyen plantas medicinales y aromáticas comestibles en pequeña cantidad y mucha variedad para que no haya un sabor predominante.

Materiales:

- 2 litros de anís dulce
- De 7 a 20 hierbas aromáticas o medicinales
- Piel sin corteza blanca de una naranja
- Piel sin corteza blanca de un limón
- 2 nueces verdes

- 1 ramita de canela
- 3 clavos de olor
- 1 nuez moscada
- 3 estrellas de anís estrellado
- 1 frasco de cristal hermético de unos 3 litros

Procedimiento:

1. Llenar dos tercios del frasco con las pieles, las especias, las hierbas limpias y troceadas y las nueces cortadas en gajos o un poco chafadas.
2. Añadir el anís de manera que las hierbas queden bien cubiertas.
3. Cerrar el frasco y macerar durante cuarenta días fuera, a sol y serena.
4. Pasado este tiempo, filtrar y embotellar la ratafía. Aunque ya se podrá tomar, es conveniente dejarla reposar al menos otro mes para que madure.

Uso:

Se utiliza normalmente como digestivo y tónico, pero al hacer de su proceso un ritual, se tendrá una bebida con toda la potencia mágica de las hierbas de San Juan y su mítica noche. Las nueces, además, están muy ligadas en el folclore a la brujería. Puede usarse como licor ritual en aquelarres, en comunión con los espíritus, para incrementar el propio poder y como ofrenda.

Fuego y aguas mágicas

Esta velada no puede pasar para la hechicera sin llevar a cabo los reglamentarios ritos populares. Saltar sobre la hoguera siete veces o dar siete vueltas a su alrededor. Si bien pueden añadirse hierbas sanjuaneras o purificadoras para acrecentar la virtud del fuego, es de obligación quemar el ramo y los amuletos del San Juan anterior. Yo aprovecho para quemar las hierbas resultantes de filtrar todos mis preparados del medio año previo: las voy almacenando en un frasco hermético y la víspera de San Juan las lanzo a las hogueras solsticiales para desecharlas de forma más respetuosa y como un acto de renovación. Una vez apagada la hoguera, es buena idea recoger las cenizas y extenderlas por el jardín o guardarlas para usarlas como un potenciador mágico el resto del año. Por otro lado, las actividades mágicas acuáticas que no pueden faltar son: bañarse en el mar y saltando siete olas de espaldas, o bien en una fuente, poza o arroyo, donde zambullirse siete veces. Otras costumbres son: salir a tomar el rocío de la madrugada, lavarse la cara en una fuente natural y beber un trago, o recoger agua de siete fuentes naturales para el resto del año.

Brujería en San Juan

San Juan es, sin duda, una de las grandes noches brujescas en el folclore. No hay mejor víspera que esta para un aquelarre o un ritual de comunión con los espíritus del territorio, las Buenas Damas o el Maestro de las Brujas, pues su presencia será poderosa y vibrante hasta el punto de llegar a ofrecer grandes estados de gnosis. Así se describían los aquelarres de esta noche en el estanque de la localidad andorrana de Engolasters:

> Antes del encuentro, iban las brujas a recolectar las hierbas que les servirían para hacer un brebaje que les daría el poder de llevar a cabo todas sus prácticas brujescas. Luego debían echarse a dormir un rato, con un ojo cerrado y el otro abierto, y en ese tiempo el Demonio les cambiaba el corazón de lado y les aplicaba un ungüento maléfico que les hacía crecer pelo en los pechos. Tras ello, a medianoche, bajo la luna y desnudas junto al lago, comenzaban una danza en tres círculos concéntricos con el Diablo en medio, que convertido en boque tocaba la flauta y el timbal. La danza cobraba un ritmo vertiginoso y desenfrenado, y las brujas gritaban, bebían brebajes diabólicos y compartían entre ellas sus secretos mágicos.[25]

Son muchos los elementos interesantes que se extraen de la lectura de este testimonio: la recolección de hierbas en su día de mayor poder; el corazón cambiado de sitio, frecuen-

---

25. Valls Oliva, A., y R. Carol Roman (2010), *Llegendes d'Andorra*, Barcelona, Abadia de Montserrat.

te en las acusaciones de brujería pero que, simbólicamente, representa la identificación de la bruja con la Otredad, su abandono de la normalidad y su iniciación al entrar en contacto con lo numinoso, que la cambia; o el ungüento del Sabbat, elemento muy frecuente en el constructo de la brujería en los siglos XV, XVI y XVII. También cabe mencionar la alusión al sueño, que esconde una referencia al vuelo del espíritu, a ese viaje que hacía el alma de las acusadas dejando el cuerpo en el lecho, así como al ojo abierto, pues alude al estado entre mundos, a un sueño que es real. El pelo en el pecho remite al teriomorfismo, a la creencia de que las brujas, como los antiguos chamanes, pueden tomar la forma de animales. El aquelarre en sí, con sus danzas en círculo, el desenfreno y los brebajes, así como el Diablo en forma de cabrón tocando la flauta, se inspira en esas bacanales y ritos extáticos en honor a los dioses de lo salvaje, como Pan o Dioniso, que ya mencionamos.

Este tipo de leyendas pueden inspirar al practicante actual a elegir algunos de sus elementos y actos simbólicos rituales que le resuenen para conectar con la Otredad y los espíritus de lo numinoso. Otro ejemplo, aunque no aparece en la leyenda citada, es el conjuro del vuelo, las palabras que las brujas pronunciaban para alzarse por los aires y volar al Sabbat. Hay varios por España: «Por encima de todas las zarzas, por debajo de todas las nubes» (País Vasco), «Altafulla» o «Pic sobre fulla» (Cataluña), «De villa en villa, sin Dios ni Santa María» o «Sin Dios y sin Santa María, por la chimenea arriba» (Andalucía), «Por encima de ríos, por encima de escayos, por encima de montes con todos los diablos» (Asturias).[26]

Otro elemento sugerente para incluir la noche de San Juan es el mito del helecho. La leyenda habla de que en el intervalo que duran las campanadas de medianoche esta víspera, el helecho macho florece y grana, por lo que es el único momento en que dicha semilla puede ser recolectada. A la grana del helecho se le confería un sinfín de propiedades mágicas como asegurar la fortuna de por vida, atraer la lluvia y la buena suerte, obtener protección mágica y juventud, disponer de buena salud y encontrar tesoros ocultos.[27] Además, se contaba que permitía conocer el futuro, volverse invisible, ver el interior de la gente y los objetos, entender a los animales, atraer amorosa y sexualmente a tantas personas como se deseara[28] y ganar siempre en el juego.[29] Para recoger la grana, debía llevarse un pañuelo rojo o blanco doblado siete veces y dejarlo bajo la planta para que la simiente cayera sobre él, pues esta sería la única forma de que no desapareciera al intentar ser tomada. Muchas otras versiones aseguran que, antes del instante de la fructificación, co-

26. López Ridaura, C. (2013), «De villa en villa, sin Dios ni Santa María», *La ascensión y la caída: Diablos, brujas y poseas en México y Europa*, San Luis Potosí (México), El Colegio de San Luis, pp. 37-58.

27. Lara Alberola, E., *op. cit.*

28. Amades, J. (1953), vol. IV, *op. cit.*

29. Martín Soto, R., *op. cit.*; Sánchez Ortega, M. H. (1984), «Hechizos y conjuros entre los gitanos y los no-gitanos», *Cuadernos de historia moderna y contemporánea*, n.º 5, pp. 83-136.

mienza a soplar un viento espeluznante que apaga las velas y arranca de la planta ruidos pavorosos, gritos y el tintineo de cadenas. Entonces, de ella surgen serpientes, lagartos, sapos y criaturas horribles, todo para asustar al que quiere hacerse con la milagrosa simiente.

Común es también la creencia de que la grana del helecho, recogida en el pertinente paño con siete pliegues, puede ponerse en una botella o un canutillo de agujas. Al día siguiente, se habrá convertido en centenares de diablillos diminutos que, como espíritus familiares, efectuarán cualquier tarea que su propietario les pida. A estos pequeños seres, el folclore catalán los llama *minairons* y el balear, *diables boiets*.[30] Como practicante de brujería, puede intentarse conjurarlos llevando a cabo este ritual tradicional, si bien antes se debe superar como prueba iniciática cualquier miedo que inspire el bosque nocturno y recoger con el mencionado paño las semillas del helecho a la medianoche de San Juan. Tras guardarlas en un canutillo o una botellita, hay que abrir el recipiente cuando se desee algo y concentrarse en ello. Es muy importante que, una vez cumplida la petición, se ordene a estos espíritus familiares regresar a su recipiente y cerrarlo.

Sortilegios de San Juan

Al ser considerada una de las noches del año en las que lo numinoso está más cerca del plano terrenal que nunca, en San Juan son tradicionales un sinfín de sortilegios para esclarecer el destino. La mayoría tenían carácter amoroso: saber qué había sido del marido desaparecido, si la consultante se casaría pronto, cómo sería la futura pareja... Sin embargo, muchos pueden adaptarse para inquirir sobre cualquier cuestión, amorosa o no.

El sortilegio conocido como «la suerte de las tres habas» se realizaba para dos asuntos principalmente: bien para conocer la fortuna del próximo año, o bien para saber el nivel económico del futuro marido. Para llevarlo a cabo, se colocan tres habas bajo la almohada o la cama: una pelada, otra solo con la piel y la tercera con la piel y la coronita (esto es, el pequeño tallo que une el haba al interior de la vaina). A la mañana siguiente, se mete la mano y la primera haba que se coge anuncia la suerte: aquella con coronita indica un año próspero o un pretendiente rico, el haba con piel presagia un año normal o un pretendiente con un nivel económico medio, y la pelada del todo anuncia un año de escasez o un marido pobre.[31] Con habas también se practicaba la adivinación de la siguiente manera: una vaina que contenga siete habas colocada bajo la almohada haría soñar con el futuro

---

30. Amades, J. (1953), vol. IV, *op. cit.*

31. *Inventario español de los conocimientos tradicionales relativos a la biodiversidad agrícola*, *op. cit.*

cónyuge.[32] Una variante de este sortilegio consistía en utilizar dicha vaina para saber si el amor era correspondido: si se soñaba con la persona, lo era, y si no, no. Puede experimentarse con estas prácticas inquiriendo sobre otras cuestiones antes de ir a dormir.

También sobre sortilegios sanjuaneros se ha prestado mucho otro grupo de plantas como las de la familia de los cardos y las alcachofas. Una práctica consistía en tomar tres cardos, de los cuales se quemaba el centro de la flor; luego se escribía en tres papelitos el nombre de tres pretendientes (o, si se quiere adaptar, de tres opciones sobre cualquier asunto), que se enrollaban y se metían cada uno en el centro de uno de los cardos. Después se dejaban en el alféizar de la ventana para que el rocío actuara sobre ellos y, a la mañana siguiente, el papel que estuviera más desenrollado desvelaría el nombre del futuro esposo.

Otro sortilegio de San Juan consiste en hacer tres bolitas con miga de pan y colocar únicamente dentro de una de ellas un grano de trigo (o de otro cereal que se tenga en casa, como arroz). Después se deja al azar una bajo la cama, otra en el alféizar de la ventana y aún otra en la puerta de entrada. A la mañana siguiente, se recogen y se abren para conocer si el casamiento de la persona consultante está próximo: si tiene el grano de trigo la que se había puesto bajo la cama, la respuesta es afirmativa; si lo tiene la de la ventana, quizá a medio plazo, mientras que si está en la de la puerta, es una negativa.[33] Dejando de lado las cuestiones amorosas, realmente podemos preguntar con este ejercicio la proximidad o probabilidad de cualquier cosa.

Pero, si acaso hay un sortilegio típico de San Juan en casi todo el territorio español, especialmente en Andalucía, este es el de «la suerte del huevo», del cual se conservan muchos testimonios entre los siglos XVII y XVIII.[34] Consiste en llenar de agua una escudilla, un orinal o un vaso y cascar en él un huevo. Después se deja el recipiente al aire libre y, a la mañana siguiente, se interpretan los dibujos que ha dejado la clara, que normalmente toma un tono blanquecino o velado. Si aparecen formas semejantes a un velero (una de las más frecuentes por los picos que deja la clara, que hacen que se asemeje a las velas de un barco), se habla, según haya sido la pregunta, de que el año será próspero, los proyectos avanzarán, se contraerá matrimonio o el ser querido regresará. En muchas otras variantes se buscaba cualquier forma o dibujo que pudiera anunciar el oficio del futuro esposo o incluso su rostro, así como ataúdes y otros símbolos de eventos por venir durante el año.[35]

32. *Ibid.*

33. Amades, J. (1953), *op. cit.*

34. Gómez Alonso, M. (2018), *Formas y lenguajes de la brujería en la Castilla interior del siglo XVIII: Imágenes y realidades en contraste*, tesis doctoral, Santander, Universidad de Cantabria; Hernández, M. Á., y M. Santillana (2013), «La hechicería en el siglo XVIII. El tribunal de Llerena», *Norba: Revista de Historia*, n.° 16, pp. 495-512.

35. Iribarren Rodríguez, J. M., *op. cit.*; Martín Soto, R., *op. cit.*

EL JARDÍN
DE LA BRUJA

El mes de junio trae la cosecha de un sinfín de especies vegetales mágicas y medicinales. Como ya hemos visto, entre el 23 y el 29 de junio, y especialmente la mañana de San Juan, la tradición otorga a las hierbas una mayor virtud mágica, por lo que es el momento de abastecer la despensa para el resto de la temporada. A parte de las típicas hierbas de San Juan, ya mencionadas, pueden recolectarse las hojas y sumidades floridas de la angélica, la artemisa, el abrótano, la albahaca, la bardana, la belladona, la borraja, la cola de caballo, el culantrillo, la centáurea mayor, el cardo mariano, la achicoria, la digital, el hinojo, la fumaria, el malvavisco, la siempreviva, el beleño negro y el blanco, la lechuga silvestre, la parietaria, el llantén, el tomillo, el romero, el espliego, la salvia, la vinca, la zarza, la saponaria, la verónica o la verbena. De entre las flores, destacan la de la amapola, la adormidera, la manzanilla, la retama, la azucena, la matricaria, el azahar, la rosa, el saúco, la caléndula o el llantén.[36] Y entre las semillas, destaca el trigo.

Habrá que ser cauteloso con el secado para su óptima conservación posterior en la despensa. Para ello, deberán extenderse bien aireadas en un lugar sin sol directo, hasta que estén tan secas que crujan. En el jardín, es conveniente vigilar atentamente las plagas. Un remedio ecológico que funciona para combatir muchas de ellas es una disolución de 5 ml de jabón potásico y 5 ml de aceite de neem en un litro de agua tibia. Se agita y se vaporiza sobre pulgones, cochinilla, mosca blanca, trips y otros insectos parásitos.

---

36. Jiménez, M., *op. cit.*

ALIADOS DE LA TEMPORADA

Hierbas

Son innumerables las hierbas que están en pleno apogeo en este momento del año, por lo que, a falta de poder incluirlas todas, hablaremos de algunas típicamente incluidas en el abanico de las hierbas de San Juan pero que no hayamos mencionado ya en los meses pasados, así como de algunas otras interesantes en esta época, especialmente aquellas con una fuerte asociación solar.

○ *Siempreviva (helicriso): También llamada «flor de San Juan», posee un poderoso carácter solar y se utiliza como protectora y purificadora, en sahumerios[37] y amuletos domésticos o como ofrenda a los difuntos, ya que representa la pervivencia del espíritu. Su ventana de floración no es muy amplia, por lo que hay que aprovechar ahora.*

○ *Cardos: Las diferentes especies, una vez secas por estas fechas, se cuelgan o decoran los hogares a modo de amuletos protectores. Tienen un gran atributo solar, y muchos de ellos incluso (como el cardo mariano o la carlina) forma de sol.*

○ *Tojo: Comparte atributos con otras plantas solares típicas de la fecha. Su flor recuerda al gran astro por su color amarillo, y sus espinas le han ganado una virtud apotropaica en la magia popular. Se cuelga a modo de amuleto, o se usa en sahumerios. También es típico echarlo a la hoguera de San Juan como hierba protectora.[38]*

○ *Trigo y otros cereales: Frutos de la primera cosecha, se les atribuyen propiedades salutíferas, protectoras y portadoras de suerte, prosperidad y abundancia.*

○ *Nogal: Árbol asociado en el folclore a las brujas y al Diablo. La creencia popular dice que el nogal da la sombra más fresca, pero no se debe dormir a ella porque puede causar la muerte.[39] Sus hojas se usan en filtros de amor de San Juan[40] o se echan al agua de este día.*

○ *Helecho macho: Además de la leyenda de su grana, existen muchas prácticas de recolección de los esporangios y las esporas del helecho macho la noche de San Juan. Se consideraban fantásticos amuletos para el amor, la buena suerte, la riqueza, el éxito en el juego, andar sin cansarse, la protección contra los rayos y los malos espíritus, y la sanación. Con este fin, se acostumbraban a llevar en saquitos colgados al cuello.[41]*

---

37. Martín Soto, R., *op. cit.*
38. Anllo Naveiras, J., *op. cit.*
39. Pascual Gil, J. C., *op. cit.*
40. Amades, J. (1953), *op.cit.*
41. Martín Soto, R., *op. cit.*

JUNIO

○ **Menta, poleo menta, mastranzo y calaminta:** *Las plantas de la familia de las mentas suelen formar parte del agua de San Juan. Se les asocia una virtud purificadora y clarividente, y se considera que ayudan a despejar la mente. Se relacionan también con la necromancia, ya que, según la mitología, Mente fue una ninfa amante de Hades.*

○ **Verbena:** *Da nombre a la verbena de San Juan. Desde la época romana, se relaciona esta hierba con la magia amorosa y de fertilidad. También le atribuía Agripa la virtud del vaticinio y la conjuración.*[42] *Esta planta se tiene por generar armonía y protección.*

○ **Mejorana:** *Usada tradicionalmente en sahumerios en sustitución del incienso,*[43] *y en cruces protectoras contra el Diablo y los malos espíritus.*[44] *El refranero popular recoge también un uso onirógeno: «El que huele mejorana, sueña lo que le da la gana» o «El que mejorana tiene, a la noche ve lo que quiere».*[45]

○ **Hinojo:** *Planta muy utilizada en la magia popular por su virtud purificadora y protectora, es una de las imprescindibles en los ramos y el agua de San Juan.*[46]

○ **Madreselva:** *Una de las hierbas típicas del agua de San Juan. Se tiene por una planta protectora y de buen augurio.*[47]

○ **Retama:** *Con esta planta suelen hacerse escobas que podemos usar con fines mágicos y purificadores. Por San Juan, se cuelga en ramos en las puertas y ventanas, e incluso en los coches, para protegerlos del mal.*

○ **Hipérico:** *De flor amarilla y virtud solar, el hipérico o hierba de San Juan se cuelga en ramilletes y cruces el día de San Juan para proteger la casa de los malos espíritus. Además, en estas fechas era tradicional elaborar su oleato, que servía para tratar quemaduras.*

○ **Salvia:** *Empleada contra las brujas, para alejar la desdicha y purificar el mal de ojo,*[48] *hacer fértiles a las mujeres y en la magia amorosa.*[49] *Se asocia a la inmortalidad o, al menos, se considera que alarga la vida cuanta más se toma. Es una planta vinculada a los sapos, ya que*

---

42. Lara Alberola, E., *op. cit.*

43. Pascual Gil, J. C., *op. cit.*

44. Fajardo, J., A. Verde, D. Rivera y C. Obón (2000), *Las plantas en la cultura popular de la provincia de Albacete*, n.º 118, Albacete, Instituto de Estudios Albacetenses Don Juan Manuel.

45. *Ibid.*

46. Latorre Catalá, J. A., *op. cit.*

47. Casana, E., *op. cit.*

48. Salillas, R., *op. cit.*

49. Fernández Medina, E. (2014), *La magia morisca entre el cristianismo y el islam*, tesis doctoral, Granada, Universidad de Granada; Lara Alberola, E., *op. cit.*

se cree que los cobija y estos, a su vez, pueden envenenar al que se acerca a la mata; podría entenderse que el espíritu guardián de la planta toma la forma del sapo.[50]

○ **Manzanilla:** *Una de las hierbas medicinales más conocidas y utilizadas en nuestro territorio. A nivel mágico, se usa bajo la almohada o en su interior para inducir el sueño, favorecer el descanso y quitar el dolor de cabeza.[51] También tiene virtud purificadora.*

Otros recursos

○ **Fuego:** *En San Juan especialmente, el fuego tiene una potencia apotropaica inusitada.*

○ **Hoz:** *Símbolo de la cosecha. Puede consagrarse y utilizarse como herramienta de recolección de las hierbas mágicas, pero también colgarse como elemento protector en casa y usarse en ritos de purificación haciendo el gesto de siega.*

○ **Cenizas de la hoguera de San Juan:** *Pueden utilizarse como elemento purificador y extenderse en los campos para potenciar su crecimiento. En la hechicería, sirve como potenciador de toda magia que implique desarrollo, purificación o renovación.*

○ **Agua de siete fuentes:** *Se le asocia una virtud purificadora, protectora, revitalizante, salutífera y portadora de suerte. Puede usarse como agua bendita.*

○ **Fuentes y pozas:** *Se trata de emplazamientos que en San Juan recogen muchas prácticas mágicas de carácter salutífero, de fertilidad, purificación, protección, vitalidad y suerte. Hogar de lamias, anjanas, xanas o goges, todos ellos espíritus femeninos de las aguas.*

○ **Lavaderos:** *Lugares que el folclore reconoce como habitados por unos espíritus femeninos conocidos como lavanderas. Se puede acudir a ellos la noche de San Juan para hacer hidromancia en sus aguas oscuras después de dejar una pequeña ofrenda.*

○ **Mar:** *En las mitologías indoeuropeas, el mar suele ser una entrada al Otro Mundo. En San Juan, bañarse en sus aguas y saltar las olas o zambullirse protege para el resto del año.*

50. Díaz González, T. E. (1981), «Brujas, ungüentos, supersticiones y virtudes de las plantas», *Los Cuadernos del Norte: Revista cultural de la Caja de Ahorros de Asturias*, vol. 2, n.º 9, pp. 90-101; Fernández Ocaña, A. M. (2000), *Estudio etnobotánico en el Parque Natural de las Sierras de Cazorla, Segura y las Villas: Investigación química en un grupo de especies interesantes*, tesis doctoral, Jaén, Universidad de Jaén.

51. Benítez Cruz, G., *op. cit.*

JULIO

Los días son muy largos, coronados por un sol ardiente que invita a refugiarse bajo la sombra de los árboles y descansar a mediodía. El ambiente se inunda del rumor de las olas del mar y el zumbido de los insectos. Cuando atardece y el calor da tregua, a nuestra mente regresan los paseos nocturnos, los juegos y las cenas bajo las estrellas, las vacaciones de nuestra infancia. Estamos en el corazón del verano.

Antaño denominado *Quintilis*, el quinto mes, julio toma su nombre en honor al célebre Julio César por tratarse del mes de su nacimiento. De haberlo dedicado a alguna deidad, este hubiera sido probablemente Apolo, dios del Sol. Del 6 al 13 de julio se celebraban en Roma los *ludi Apollinares*, los juegos de Apolo, unas festividades dedicadas a pedir protección y bonanza al dios mediante sacrificios, espectáculos y rituales públicos.

No es de extrañar que se eligiera julio para este evento, teniendo en cuenta que este mes suele ser en nuestras latitudes el más caluroso y soleado del año. En estas fechas comienza la canícula, término tradicional que define el periodo de cuatro a siete semanas más cálido del año y que antaño se determinaba a partir de la presencia de la estrella Sirio, en la constelación del Can Mayor, que aparecía junto al sol en el momento de más calor (por el movimiento de la tierra, esto ya no sucede este mes).

Las altas temperaturas condicionan las rutinas e invitan a refugiarse las horas centrales del día, así como a concentrar la actividad física al aire libre en las primeras horas de la mañana y al caer la tarde. La productividad baja y suele ser más difícil concentrarse, por lo que este mes es un periodo de vacaciones escolares. Las vacaciones, de hecho, nacieron del ciclo anual tradicional: si bien algunas de ellas se producen alrededor de las celebraciones religiosas más importantes, como Navidad o Semana Santa, otras, como las de verano, son el resultado de adaptar la actividad al aire libre a la climatología para descansar cuando hace más calor, ya que en el ciclo agrícola tradicional había un periodo de menor faena en las labores estacionales. En este caso, agosto era más bien ese tiempo de inactividad entre la siega y la próxima cosecha, porque julio aún traía consigo trabajo en el campo.

En este mes, a menos que se esté en zonas más altas y frescas, en el campo ya se ha terminado la siega del cereal. Así, antaño eran pertinentes las actividades de transporte de las garbas a los caseríos y, después de reposar unos días, se batían en la era para separar el grano de la paja. Era típico comenzar la batida en la luna nueva del mes, con la intención de que la conservación del grano fuese propicia.[1]

Son muchos y variados según el lugar los ritos enfocados a la protección de la cosecha en este proceso. Dado que el fuego es uno de los mayores peligros para las garbas de cereal y los pajares, solían entrecruzarse las herramientas formando una cruz sobre la gavilla cuando se paraba a descansar, y se colocaban ramos y cruces benditas hechas con laurel o romero sobre los pajares a fin de protegerlos del fuego, los rayos, las envidias, las brujas, los malos espíritus y las alimañas. Otro recurso era poner un muñeco de paja en la cima del palo central de la pila, similar a los que vimos en el carnaval. De hecho, terminada la siega, existían diversas actividades y bailes con vestigios rituales que involucraban, precisamente, que un joven de la zona se disfrazara con harapos o paja y actuara de la misma forma irreverente ya comentada en esas fiestas.[2] Esto podría hacer algún tipo de referencia al genio del cereal. Otros ritos que desvelan vestigios de culto a esta divinidad son prácticas como la de, terminada la siega, perseguir a un gallo o una cabra por la era y por los campos hasta darle muerte y verter en el labrantío su sangre o plumas. A estos elementos se les atribuía la virtud de fertilizar la tierra para el próximo año, y el resto del animal se comía en una pequeña celebración.[3]

Existe un sistema adivinatorio muy extendido por toda España que es interesante comentar en este mes, ya que se realiza con un cedazo como los que se usan para trillar el cereal y la harina: se trata de «la suerte del cedazo». Esta práctica consiste en hincar unas tijeras en el borde de madera del instrumento de manera que quede suspendido en el aire, y que dos mujeres lo agarren con un solo dedo, una por cada ojo de la tijera. Entonces se realiza la pregunta: si el cedazo oscila, la respuesta es positiva, pero si se queda inmóvil, es negativa.

Otro grupo de ritos típicos del mes son aquellos referentes a la preparación del pan: la primera hogaza elaborada con el cereal recién recogido solía tener atribuciones mágicas y

1. Amades, J. (1953), *op. cit.*
2. *Ibid.*
3. *Ibid.*

sagradas. Son populares los panecillos en forma de personas, animales o símbolos solares, quizá como vestigio de sacrificio, representación del espíritu del cereal o culto solar. Ingerir su «cuerpo» sería una especie de bendición. Preparar el primer pan de la nueva cosecha era una tarea con resultados óptimos si se realizaba en la luna creciente del mes.[4]

A la pastada y el horneado del pan también se le atribuye un sinfín de costumbres apotropaicas variadas en todo el territorio, que en estas fechas se consideraban especialmente importantes por ser el preludio a la elaboración del pan de todo el año, hasta la cosecha siguiente. Una de las más típicas es persignar o hacer una cruz en la masa antes de dejarla subir para que los malos espíritus no la estropeen o impidan la acción de la levadura. En ocasiones se acompaña el acto de una pequeña oración, y también se reza al meterla en el horno. Es curioso que los númenes interpelados para el pan y los hornos sean, con gran frecuencia, las ánimas benditas,[5] es decir, las almas de los muertos, pues la relación de los difuntos con el cereal y el pan es muy estrecha en el folclore.

Además de las labores mencionadas, el mes de julio es una época de cosecha y preparación del cáñamo para elaborar fibra vegetal, así como de extracción del corcho y recolección de muchas hortalizas y frutos silvestres, como las moras o las fresas. También se siembran algunos cultivos de otoño, como las zanahorias y los nabos. La huerta debe regarse con más frecuencia, porque julio es un mes por lo general seco, aunque puede traer algunas tormentas de verano y lluvias con intervalos de sol tras las cuales suele verse el arcoíris. En la montaña, el ganado sigue pastando libremente, aunque el calor produce el aumento de parásitos como las pulgas. Por su parte, en la costa es un mes propicio para la pesca, así como para los baños en el mar para refrescarse del sofocante calor.

Julio se tiene en la concepción popular como un mes de muchas discusiones y migrañas,[6] quizá por la irascibilidad, la niebla mental y la bajada de tensión que a menudo producen las altas temperaturas.

Lo que queda claro es que, a nivel espiritual, el verano es un periodo de trabajo e integración del ámbito tanto solar como celeste, de practicar al aire libre y de aprovechar los recursos que este tiempo de luz, vida y fructificación ofrece.

4. *Ibid.*

5. Puerto, J. L. (1995), «El pan, oraciones al meterlo al horno», *Revista de folklore*, n.º 172, pp. 121-126.

6. Amades, J. (1953), *op. cit.*

CALENDARIO TRADICIONAL DE
JULIO

La Virgen del Carmen:
16 DE JULIO

La Virgen del Carmen es quizá la figura patrona más reconocida entre los pescadores y los marineros. En este día son populares las romerías en su honor, en muchas de las cuales se lleva la imagen en barca. También se bendicen las embarcaciones para protegerlas de todo mal.

El culto a la Virgen del Carmen en la costa mediterránea española es muy interesante por su fuerte conexión con la diosa Isis. Esta, que fue traída por parte de fenicios y romanos a la península ibérica, gozó de notable devoción en el área lusitana y bética; de hecho, se conserva uno de sus templos en la ciudad gaditana de Baelo Claudia. La diosa fue adorada en todo el Mediterráneo como reina y señora de la mar,[7] protectora de pescadores y navegantes, del mismo modo y con epítetos muy similares a como lo ha sido la Virgen del Carmen bajo el nombre de Stella Maris, «estrella de la mar». En honor a Isis se celebraba la fiesta romana del Navigium Isidis, «la nave de Isis», una procesión que consistía en transportar su imagen hasta la playa y embarcarla en una nave profusamente decorada con flores,[8] del mismo modo que se hace este día con la imagen de la virgen.

La Virgen del Carmen destaca también por su conexión con las animas del purgatorio. Era patrona de los verdugos, que en su día quemaban un cirio por cada persona que habían ejecutado y pasaban el día rezando por ellas, a fin de que su oficio no los condenara.[9] Según la creencia popular, esta virgen baja a sacar las ánimas del purgatorio todos los sábados y miércoles.[10] La bula sabatina, además, estableció que aquellos que llevaran el escapulario de la Virgen del Carmen serían liberados del purgatorio el sábado siguiente a su muerte, lo que a nivel popular ha generado la idea de que todo el que fallezca con él va directamente al cielo. Esta creencia es fuertemente objetada por la Iglesia, pero está muy

7. Marín Ceballos, M. C. (1973), «La Religión de Isis en "Las Metamorfosis" de Apuleyo», *Habis*, n.° 4, pp. 127-180.

8. *Ibid.*

9. Amades, J. (1953), *op. cit.*

10. *Ibid.*

extendida en el catolicismo popular, que, con su pensamiento mágico, atribuye al amuleto esa virtud sumada a la de protección contra todo mal.

Es interesante darle una vuelta al vínculo de la Virgen del Carmen con el mar y, a su vez, con su función psicopompa y las ánimas, ya que el mar es, en el paganismo y en nuestro folclore, el acceso por excelencia al mundo de los muertos. Una vez más, el concepto de la madre divina como señora de los difuntos se entrelaza con el del cielo (la estrella) y con la tierra. De hecho, y aunque esto no refiera específicamente a la Virgen del Carmen, algunos autores han establecido un fuerte vínculo entre las vírgenes negras, como la de Montserrat o Nuestra Señora del Prado de Talavera de la Reina, y las diosas ctónicas a las que se representaba negras por su conexión con la tierra, la fertilidad, y el ciclo de vida y muerte, como la propia Isis, pero también Deméter, Ceres o Cibeles.[11] La sospecha de sincretismo es fuerte cuando, si rememoramos la fiesta de las Mondas de Talavera de la Reina, que ya comentamos en el mes de abril, vemos que la estatua local de Ceres fue directamente sustituida por la Virgen del Prado, que, como algunas representaciones de Ceres, resulta ser negra.

- Culto a divinidades femeninas marinas y psicopompas
- Culto y visita a vírgenes negras, entendidas como representaciones de la diosa ctónica de la fertilidad y los muertos

San Cristóbal:
25 DE JULIO

Réprobo era un gigante de incomparable fuerza que, pagado de sus capacidades, decidió ponerse al servicio del rey más poderoso de la tierra. Empezó a trabajar para el soberano

---

11. Rodríguez Ariza, J. (2019), *El simbolismo de la virgen negra. Aproximación a una construcción cultural*, tesis doctoral, Barcelona, Universitat Autònoma de Barcelona.

con mayor fama que encontró, pero al darse cuenta de que este se santiguaba con temor al oír hablar del Diablo, concluyó que era para el Diablo para quien debía trabajar. Sin embargo, pronto se dio cuenta de que este temía a su vez al símbolo de la cruz, y por ese motivo lo abandonó y emprendió la búsqueda de aquel que atemorizaba al mismo Satanás. En su viaje halló un ermitaño que le indicó que, para hallar a Cristo, debía hacer buenas acciones. Cerca de allí había un río sin puentes que el gigante, por su tamaño y su fuerza, podría ayudar a cruzar a la gente que lo necesitara. Así lo hizo Réprobo durante unas horas, hasta que llegó un niño pequeño y le pidió pasar. Se lo subió a los hombros y comenzó a atravesar las aguas, pero, para su sorpresa, el infante pesaba cada vez más y más, hasta que el gigante casi no pudo con su peso. Cuando logró llegar a la otra orilla y hubo dejado al niño en el suelo, le confesó que había sentido como si llevara todo el peso del mundo sobre sus hombros. Así había sido, le confirmó el niño, porque él era Cristo, y Réprobo, que tras su conversión tomó el nombre Cristóforo o Cristóbal (conductor de Cristo), había llevado el mundo entero y a su creador a cuestas.[12]

Ahora cambiemos el nombre del protagonista de esta historia por el de Jasón y tendremos el mito de las Argonáuticas: una anciana pide al héroe griego que la cargue para cruzar un río, y en el trayecto la mujer va pesando cada vez más hasta que es casi insoportable. En la otra orilla, esta revela que era en realidad la diosa Hera.[13] Si recuperamos el mito del titán Atlas, también veremos que la idea del gigante que lleva sobre sus hombros el peso del mundo está directamente tomada de la mitología clásica.

En la creencia popular, aquel que ve una representación de san Cristóbal se salva de morir a la intemperie o súbitamente, y queda protegido de ladrones y fieras. Por ese motivo, sus imágenes eran muy populares en lugares de paso como los caminos, las fachadas de los hostales y detrás de las puertas, y se colocaban en la tapa de los baúles para evitar los robos. Cuando iban a emprenderse viajes largos, difíciles o peligrosos, se le ofrecía al santo patrón de los tránsitos, quizá como vestigio de sacrificio propiciatorio, un gallo que se entregaba en la iglesia.

Por otro lado, el día en su honor se decía también a los niños que, si se quedaban mirando fijamente las imágenes de san Cristóbal, lo verían moverse por arte de magia, y que a mediodía el santo aparecía por las calles, de incógnito, llevando a Jesús al hombro: aquel que lo viera tendría suerte todo el año.[14]

---

12. Vorágine, S. de la (2014), *La leyenda dorada*, Alberto Manguel (ed.), fray José Manuel Macías (trad.), Madrid, Alianza.

13. Apolonio de Rodas (2015), *Las Argonáuticas*, Madrid, Cátedra.

14. Amades, J. (1953), *op. cit.*

San Cristóbal bebe del complejo mítico de los titanes, esa primera generación divina que representa las fuerzas salvajes, primarias e incivilizadas del universo. En nuestro territorio, los titanes han pervivido en figuras como la de los gigantes y los gentiles, seres de gran tamaño que habitan los bosques y personifican las potencias primigenias. Pero sus atributos precristianos no terminan aquí: es un espíritu de los tránsitos y del paso entre lo salvaje y lo civilizado, entre el mundo de los vivos y el de los muertos, representado por la simbología típica del cruce del río. San Cristóbal lleva a las personas de una orilla a la otra, como Caronte, y se le advoca precisamente contra la muerte súbita o a la intemperie, que resultan en especial temibles por no permitir preparativos para el moribundo como la extremaunción y los ritos funerarios adecuados para que el ánima pueda llegar sin problemas a un lugar de descanso. De hecho, en las versiones orientales, san Cristóbal es representado con cabeza de perro, psicopompo por excelencia, lo que lo relaciona con Anubis[15] y da a su leyenda como conductor de Jesús aún más reminiscencias de los mitos paganos sobre héroes que se inician en sus hazañas viajando al mundo de los muertos. En esta figura se refleja el Hermes psicopompo, conductor de almas y patrón de los viajeros, llevando al niño Dioniso.[16]

- Trabajar con las fuerzas naturales primigenias, personificadas en la figura de los gigantes
- Explorar el mito de Jasón, Atlas o san Cristóbal desde un punto de vista espiritual
- Acercamiento a figuras psicopompas

Santa Marta:
29 DE JULIO

Santa Marta ha sido durante mucho tiempo la santa favorita de las hechiceras. Aunque hoy su figura ha quedado bastante diluida, podemos conocer la importancia que tuvo antaño en España por la documentación inquisitorial de la Edad Moderna preindustrial y la per-

---

15. García Cuadrado, M. D. (2000), «San Cristóbal: Significado iconológico e iconográfico», *Antigüedad y cristianismo: Revista de estudios sobre antigüedad tardía*, n.º 17, pp. 343-366.

16. *Ibid.*

vivencia de sus prácticas asociadas en Hispanoamérica, donde, junto a otros sincretismos, derivó en la figura de santa Marta Dominadora.

Patrona esta de los hostaleros, las criadas, las lavanderas y las amas de casa, es célebre por su mito de la tarasca: un monstruoso dragón que vivía en el Ródano y que tenía atemorizada a la población vecina. Santa Marta se enfrentó sin temor alguno a la criatura y logró amansarla enseñándole la cruz y salpicándola con agua bendita. La encadenó y se la ató al cinturón, donde la llevó como a un perro hasta Arlés y allí le dieron muerte sin que opusiera resistencia.[17]

Más allá de la lectura básica que puede hacerse del mito (el cristianismo dominando al paganismo, que aparece representado por el dragón), las hechiceras españolas encontraron en santa Marta una figura aliada: una ama de casa capaz de someter a la fiera más indomable. Así, la virgen se convirtió en aquella a la que pedir la sumisión de los maridos infieles o violentos, y más allá de eso, el sometimiento de cualquier hombre que la devota deseara.

Considerando lo poco cristiano de las peticiones eróticas y que ponían a la mujer por encima del hombre, la figura de santa Marta se desdobló en dos: Santa Marta o Marta la Buena, y Marta la Mala. La favorita de las hechiceras fue esta segunda, que se convirtió en un personaje tremendamente recurrente en la magia amorosa, sexual y de dominación, donde la caracterizaban ya no como a la santa, sino como a un espíritu femenino poderoso, libertino y con cierto carácter brujesco, hermanado con toda una serie de demonios también habituales compañeros de las hechiceras populares, como el diablo cojuelo, Satanás o Barrabás. A continuación dejo algunos ejemplos de oraciones del siglo XVII dedicadas a Marta la Mala:

Marta, no la buena ni la santa,
sino la mala y la endemoniada,
la que los infiernos manda,
la que en las olas de la mar tañe, baila y canta.
Yo te conjuro, alma de fulano,
con Barrabás, con Satanás, con Lucifer y con el diablo cojuelo.
Diablo cojuelo tráemelo luego
a mi querer y a mi mandar,
dándome lo que tuviere y diciéndome lo que supiere.

---

17. Plaza Escudero, L. de la, *et al.* (2018), *Guía para identificar los santos de la iconografía cristiana*, Madrid, Cátedra.

Si después de haber pronunciado el conjuro, rebuznaba algún burro, se tenía por señal de que el hombre no respondería. Si, por el contrario, ladraba un perro o cantaba un gallo, el apelado aparecería sometido a la voluntad de la mujer.[18]

Otro ejemplo:

Marta, Marta,
a la mala digo, que no a la santa,
a la que por los aires anda,
a la que se encadenó,
y por ella nuestro padre Adán pecó,
y todos pecamos.
Del demonio del pozo al del reposo,
al del repeso y al que suelta al preso,
y al que acompaña al ahorcado;
al diablo cojuelo,
al del rastro y al de la carnicería,
que todos juntos os juntéis,
y en el corazón de fulano entréis,
guerra a sangre y fuego le deis,
que no pueda parar hasta que me venga a buscar.
Demonio cojuelo, tráemelo luego,
demonio del peso, tráemelo preso.[19]

Y un ejemplo más:

Marta, Marta, no la digna ni la santa,
la que descasa casadas,
la que junta las amancebadas,
la que anda de noche por las encutrilladas.
Yo te conjuro con tal y tal demonio,
y con el de la carnicería;
que me traigas a fulano más aína,
o me des hombre que hable o perro que ladre.

---

18. Martín Soto, R., *op. cit.*
19. *Ibid.*

De nuevo, la oración termina pidiendo una señal para saber si el conjuro ha surtido efecto. Marta la Mala, pese a lo que pueda aparentar su nombre, no se tenía entre las hechiceras por un espíritu maléfico, sino simplemente poderoso; en cambio, sí se menciona que «a los hombres espanta».[20]

Marta es «mala» en una sociedad tan machista como era la de su contexto, por ser una mujer opuesta al ideal femenino de sumisión, obediencia y recato. Es una «mala mujer» porque anda de noche, porque domina a los hombres, porque escucha las pasiones del sexo y el amor, y porque tiene poder y capacidad de autodeterminación. De hecho, en diversas oraciones suyas se menciona que por ella «Adán pecó y todos pecamos», lo que vincula su figura claramente a la de Eva como mujer desobediente y corrompedora, y si damos un paso más, a Lilith, que no quiso someterse a yacer bajo Adán, sino ser ella la que dominara el encuentro sexual; ambas comparten muchos atributos: el erotismo, el carácter de espíritu femenino nocturno brujesco o demoniaco, la dominación...

Con todo, las prostitutas, las hechiceras y las mujeres que querían disfrutar de su sexualidad sin someterse al abuso o sobrevivir en una sociedad donde dependieran completamente del hombre vieron en Marta la Mala a una poderosa maestra, confidente y compañera.

- Devoción a Marta la Mala si es una aliada recurrente
- Hechicería involucrando a Marta la Mala

---

20. *Ibid.*

MAGIA Y TAREAS ESTACIONALES

Magia de mar

Para muchas personas, el verano es sinónimo de playa. El mar es, en todas las culturas, una de las divinidades más poderosas y antiguas: capaz de proveer alimento y llevarse consigo para siempre a los que se aventuran en sus aguas, ha sido tan reverenciado como temido. Los espíritus del mar son representados de un sinfín de formas en el folclore español, especialmente a través de figuras como la sirena, las *xacias*, y el hombre pez o el *peix Nicolau* e incluso a través de islas fantasmales como San Borondón. En nuestra cultura, el mar es huésped de las ánimas de los muertos, en un vestigio de las creencias precristianas que lo definían como un acceso al Inframundo.

La costa ofrece unas potencias numinosas únicas, casi palpables en el ambiente cuando se siente el aroma y la brisa marinas. Con el conveniente respeto, pueden llevarse a cabo muchas prácticas rituales en su presencia que darán experiencias espirituales singulares y grandes resultados. Aquí dejo algunas ideas simples.

Una oración a las ánimas

Visitar la playa al anochecer, observar el mar a oscuras y dejarse empapar por la emoción sobrecogedora que produce su enormidad. Rezar hacia él una oración a las ánimas de los difuntos.

Purificación en las aguas

De día o de noche, acudir a la playa. Meditar unos instantes en la orilla para centrar la mente, ser consciente del estado interno y de la suciedad energética que se podría portar. Pedir asistencia y permiso al espíritu de las aguas. Adentrarse en el mar y visualizar cómo el miasma se desprende y el agua purifica. Sumergirse siete veces y salir del mar sin mirar atrás hasta estar en la arena seca. Puede completarse el rito dejándose secar al sol o tomando la luz de la luna.

Rito de destierro

El mar es capaz de llevarse consigo para siempre aquello que se lance a sus profundidades. Echar lo indeseado a sus aguas es un símil de desterrarlo al Inframundo, un lugar del que no podrá salir. Dado que, como animistas, no tiene sentido contaminar el mar echando objetos ajenos, puede llevarse a cabo un rito de destierro más sostenible escribiendo en la arena aquello que se quiere desvanecer cuando la marea está baja y esperar a que suba para que lo borre y se lo lleve consigo. Mi ritual favorito, sin embargo, consiste en tomar una piedra del lugar y vincularle todo aquello que se desea soltar. No hay que apresurarse en este proceso, sino que es positivo involucrar toda la emoción posible en él: sostener la piedra en las manos mientras se llora, se le habla o se proyecta en ella el asunto que preocupa. Cuando se sienta la certeza de haber vaciado el dolor en ella, lanzarla al mar con toda la fuerza posible y pedir a los espíritus del océano y a las ánimas que lo retengan consigo para siempre.

Amuletos del mar

Recoger elementos del mar como arena o conchas no siempre está permitido, por lo que es necesario, antes de llevarse nada, conocer la legislación y el impacto medioambiental de nuestras acciones. Si es viable en el lugar, existen algunos elementos que pueden tomarse para la práctica mágica, como las conchas, las habas de santa Lucía, la madera de deriva, las raspas de pescado, los dientes de tiburón, el vidrio de mar o los huevos secos de raya. Sus usos mágicos están en la sección dedicada a los aliados de la temporada.

Magia con trigo

El trigo es uno de los elementos más importantes de julio en el calendario tradicional agrícola. Durante este periodo puede pasearse por los campos cosechados para tomar las espigas que hayan quedado en los márgenes o en el suelo, y usarlas en la práctica mágica. También puede aprovecharse para recoger tierra del campo de cultivo, que se usa en hechizos de prosperidad, fertilidad y crecimiento.

Esta planta simboliza el sol, el oro, la prosperidad, la abundancia y el sustento. En 1905, recogía Rafael Salillas esta fórmula mágica para elaborar incienso con que quitar el mal de ojo de una curandera del Escorial: echa sobre carbones calientes nueve granos de trigo, nueve cabezas de cantueso, tres clavos de olor y un pedazo de la falda de la aojadora.[21] Otra receta citada por el autor, de Maguilla, también lo incluye: nueve granos de trigo con un poco de incienso olíbano. Como amuleto protector, se recoge que se colgaba al cuello un saquito con solimán, cinco granos de trigo, cinco semillas de pimienta y tres granos de sal, o bien uno con dos tallitos de romero en forma de cruz, un pedacito de pan y tres granos de trigo.[22] Ya vemos que es un elemento recurrente en la purificación y la protección.

Aunque madurado por el dios solar, el trigo es un regalo entregado por los espíritus ctónicos femeninos, que, como ya hemos comentado, representan la faceta regeneradora de la muerte. Un reflejo de esto se aprecia en el siguiente modelo típico de leyenda, presente por muchos lugares del territorio e incluso por otros países europeos: una mujer ayuda a otra que es en verdad un hada o numen local, la cual la recompensa con un saco o con el delantal relleno de algo que la humana no alcanza a ver. Tras ello, es instada a no mirar el contenido hasta llegar a casa, pero desobedece y ve que tan solo se trata de salvado (la cascarilla del trigo) o paja. Contrariada, lo tira al suelo y, al llegar a casa, se da cuenta de que las pocas cascarillas que no se habían desprendido de la tela se han convertido en oro. Regresa a buscar el resto, pero ya no queda nada.[23]

Así, una práctica inspirada en los ritos del primer pan de la cosecha dispuesta para atraer la abundancia consiste en lo siguiente: elaborar unos panecillos caseros y darles una forma antropomorfa o animal, según inspire a uno mismo el espíritu del cereal. Si es posible, añadir a la masa un elemento de cosecha del propio entorno: unos pocos granos de trigo de un campo local molidos con el mortero hasta conseguir harina, o unas semillas de amapola (flor asociada al trigo) recogidas del medio cercano. Tras hornearlos, ir al aire libre, enterrar un panecillo en un campo, comer otro en un acto de comunión espiritual y absorción de la abundancia del trigo, y regalar los restantes a seres queridos.

Novena a Marta la Mala

Marta la Mala es uno de los espíritus más invocados en la hechicería popular española en cuestiones de magia amorosa y erótica, dominación, empoderamiento femenino y protección de las mujeres en situación vulnerable. Por ese motivo, el día en su honor es una ex-

---

21. Salillas, R., *op. cit.*

22. *Ibid.*

23. Violant i Ribera, R. (2002), *El món màgic de les fades*, Sant Vicenç de Castellet, Farell.

NOVENA A MARTA
LA MALA

Materiales:
- 9 velas pequeñas o 1 vela grande marcada en 9 secciones
- Alguna ofrenda del interés de Marta la Mala: perfume, incienso, sexo, un mechón de cabello, licores dulces, rosas rojas...

Procedimiento:
1. Al anochecer, levantar un pequeño altar a Marta la Mala, que se mantendrá durante toda la novena.
2. Pensar bien lo que se busca del rito. Centrarse unos minutos antes de comenzar.
3. Encender la vela, consagrándola en su honor.
4. Invocar a Marta la Mala con una oración de preferencia. A continuación, dejo una que yo misma he elaborado inspirada en diversas históricas:

> *Marta, Marta,*
> *no la buena ni la santa,*
> *la que los fuegos enciende y los polvos levanta,*
> *la que en las olas de la mar tañe, baila y canta,*
> *la que por los aires vuela y en los infiernos manda.*
> *Yo te conjuro, Marta,*
> *la que en la noche anda,*
> *la que por un negro monte entró,*
> *tres cabras negras encontró,*
> *tres negros tarros de leche sacó,*
> *tres negros quesos cuajó,*
> *en tres platos negros los echó,*
> *con tres cuchillos de cachas negras los cortó,*
> *con tres diablos negros los conjuró,*
> *y así, Marta, hermana, te conjuro yo.*

5. Tras la invocación, puede pedírsele o hablársele lo que se desee.
6. Entonces, entregar las ofrendas y dejar consumir la vela entera si es pequeña o la primera sección si es grande. Puede meditarse en presencia de Marta la Mala durante unos minutos mientras la vela arde.
7. El rito debe repetirse durante nueve noches consecutivas.

celente ocasión para llevar a cabo prácticas hechiceras que la involucren o acercarse a su figura a través de una novena.

Puede dedicarse la novena a lo que se necesite o prefiera dentro de sus capacidades: desde un resultado más práctico, como obtener el amor de alguien, encontrar pareja sexual o sobreponerse a una situación de abuso de poder por parte de alguien, hasta lograr un trabajo más espiritual o de transformación interna. En este segundo caso, puede enfocarse la novena a acercarse a la figura de santa Marta y asimilar algunos de sus atributos. Marta la Mala ayuda a incentivar la sensualidad, la seguridad en una misma, la autoestima, el atractivo y la capacidad de poner límites para no dejarse pisar, además de enseñar a respetar la propia soberanía, tener autodeterminación y enfrentarse al enemigo sin cohibirse.

Conjuración al diablo cojuelo

Si bien ya hemos mencionado al diablo cojuelo al hablar sobre Marta la Mala, no hemos ahondado sobre este otro numen que se invoca junto a ella en la mayoría de conjuros.

El diablo cojuelo es una figura mitológica del folclore español de enorme popularidad entre las hechiceras de la Edad Moderna preindustrial, especialmente en las zonas castellana y andaluza. Es un espíritu invocado en todo tipo de prácticas mágicas por considerarse un excelente y rápido recadero, y aparece en un sinfín de documentación histórica inquisitorial. Parece que la mención más antigua de este espíritu se da en un texto medieval de entre los siglos XIII y XIV, que cuenta que el diablo cojuelo, junto con otros ángeles, fueron los primeros en comunicar todo el saber del mundo al rey Salomón, quien los encerró en una botella (clásico formato de los familiares mágicos). Sin embargo, el diablo cojuelo, el más astuto de todos ellos, consiguió escapar y liberar al resto.[24] Otra historia habla de que fue de los primeros ángeles en rebelarse contra Dios y, al ser el primer desterrado a los infiernos, cayeron todos sus hermanos sobre él y lo dejaron cojo.

Como ya vamos viendo en las leyendas que se cuentan de él, lejos está el diablo cojuelo de la idea del demonio eclesiástico. Se trata de un espíritu de carácter mercurial que, pese a ser cojo, ejerce la función de recadero con incomparable rapidez y astucia: «Con el diablo cojuelo /aunque es cojuelo, /es ligero y sabe más»,[25] «Yo te conjuro con Barrabás, con

---

24. Blázquez Miguel, J. (1989), *Eros y Tánatos: Brujería, hechicería y superstición en España*, Madrid, Arcano.

25. Campos Moreno, A. (2021), «La voluntad cautiva tres conjuros novohispanos parar atraer al amado», *Actas del Congreso Internacional Lyra mínima oral: Los géneros breves de la literatura tradicional*, Alcalá de Henares, Universidad de Alcalá, pp. 425-432.

Satanás y con el diablo cojuelo, que salió a la postre y llegó el primero»,[26] «Yo te conjuro con Satanás y Barrabás, y con el diablo cojuelo, que es ligero y buen mandadero»,[27] «Al diablo cojuelo, por ser más ligero, le mando, impelo, porque se me diga la verdad».[28]

Ya desde su primera mención está asociado a la práctica mágica, al saber y a la función de espíritu familiar. Tiene un carácter pícaro, pero no malicioso; es tratado por las hechiceras de forma amistosa y sin temor. A él se le atribuye el origen de la danza, la música y el género picaresco y satírico, según recoge Luis Vélez de Guevara en su obra *El diablo cojuelo* (1641). Sus asociaciones mercuriales se incentivan simbólicamente con su cojera; con frecuencia, la tara física de un lateral es en la mitología un rasgo de los espíritus con atributos chamánicos y que viajan entre mundos, como el dios tuerto Odín; cojear, arrastrar una pierna herida, tener un talón vulnerable, tropezar, perder una sandalia, caminar con un pie descalzo, entre otros, son rasgos compartidos por muchas figuras como Hermes, Dioniso, Jasón o Perseo que indican que se hallan conectados temporal o permanentemente con el mundo de los muertos, de manera que no pertenecen ni a un lado ni al otro, sino al espacio liminal. Tienen un pie en cada mundo, y es del Otro Lado de donde provienen en realidad sus capacidades mágicas después de haber vivido su transición iniciática.[29]

Otra conexión mitológica interesante se da con Hefesto, que se queda cojo tras ser arrojado del Olimpo por Zeus, un claro paralelismo con el mito del diablo cojuelo y Dios. Además, Hefesto es un dios herrero, lo que lo vincula al diablo folclórico por asociado este estrechamente al fuego y la herrería, así como a la idea de la metalurgia como el saber divino trasladado por un espíritu prometeico al hombre, idea contemplada en la brujería tradicional moderna del clan Tubal Cain.

Ya que no existe un santoral directo de los númenes asociados a la brujería y la hechicería, es interesante buscar pequeñas fechas que sirvan de excusa para dedicarles un gesto especial y afianzar la alianza con ellos de forma festiva. Por eso, ya que en julio se celebra el día de su compañera, Marta la Mala, podemos aprovechar para conjurar al diablo cojuelo o tener un primer acercamiento a él.

JULIO

26. Alamillos Álvarez, R. (2015), *Hechicería y brujería en Andalucía en la Edad Moderna. Discursos y prácticas en torno a la superstición en el siglo XVIII*, tesis doctoral, Córdoba, Universidad de Córdoba.

27. *Ibid.*

28. Martín Soto, R., *op. cit.*

29. Ginzburg, C., *op. cit.*

CONJURACIÓN AL DIABLO COJUELO

Materiales:

- 1 vela
- 1 ofrenda (según se ha documentado históricamente, sirven las cáscaras de avellana o una prenda de ropa que lleve encima el practicante,[30] pero también servirán los licores, los frutos secos, los higos, el zapato izquierdo, una moneda, un queso...)

Procedimiento:

1. De noche, en casa o en una encrucijada urbana o rural, descalzarse el pie izquierdo, como indican algunos de sus ritos en la tradición escrita.[31]
2. Encender la vela.
3. Pronunciar la conjuración al espíritu. Dejo un ejemplo propio, inspirado en conjuraciones históricas:

> *Yo te conjuro, diablo cojuelo,*
> *que eres ligero y buen mandadero,*
> *acude a mi pedir y a mi mandar.*

4. Después, dar tres fuertes patadas en el suelo, otro elemento común en las conjuraciones de este estilo[32] y que remite a la llamada a un espíritu de carácter ctónico.

JULIO

---

30. Gómez Alonso, M., *op. cit.*
31. Sánchez Ortega, M. H., *op. cit.*
32. Martín Soto, R., *op. cit.*

5. A continuación, dar la orden de lo que se quiera o hacer la pregunta de la cual se desee conocer la respuesta. Se puede terminar con alguna fórmula tradicional para pedir una señal confirmatoria en caso de que la consecución del deseo vaya a tardar más de unos pocos días, o si lo que se ruega es respuesta a una pregunta:

> *Diablo cojuelo,*
> *dame señal*
> *de perro ladrar,*
> *gallo cantar,*
> *hombre pasar*
> *o puerta llamar.*[33]

En este ejemplo, se pueden sustituir las señales animales por el llanto de un niño o alguna otra similar si las referencias mencionadas son improbables.

6. Después de la petición, entregar la ofrenda pero asegurar el cumplimiento pronunciando la siguiente fórmula:

> *Esto que tengo para ti,*
> *ni te lo doy ni te lo quito,*
> *aquí lo deposito*
> *hasta que hagas lo que he pedido.*

O bien:

> *Haz esto por mí, que otra cosa hago yo por ti.*[34]

En todo caso, si cumple en los próximos tres días o ha dado señal confirmatoria de que lo hará, dejarle la ofrenda en una encrucijada. Si no cumple, no es necesario que se entregue, porque no tiene sentido pagar un trabajo que no se ha hecho.

33. Fuentes Cañizares, J. (2007), «En torno a un antiguo conjuro mágico en caló», *Revista de folklore*, n.º 321.

34. Fernández García, M. de los Á. (1986-1987), «Hechicería e Inquisición en el Reino de Granada en el siglo XVII», *Chronica nova: Revista de historia moderna de la Universidad de Granada*, n.º 15, pp. 149-172.

EL JARDÍN
DE LA BRUJA

Durante el mes de julio aún hay muchas especies vegetales con virtud mágica y medicinal en su punto óptimo de recolección. De las hojas y partes aéreas destacan la del ajenjo, la agrimonia, el calamento, la albahaca, la centáurea menor, la celidonia mayor, el hisopo, la mejorana, la malva, la melisa, la menta, el poleo menta, la milenrama, el hipérico, el tabaco, el orégano, el romero, la ruda, la sabina, la salvia o el tomillo. De entre las flores, destacan las del aciano, la borraja, la madreselva, el espliego, la ortiga blanca, el lupino, la caléndula o el tilo. Entre los frutos y semillas, destacan las grosellas, las cerezas, las fresas, las nueces verdes y las cápsulas de adormidera.[35] Como ya hemos comentado, hay que ser muy cuidadoso con su secado y almacenaje, ya que muchas de estas hierbas se guardarán como provisión para todo el año. Aun así, es importante recolectar con sentido común, esto es, solo las especies que tengamos por seguro que utilizaremos y en cantidades coherentes al gasto que vayamos a hacer de ellas.

Así pues, las tareas del jardín consistirán, además de en la recolección, en controlar las plagas y el riego para evitar que las plantas mueran por sobreexposición al calor.

---

35. Jiménez, M., *op. cit.*

ALIADOS DE LA TEMPORADA

Hierbas

Podrían incluirse todas las mencionadas en el apartado anterior, así como la mayoría del mes de junio.

○ *Ajenjo: Hermano de la artemisa, el ajenjo se ha utilizado como un poderoso aliado purificador y para el destierro. Sin embargo, puede ser empleado también para invocar espíritus (permite someterlos, tanto para llamarlos como para expulsarlos), para reforzar ánimas o al propio doble espiritual, como afrodisiaco y para propiciar estados de trance y trabajo onírico.*

○ *Digital (tóxica): Antaño se colgaba en las puertas como amuleto contra las brujas.[36] Pese a que no se han encontrado referencias a ello en nuestro territorio, en muchas otras zonas de Europa y las islas británicas se atribuye a la dedalera o digital la presencia de hadas.[37]*

○ *Milenrama: Asociada al héroe Aquiles, de quien se dice que utilizó la planta para curar a sus soldados. Excelente vulneraria, la milenrama sirve para sanar las heridas del cuerpo y del alma y para reforzar el espíritu. También está asociada a Venus, y tiene por ello asociaciones amorosas y de fertilidad. Además, puede utilizarse para el trabajo onírico y de trance.*

○ *Moras: La zarzamora es un arbusto asociado al Diablo y a las brujas. Sus moras, recolectadas en julio, se usan para hacer licores rituales, como ofrenda, para elaborar tinta mágica, secas en inciensos...*

○ *Trigo: Es un alimento base en nuestra dieta y, como tal, se le atribuyen un sinfín de propiedades benefactoras. Se usan sus granos como amuleto protector[38] y en inciensos de purificación[39] y abundancia. Este cereal simboliza y atrae la prosperidad y el dinero.*

○ *Hisopo: Esta planta da nombre al aspersor de agua bendita, pues antaño usaba un ramillete de hisopo para asperger. Su virtud es purificadora contra todo mal.*

36. Solla Varela, C. (2014) «Amuletos, talismáns e pedras da fartura. Obxectos de poder da Galiza tradicional», *Actas da VII Xornada de Literatura de Tradición Oral Amuletos e reliquias, usos e crenzas*, Lugo, Asociación de Escritoras e Escritores en Lingua Galega, pp. 69-124.

37. Folkard, R. (1892), *Plant Lore, Legends and Lyrics: Embracing the Myths, Traditions, Superstitions, and Folk-Lore of the Plant Kingdom*, Londres, Sampson Low, Marston & co.

38. Salillas, R., *op. cit.*

39. Martín Soto, R., *op. cit.*

- **Lupino:** *Por su semejanza con el acónito y su conexión etimológica con el lobo, esta planta es una opción de baja peligrosidad para usar como sustituta en prácticas de teriomorfismo y licantropía que se realizarían con su semejante tóxica.*

- **Tilo:** *Sus flores son la materia vegetal relajante más utilizada en nuestra cultura, y se han tomado tradicionalmente para recuperarse de sustos y disgustos. Algunos practicantes reportan buenos resultados con esta planta en la producción de sueños lúcidos y trabajo onírico. En la mitología griega, el tilo es un hombre llamado Filemón; este, junto con su esposa, Baucis, fueron los únicos que permitieron la entrada en su casa a dos mendigos a los que atendieron con todo lo que, pese a su pobreza, estuvo en su mano. Los mendigos eran en realidad Zeus y Hermes, que destruyeron toda la ciudad menos la cabaña de los ancianos, la cual convirtieron en un templo. Zeus concedió a la pareja el deseo que quisieran, y estos pidieron ser guardianes del templo y morir juntos cuando les llegara la hora. Al fallecer, el dios los convirtió en un tilo y un roble, respectivamente, que crecieron en la entrada del templo entrelazados el uno con el otro para siempre. Así, el tilo es un árbol que habla de humildad, amabilidad, bondad y amor.*

- **Beleño negro (tóxica):** *Una de las clásicas hierbas de las brujas, célebre por componer sus ungüentos y su carácter narcótico. El beleño negro sirve en prácticas extáticas y de trance, para el trabajo onírico, el vuelo del espíritu y el cambio de forma. Sus semillas generan confusión, discusiones y caos, aunque pueden ser usadas también como elemento protector.*

- **Beleño blanco (tóxica):** *Otra de las clásicas hierbas de las brujas, célebre por componer sus ungüentos y su carácter narcótico. El beleño blanco sirve en prácticas extáticas y de trance, para el trabajo onírico, el vuelo del espíritu, el ejercicio oracular y el cambio de forma. Está vinculada a Apolo y a Belenos, ambos dioses solares, y se le suele atribuir un carácter más amable que a su contraparte, el beleño negro.*

- **Adormidera (tóxica):** *Sus cápsulas comienzan a madurar y a secarse en esta época. Para utilizarlas como maracas con que inducir el trance o como ofrenda funeraria, se recolectan una vez secas pero antes de que se hayan abierto los orificios por los que salen las semillas. (Si al secarse del todo quedaran abiertos, pueden cerrarse con un poco de cera de abeja fundida).*

Otros recursos

- **Horca:** *Es, a la vez, una de las principales herramientas de la cosecha y símbolo estrechamente ligado a la figura del Diablo. Se ha convertido en un elemento recurrente entre los practicantes de la brujería tradicional moderna y puede ser utilizado como símil del axis mundi, en prácticas de vuelo del espíritu (montando sobre ella) o en la invocación del Maestro de las Brujas.*

○ **Pan:** *Como el trigo, el pan representa la abundancia y la prosperidad. Podemos usarlo en rituales para atraerlas y como ofrenda a todo tipo de espíritus.*

○ **Plenilunio de julio:** *Este mes es el momento ideal para ritos que atraigan una buena fructificación del trabajo realizado durante esta mitad del año, así como para la prosperidad y la abundancia.*

○ **Mar:** *Sus aguas son perfectas para abluciones, baños y otras prácticas de purificación, que puedan llevarse a cabo en la playa. Pero además, en el mar pueden realizarse ritos de destierro y de distanciamiento, o pedir deseos acompañándolos con una ofrenda.*

○ **Conchas y caracolas:** *Tradicionalmente, han sido usadas como amuletos de protección, amor y fertilidad. Molidas, componen polvos protectores. También pueden rellenarse con papeles inscritos u otros elementos que incentiven su función mágica.*

○ **Opérculos o habas de santa Lucía:** *Se usan contra las migrañas, los males de la vista, la esterilidad y el mal de ojo.*

○ **Madera de deriva:** *Puede ser usada en fuegos rituales a las ánimas y para elaborar tallas para ofrendar a imágenes de los espíritus. En ocasiones dan fuego de colores púrpura o azulados.*

○ **Huevos de raya:** *Si se encuentran por la playa ya secos, vacíos o muertos, pueden abrirse, rellenarse con otros elementos mágicos y ser usados para promover la intuición, la fertilidad o la protección.*

○ **Vidrio de mar:** *Se trata de residuos de vidrio que, tras pasar tiempo siendo pulidos por el océano, regresan a la playa como gemas hermosas. Contienen la energía del mar, de la transmutación, de la purificación y de la renovación. Además, están cargados energéticamente por el sol.*

○ **Sol:** *En julio es el más ardiente del año, por lo que se incorpora en prácticas rituales por su virtud purificadora y energizante.*

○ **Raspas de pescado:** *Como todo hueso, se usa para incorporar a la práctica la energía o el espíritu del animal o del numen del mar. También se emplean en ejercicios oraculares, y las espinas pueden usarse como punzones o agujas.*

○ **Dientes de tiburón:** *Se utilizan para incorporar a la práctica la energía o el espíritu del animal o del numen del mar, así como de amuleto protector.*

○ **Cedazo y tijeras:** *Para prácticas oraculares tradicionales.*

○ **Vírgenes negras:** *Se consideran como una manifestación de la diosa de la tierra, y se trabaja con ella en su máscara local.*

○ **Escapulario de la Virgen del Carmen:** *Amuleto tradicional contra la mala muerte.*

AGOSTO

Los rayos del sol arañan la tierra y se llevan consigo el último aliento de las hierbas que nacieron, crecieron y ya fructificaron. Los montes verdes se tornan amarillentos, casi blancos, bajo su poder calcinante. El agua es un bien escaso; la naturaleza observa sedienta el cielo, a la espera de truenos que anuncien las ansiadas tormentas de verano.

Agosto toma su nombre del emperador romano Augusto. Este periodo aún estaba marcado en la Antigüedad por la actividad agrícola, por lo que la mayoría de las celebraciones y divinidades adoradas tenían relación con este ámbito: se festejaba la segunda Vinalia del año con el fin de proteger las viñas hasta la cosecha; la Consualia, dedicada a Conso, dios de los silos, donde se almacena el grano, y la Opiconsivia, en honor a Ops, diosa de la abundancia y la fertilidad de la tierra.[1] Una de las deidades que recibía más culto en este mes era Diana, diosa de la caza y la naturaleza silvestre.

Pero también entonces tenía su fiesta Vulcano, dios del fuego, los volcanes y la metalurgia, lo cual no es de extrañar teniendo en cuenta que agosto es, junto con julio, el mes en el que el calor es más destructivo por su intensidad en el hemisferio norte. Aún permanece el periodo de canícula, de la que hablamos el mes pasado. Las altísimas temperaturas obligan a adaptar las rutinas para no exponerse al sol en los momentos de mayor potencia, con lo que, tradicionalmente, se descansa las horas centrales del día y se trabajan por la mañana temprano y al atardecer. En nuestra cultura, este es el mes de vacaciones por excelencia para los niños y para muchos adultos, ya que, de todos modos, el calor reduce mucho el rendimiento físico y mental.

---

1. Marqués, N., *op. cit.*

En agosto se contemplan las cabañuelas, un sortilegio popular dispuesto para conocer la climatología de los próximos doce meses. Consiste, igual que ya expusimos en el mes de enero, en observar los veinticuatro primeros días de agosto, a cada uno de los cuales se asocia un mes: los doce primeros, de agosto a julio, y los doce siguientes, de julio a agosto. El clima de los dos días que representan cada mes anuncia el tiempo que hará llegado el momento.

Además del abrasador sol, agosto se caracteriza por sus puntuales tormentas de verano. El contraste entre el calor que produce la tierra y las frías capas de aire superiores genera una gran inestabilidad climática que desemboca en estas clásicas precipitaciones, típicamente de corta duración y gran intensidad, acompañadas con frecuencia de granizo y abundantes rayos. Dado lo destructivos que son estos aguaceros para la viña y otros conreos, en este mes abundan las prácticas supersticiosas para conjurar las tormentas, desde los exorcismos en los esconjuraderos hasta los gestos de corte a las nubes, pasando por las peticiones a santa Bárbara o la quema de laurel bendito. No olvidemos que, en la creencia popular, las tormentas las crean malos espíritus como los nuberos o las brujas, que cabalgan sobre las nubes que congregan, y las bandadas de pájaros que las preceden al huir de ellas se tienen por las ánimas de los muertos.[2]

Así, agosto es un mes típico para encontrar el amuleto tradicional de la piedra de rayo: se trata de piedras con un canto puntiagudo que, aunque ahora sabemos que muchas de ellas son cabezas de hacha paleolíticas, antaño se tenían por un objeto mágico o divino. También llamadas ceraunias, estos objetos se creían caídos del cielo o producidos cuando un rayo impacta el suelo; la piedra quedaba enterrada y tardaba siete años en emerger a la superficie y poder ser encontrada. Se les atribuían muchas propiedades mágicas, la más célebre de las cuales era evitar los rayos: se tenían como amuleto doméstico, cerca de la lumbre o la chimenea, porque era el lugar por donde podían entrar estas descargas a la casa. Llevadas encima, además de impedir la acción de los rayos, se creía que traían suerte y felicidad, que alejaban a las fieras, los maleficios y los ladrones, así como que prevenían de una muerte a la intemperie. También podían servir a fines curativos e impedir la rabia en los perros y las enfermedades del ganado.[3]

Sin embargo, no toda la lluvia de agosto se tiene por dañina, sino que, a menos que su violencia sea excesiva, se considera benefactora y muy necesaria: es vital para el adecuado crecimiento de la uva, que caracteriza este mes. Se cree que el plenilunio de agosto rige las precipitaciones de los próximos meses, de manera que, si llueve ese día, se tendrá un fin de verano y un otoño húmedos.[4] La luna de agosto, además, tiene fama de ser la más hermosa del año (puesto que se disputa tan solo con la de enero).

AGOSTO

2. Amades, J. (1953), *op. cit.*

3. Rúa Aller, F., y M. J. García Armesto (2010), «Usos y creencias de la piedra del rayo en León», *Revista de folklore*, n.º 344, pp. 61-68.

4. Amades, J. (1953), *op. cit.*

Los trabajos del cereal terminan con la molienda del grano, y la agricultura pasa a centrarse más en la protección de los viñedos, la extracción de la fibra vegetal y la huerta. En el campo, además de cuidar la vid y comenzar a preparar las herramientas y barriles que se usarán en la vendimia, son típicas las cosechas del higo y la avellana. Se ponen a fermentar el lino y el cáñamo para procesarlos, extraer la fibra, hilar y poder elaborar telas de uso doméstico. En general, el trabajo del campo, que el calor dificulta, no es tan intenso como en meses anteriores, por lo que se dispone de más tiempo libre. Por ese motivo, agosto es el mes por excelencia de las fiestas mayores de los pueblos y otras celebraciones lúdicas. A lo largo y ancho de la geografía española se dan fiestas muy icónicas y variopintas, algunas con personajes y actos de claro origen ritual como el Cipotegato de Tarazona o *els diables* y *gegants* de Cataluña, el País Valenciano y las Baleares. También se dan innumerables ferias y eventos comunitarios.

En la montaña, agosto es el mes de la caza y el pastoreo. En la mar, por su parte, además de ser una buena temporada de pesca, se termina el secado de la sal, cuya recogida y almacenaje se lleva a cabo para la posterior comercialización.

En la espiritualidad popular, sin duda se contempla lo cálido y luminoso como benefactor, por ser regente de los espíritus de la vida, en contraposición a lo oscuro y húmedo, que se considera como perjudicial por tratarse del territorio de difuntos y malos espíritus. Sin embargo, ya hemos visto en esta obra que los espíritus ctónicos poseen también una cara benéfica que fertiliza el ciclo y otorga los dones de la tierra negra; así, su contraparte es la faceta destructiva de la luz. El mes de agosto refleja el punto álgido de los atributos celestes y solares, caracterizados por la sequedad y el calor. Como demostración de lo destructivos que resultan los extremos de dicha polaridad, un excesivo calor solar ya no protege, fomenta el crecimiento y da salud, sino que abrasa, calcina y desintegra. Muchos mitos reflejan este aspecto fulminante de las divinidades celestes: desde los ángeles judeocristianos hasta el propio mito de Zeus y Sémele, en el cual ella muere calcinada al contemplar directamente al dios de los cielos. De manera semejante, las hierbas de los prados y muchas criaturas perecen por la falta de agua y frescor cuando el ciclo natural expone la pureza de una energía tal sin que las características de su contraparte ctónica la equilibren. Evidentemente, esto no es malo *per se*, igual que no lo es la muerte a pesar de que se le atribuya un aspecto oscuro y húmedo. Es todo parte del ciclo natural y cumple una función específica en él: en sentido alegórico, si bien la muerte negra representa en el proceso alquímico del nigredo (la putrefacción y descomposición que origina una materia fértil sobre la que llevar a cabo otros procesos), la muerte blanca de este momento del ciclo representa la destrucción purificadora, que calcina para transmutar la materia del nigredo (carbón) al albedo (la ceniza). Ambos procesos son polos necesarios para conseguir la unión divina de los opuestos y, por lo tanto, el equilibrio de la vida, el rojo rubedo.

CALENDARIO TRADICIONAL DE
AGOSTO

San Lorenzo:
10 DE AGOSTO

San Lorenzo es un santo español célebre por haber sido asado vivo en una parrilla.[5] Así, además de la estrecha y evidente relación que tiene el mártir con el fuego por su tormento, su fecha conmemorativa coincide con el punto más caluroso del verano según se conoce popularmente.[6] Esto hace que no solo se celebre en su día dicho elemento ígneo por motivos católicos, sino también por la evidencia del mismísimo ciclo natural en este momento, lo cual nos ha llevado a recoger toda una serie de creencias y costumbres mágicas paganas alrededor de esta fecha.

La celebración del día de San Lorenzo es muy cercana a las fiestas conmemorativas del pancéltico dios del sol Lug, que por diversos lugares de Europa se sitúan a principios de agosto; es el caso del Lughnasadh gaélico y de una celebración de nombre desconocido a todas luces equivalente en el calendario galo de Coligny. Lug, también conocido como Lugus, es un dios muy presente en territorio ibérico, por lo que es posible que su fiesta tuviera una relevancia similar a la que han tenido otros de los grandes festivales celtas, como Beltane o Samhain. Además de una coincidencia en fechas, así como de reunir en sus atribuciones populares claros aspectos ígneos y solares como Lugus, el santo otorga incluso su propio nombre al Sol, que se conoce como Lorenzo en el imaginario popular. Por lo tanto, es posible que la fiesta en su honor sincretizara ciertos elementos de las celebraciones precristianas de mediados de verano y de sus principales dioses solares. Sin embargo, cabe decir que la noción de Lughnasadh como fiesta de la primera cosecha que se ha perpetuado en el neopaganismo no encaja con la realidad de la mayor parte del territorio ibérico, donde las temperaturas son mucho más cálidas y las celebraciones de esta fase del ciclo agrícola suelen darse en los meses anteriores.

San Lorenzo es una jornada en la que tradicionalmente se han llevado a cabo prácticas rituales para la protección contra los incendios en todo el territorio español. Por ejemplo, aquellos que se dedicaban a oficios en los que se empleaba el fuego creían que, si libraban

---

5. Durán Gudiol, A. (1956), «San Lorenzo, arcediano de la Santa Romana Iglesia y mártir», *Argensola: Revista de Ciencias Sociales del Instituto de Estudios Altoaragoneses*, n.º 27, pp. 209-224.

6. Machado y Álvarez, A., *op. cit.*

la jornada en honor a san Lorenzo, estarían inmunizados contra incendios y evitarían que el fuego estropeara su trabajo durante un año.[7] En municipios como Puerto de Béjar, esta madrugada se colgaban ramas de higuera en las puertas de los domicilios con el mismo fin, las cuales se guardaban luego en las casas durante el resto del año.[8] En Cataluña, era costumbre que en todos los hornos y obradores se renovara la estampa de san Lorenzo que había clavada tras la puerta como amuleto contra el fuego.[9]

Otras costumbres mágicas relacionadas se establecían alrededor de la búsqueda de amuletos que solo podían ser hallados el día de San Lorenzo y que servían para el mismo fin. Algunos ejemplos son los supuestos carbones de la hoguera del santo, pequeños restos de las brasas que se encontraban escarbando en la tierra durante este día,[10] o las llamadas «piedras de san Lorenzo», guijarros blancos que se buscaban en la ribera del Ebro y que se colocaban en la fachada de las casas tanto para evitar el fuego del cielo (los rayos) como de la tierra (los incendios).[11]

También se elaboraba en este día el aceite de hollín, un preparado de la medicina popular casera dispuesto para curar las quemaduras. Se aprovechaba el que se recogía durante la jornada tras limpiar las chimeneas y lumbres, puesto que en San Lorenzo tenía mayor virtud.[12] El hecho de limpiar los lugares del hogar dedicados al fuego podría formar precisamente parte de un culto o reverencia a este, en el que se complacía a su espíritu o divinidad para propiciar su buena colaboración el resto del año.

El fuego ha estado enormemente presente en esta víspera, como todavía puede contemplarse en la celebración canaria de los Fuegos de San Lorenzo o en las fiestas patronales de Huesca en honor al santo, que comienzan precisamente con el lanzamiento de un cohete. Antaño, eran frecuentes las hogueras vespertinas por todo el territorio español, también prácticas apotropaicas como realizar cruces sobre las cenizas, danzas y representaciones del martirio del santo.

- Integrar la faceta destructiva del verano
- Hogueras y culto al fuego
- Culto a dioses celestes y solares
- Amuletos, preparados y ritos para evitar el daño del fuego

7. Amades, J. (1953), *op. cit.*

8. «Retorno al mágico amanecer de San Lorenzo», *La gaceta de Salamanca*, en <https://www.lagacetadesalamanca.es/hemeroteca/retorno-magico-amanecer-san-lorenzo-DSGS245372>.

9. Amades, J. (1953), *op. cit.*

10. Machado y Álvarez, A., *op. cit.*

11. Amades, J. (1953), *op. cit.*

12. *Ibid.*

Santa Elena:
18 DE AGOSTO

Santa Elena es una de las santas más importantes entre los espíritus aliados de las hechiceras tradicionales en nuestro territorio. Cuenta la leyenda que fue ella quien encontró los clavos de Cristo, por lo que pronto se le agenciaron a la santa ciertas peticiones de dudosa ética dispuestas a utilizar tan valioso material mágico. He aquí un ejemplo de su oración más célebre, recogida de Mari González (1608):

Señora santa Elena, hija sois de rey y reina,
en la mar entrasteis,
los clavos de mi Señor Jesucristo sacasteis,
el uno me dicen que lo tenéis vos,
dádmelo, por amor de Dios,
para clavar el corazón a quien yo quisiere.
Que me quiera y me ame, y me regale y me dé lo que gane.[13]

Así, los clavos de santa Elena son un elemento mitológico muy solicitado en la magia amorosa para hacerse con el corazón del ser amado.

La creencia popular en la región catalana tenía a santa Elena por hechicera, saludadora y una excelente tiradora de cartas, motivo por el cual era popular entre las tarotistas, curanderas y otras sortílegas. Las cartas compradas el 18 de agosto tenían especial poder.[14]

- Magia con clavos
- Peticiones a santa Elena
- Adquirir un mazo de cartas para la adivinación
- Obtener una medalla de santa Elena

---

13. Martín Soto, R., *op. cit.*
14. Amades, J. (1953), *op. cit.*

AMULETO
TRADICIONAL

Chavos de santa Elena

Un amuleto tradicional son las medallas o chavos de Santa Elena, de mayor virtud si se adquieren en este día. A estas pequeñas monedas, que podían encontrarse en color cobre, plateado o dorado, se les atribuye toda una serie de creencias supersticiosas: atraen el amor, la felicidad y la suerte, sirven para pasar los disgustos... Además, son más poderosas si, en lugar de compradas, son robadas.[15]

---

15. Machado y Álvarez, A., *op. cit.*

MAGIA Y TAREAS ESTACIONALES

Lágrimas de San Lorenzo y el conjuro de la estrella

Uno de los eventos astronómicos más célebres del ciclo anual son las lágrimas de San Lorenzo. Se trata de una lluvia de meteoros producida por el paso de la Tierra a través de la estela del cometa Swift-Tuttle. El efecto visual es el de una lluvia de estrellas que parecen irradiar de la constelación de Perseo, lo cual les ha otorgado su otra denominación: perseidas. En la mitología griega, Perseo nació fruto de la lluvia de oro en la que Zeus se convirtió para caer sobre la recluida Dánae, con lo que también este mito conecta al héroe con la lluvia de estrellas a las que da nombre.

Las perseidas han sido observadas desde la más remota Antigüedad, práctica que, a partir de la instauración del catolicismo quedó tradicionalmente englobada en las celebraciones del día de San Lorenzo por suceder alrededor de esta fecha. En la cultura popular se decía que las estelas que pueden ser vistas en el cielo son tanto las lágrimas del santo al ser martirizado como las chispas del fuego que lo abrasó, por lo que conmemoran cada año la víspera de su tortura.

Puede buscarse algún lugar al aire libre, lejos de la contaminación lumínica, y pasar un rato observando las lágrimas de San Lorenzo mientras se celebra e integra el punto de inflexión del verano.

Por otro lado, en la hechicería popular española fue muy célebre durante el siglo XVII el llamado «conjuro de la estrella», que se llevaba a cabo con todo tipo de fines mágicos y oraculares, en especial en noches como esta. Para conocer la respuesta a una pregunta, Marta de Prados pronunciaba en 1662[16] una fórmula similar a la que versiono a continuación mirando a una estrella:

Estrella hermosa y bella
que en alto cielo estás,
que me descubras la mentira
y me digas la verdad.

---

16. Martín Soto, R., *op. cit.*

Entonces se hacía la pregunta. Si la estrella titilaba o se movía, la respuesta se tenía por afirmativa. La noche de las perseidas podemos llevar a cabo el rito de esta forma, o bien esperar a ver una estrella fugaz en los siguientes quince minutos.

Otras variantes del conjuro consistían en elegir la estrella más brillante para pedirle deseos, realizar hechizos románticos, curar enfermedades, conseguir fortuna o incluso encontrar tesoros.[17] El que presento a continuación, por ejemplo, debía decirse a las nueve de la noche mirando hacia la estrella más hermosa y dentro de un círculo de carbón trazado en el suelo:

> *Lucero hermoso, con uno te conjuro, con dos, tres, cuatro, cinco, seis, siete, ocho, nueve te conjuro. Con todos nueve te conjuro. Todos nueve os juntaréis y en el corazón de* [nombre de la persona deseada] *os meteréis, tal batalla le daréis que no le dejéis. Que venga, que venga, que venga y no se detenga, para que diga lo que supiere y haga lo que quisiere.*[18]

Otra opción consiste en llevar a cabo la conjuración de igual forma, pero, después de recitar «todos nueve os juntaréis y...», pronunciar nuestro propio deseo, que no tiene por qué ser lo mismo que pidió esta hechicera. Otro ejemplo histórico que podemos usar es el siguiente:

> *Conjúrote estrella,*
> *la más alta y la más bella,*
> *que en los altos cielos estáis,*
> *que todas os juntéis y en el cielo entero andéis...*[19]

En este caso, el conjuro se completa con lo que se quiera pedir, preferiblemente en rima. Por ejemplo: «...hasta que el éxito en mi proyecto me deis».

En 1627, María de San León revelaba que para su hechizo había que estar desnuda al aire libre. Se conjuraba así:

> *Estrella que andas de polo a polo,*
> *yo te conjuro con el Ángel Lobo,*
> *que vayas a Francisco y me lo guíes y ligues y traigas,*
> *dándome lo que tuviere,*
> *llevándome en su alma por donde quiera que fuere.*

AGOSTO

---

17. Gómez Alonso, M., *op. cit.*
18. Alamillos Álvarez, R., *op. cit.*
19. Martín Soto, R., *op. cit.*

Yo te conjuro, estrella,
que me lo traigas malo, malote pero no de muerte,
e híncote este por lo fuerte.

Y así como pronunciaba el último verso, clavaba un cuchillo en la tierra hasta las cachas, de manera que el mango quedara apuntando en dirección a la estrella.[20]

A parte del conjuro de la estrella, pueden llevarse a cabo otras prácticas bajo las perseidas. Una opción interesante es observarlas, tumbados en tranquilidad, pensando en aquellos aspectos de la vida que requieran de una chispa, una idea nueva o un cambio de rumbo. Cuando se vea una estrella fugaz, dejar que los pensamientos consideren intuitivamente la primera opción o idea que venga a la cabeza. En ocasiones, de esta manera pueden emerger del inconsciente conceptos o símbolos muy interesantes. Dedicar los próximos minutos a buscar posibilidades factibles a la idea, concepto o señal que ha venido a la mente.

La muerte blanca, integrando la mitad del verano

El punto de inflexión del verano suele situarse alrededor del día de San Lorenzo: en él se alcanza el punto más caluroso del año y, a partir de ahí, comienza el descenso hacia el otoño. Es curioso cuánto afecta a muchos este cambio en la energía del ambiente: genera la sensación de que el verano ha madurado, de que ya no es el joven luminoso, brillante y creativo del solsticio. Quizá es un cambio en la brisa, que parece anunciar las próximas tormentas de finales de verano; el sol, que ya no gobierna tantas horas como a comienzos de la estación, o que de alguna forma cambia la sensación interna y los pensamientos se proyectan hacia los nuevos horizontes de septiembre. Es interesante prestar atención estos días y tomar conciencia de cómo se expresan estos cambios en lo personal, en el propio ciclo interno, y de cómo se perciben en el ecosistema espiritual del entorno.

A excepción de las zonas más altas o norteñas, agosto trae campos secos y yermos, pues ya han terminado su ciclo, abrasados por el implacable astro rey. Este momento del año no representa el verano amable y fecundo (aunque muchas especies de virtud carnosa fructifican en agosto), sino su faceta madura: la luz, el calor y el sol han dejado de hacer florecer para destruir, esterilizar y calcinar, en un proceso de profunda depuración que purga con dureza el ciclo. Solo aquello de gran resistencia soporta la exposición al fuego celeste, pero este es un fuego alquímico que lleva a la sublimación. Esta mitad del verano no llama a la productividad, sino a la disolución y la desintegración, a ceder ante el poder de este

20. *Ibid.*

momento del ciclo. De hecho, es muy normal que en estas fechas resulte más difícil que nunca concentrarse y ser productivos.

Por todo ello, resulta interesante llevar a cabo una pequeña celebración que conmemore este punto de inflexión e integre la energía de la muerte blanca. En lo personal, me gusta hacerlo en algún megalito, porque la crudeza de la piedra y su conexión con los ancestros son elementos que inspiran este proceso de combustión hasta llegar a la pureza de lo primitivo, al blanco hueso. Puede dejarse una ofrenda de frutas de temporada y llevar a cabo los ritos de purificación y destierro que se consideren, sobre todo aquellos relacionados con el fuego o las cenizas. Un ejemplo sería quemar objetos o papeles escritos que refieran a los asuntos que sea necesario depurar, despojar o destruir para que transmuten, nos liberen o se muestren en su estado más crudo.

Con todo, si en estas fechas se está especialmente improductivo, cuesta concentrarse o incluso conectar a nivel espiritual, debe entenderse como parte de la dinámica energética del momento sin fustigarse. A veces, darse un respiro de las actividades espirituales permite una necesaria depuración y una toma de perspectiva útil para cuando se regrese a ellas; esto es una actividad espiritual en sí misma.

Es un buen momento también para integrar la importancia del fuego y trabajar con él. Pueden llevarse a cabo amuletos tradicionales como los vistos en el día de San Lorenzo o conmemorar de alguna forma al elemento, que está muy presente en la práctica espiritual tradicional e incluso en la vida diaria a lo largo del año. Para agradecer su presencia y reflexionar sobre sus múltiples dones y atributos, desde la destrucción hasta la iluminación, pasando por la purificación, el calor que otorga vida, la transmutación, entre otros, puede hacerse un rito muy sencillo: encender una vela de noche, preferiblemente en algún lugar al aire libre que sea seguro, y limitarse a observar la llama. Reflexionar mientras tanto sobre esos atributos y todas las demás ideas que el fuego sugiera.

Tinturas espagíricas

La espagiria es la rama de la alquimia dedicada a la producción de remedios herbales con el poder sublimado de la planta. Se trata de una disciplina complejísima a la que es imposible hacer justicia tratándola de forma breve, pero se puede trabajar a nivel aficionado y aun así obtener muchos beneficios de ella. Agosto, en mi gnosis personal, es un mes relacionado simbólicamente con la calcinación y, dado que ya hemos hablado de analogías alquímicas en su caracterización, lo considero un gran momento para experimentar con este proceso en la herbolaria mágica. Esta será una excelente manera de acercarnos a la energía que hemos discutido, experimentar con ella y obtener de paso tinturas muy poderosas.

En primer lugar, para comprender el porqué de los distintos procesos que requiere la preparación de una tintura espagírica, hay que partir de unas nociones básicas sobre alquimia. En este ámbito destaca la teoría de los tres principios, según la cual toda substancia o materia está conformada por tres elementos: sal, azufre y mercurio. (Estos no deben confundirse con los elementos químicos homónimos, ya que son nombres simbólicos). Así, la unión de estos tres principios permite la existencia y la vida.

El mercurio es el principio de vida, la fuerza vital, el espíritu anónimo e inconsciente que anima todas las cosas y les da aliento. Su naturaleza es etérica, fluida, y suele ser un líquido volátil como el alcohol. En la espagiria, el mercurio endógeno es el alcohol que se obtiene por la fermentación de las plantas y puede extraerse mediante destilación. Dado que es un principio universal y no individual, se permite en los preparados espagíricos la adición de mercurio exógeno, es decir, de alcohol de una fuente externa.

El azufre, por su parte, es el alma y la conciencia, la propia individualidad. Suele ser un aceite y simboliza el fuego. En la espagiria, el azufre volátil es el aceite esencial, que es único e individual en cada planta: es lo que le da su identidad.

Finalmente, la sal es el vehículo, el cuerpo sólido, la materia. Es la parte pura, indestructible e incorruptible de una sustancia. En la espagiria, se obtiene la sal del cuerpo de la planta tras ser calcinado, purificado a través de los estados de nigredo, albedo y rubedo mediante el *solve et coagula*, y tras separar el *caput mortuum* (las impurezas).

Además, los procesos alquímicos suelen realizarse en consonancia con las dinámicas y asociaciones planetarias tanto en los días convenientes como según las horas del día, un tema en el que, por su complejidad, no voy a adentrarme en esta ocasión. Con estas bases mínimas podemos comenzar a experimentar como meros aficionados, pero si la experiencia resulta interesante al lector, recomiendo encarecidamente documentarse sobre el tema para mejorar en la alquimia, profundizar en su filosofía y lograr realizar el proceso de una forma más adecuada. Una buena obra con la que me inicié en el tema y que ha inspirado la práctica que te propongo a continuación es *Practical handbook of plant alchemy*, de Manfred M. Junius.

TINTURAS ESPAGÍRICAS

Materiales:

- Hierba de la que se quiera hacer la tintura
- Alcohol de entre 60° y 70°
- 1 recipiente apto para el calor
- 1 fogón, fuego u hornillo eléctrico o de gas
- Filtro de tela
- Filtros de papel
- Agua destilada
- Frascos herméticos

Preparación:

1. Maceración: obteniendo el mercurio y el azufre

   En este paso, trabajaremos con mercurio exógeno. Para ello, se coloca la planta seca y bien molida en un frasco hermético con el alcohol en un ratio de una parte de planta por entre cinco y diez de alcohol. Dejar macerar la tintura en frío o cerca de una fuente de calor suave durante al menos quince días, según la preferencia personal o motivos astrológicos (como de luna nueva a creciente, por ejemplo).

2. Separación de la materia

   Filtrar la tintura con una tela y reserva la parte sólida resultante. A continuación repetir este paso, pero con un filtro de papel, para dejar la tintura lo más clarificada posible. Raspar del papel el barro resultante del segundo filtrado y añadirlo a la materia herbal que se ha apartado antes. Se obtiene así, por un lado, el mercurio y el azufre de la planta (el aceite esencial, extraído gracias al alcohol) y, por el otro, el cuerpo, la materia herbal de la que extraer la sal. Reservar la tintura.

3. Calcinación

   Colocar la materia herbal en el recipiente resistente al calor y ponerlo al fuego al máximo de temperatura posible, para quemarla. El primer estadio será la carbonización, correspondiente al nigredo alquímico, el cual representa la desintegración, la putrefacción y la disolución que llevan a la transmutación. Una vez carbonizada la sustancia, molerla con un mortero y devolverla al recipiente. Poco a poco, pasará de carbón a ceniza, por lo que irá tomando tonos grises y blanquecinos: la materia va transmutando a la siguiente fase, la fase blanca, el albedo, que representa la pureza y el renacimiento. El proceso puede tardar de cuarenta minutos a varias horas según la cantidad de planta y la temperatura máxima lograda. Transcurrido este tiempo, moler la materia de nuevo y volver a ponerla al fuego o fuente de calor. Es difícil lograr una ceniza completamente blanca, pero conviene intentar llegar al máximo posible. Dado que somos aficionados, un gris clarito es aceptable. Retirar del fuego cuando alcance este punto.

4. Disolución

Seguidamente, verter la ceniza en un recipiente con agua destilada hirviendo (con unas veinte partes de agua respecto al volumen de ceniza estará bien) y remover unos minutos. La sal de la planta habrá quedado disuelta en el agua, mientras que una parte de la ceniza no es soluble. Filtrar esta sustancia indisoluble con un filtro de papel. Lo que haya quedado en él es el *caput mortuum*. Es una substancia inútil, el deshecho tras la purificación y la sublimación, por lo que puede desecharse. Sin embargo, a mí me gusta la idea de enterrarlo, de devolverlo a la tierra.

5. Coagulación

A continuación se ha de evaporar el agua al baño maría. Al finalizar este proceso, en el recipiente queda la sal cristalizada; cuanto más blanca y cristalina haya quedado, más pura será. Como a veces cuesta que seque del todo, puede darse un último toque de calor en el microondas para que se termine de deshidratar. Si ha quedado demasiado amarilla o con alguna impureza, puede repetirse el proceso de disolver y reintegrar (*solve et coagula*); esto es, disolverla en agua caliente, remover muy bien, filtrar, retirar la impureza y evaporar hasta obtener la sal. Una vez se den por buenos los cristales, rasparlos del recipiente y molerlos muy bien con el mortero. El resultado es la sal alquímica de la planta.

6. Integración

Para terminar la tintura espagírica, reintegrar la sal con el mercurio y el azufre; es decir, mezclar la sal con la tintura que se había reservado removiendo con brío. Finalmente, dejarlo reposar un par de semanas o hasta que los astros sean propicios. Se obtiene así un preparado que contiene los tres principios de la planta y su esencia sublimada y purificada. Este proceso, pues, bajo el prisma de la espagiria, otorga el máximo potencial de la hierba aliada y una medicina completa, con toda su esencia.

Magia con clavos

Aprovechando el motivo mitológico de santa Elena como excusa, este mes podemos dedicarnos a aprender y explorar la magia con clavos. Estos, al igual que los alfileres, son un elemento muy recurrente en la hechicería tradicional, y su uso más extendido ha sido en materia de maleficio. Ya desde la Antigüedad grecorromana, los clavos, agujas y punzones se han utilizado para atravesar muñecos antropomorfos de cera o arcilla, corazones y otros elementos que representaran a quien se quisiera causar un mal. Así se describía esta práctica en 1737 respecto a la hechicera extremeña María Sánchez:

> Mandó traer una vela de cuarterón para la que dio esta reo el dinero, y se hizo tres pedazos con los que formó dicha María Sánchez tres muñecos y les clavó alfileres en la cabeza, barriga y pecho [...]; que todos tres muñecos, los entró en una olla y se los dio a la reo para que en llegando a su casa hiciese un hoyo y los enterrase con la olla y que de cuando en cuando hincase los alfileres a dichos muñecos con lo que conseguiría la reo se muriese dicha dona Inés Cabezas y su hermano, y don Joseph Zalamea o a lo menos perdiesen las amistades.[21]

Pero no solo se utilizaba esta práctica en materia de maleficio, sino también como herramienta de dominación, en la magia erótica e incluso en la magia salutífera.

Los clavos y las agujas son elementos asociados al daño, pero también a la protección, la fijación y la incidencia, motivo por el cual responden a usos variados. Con un clavo se puede destruir un mal si se representa este simbólicamente y se le da muerte atravesándolo; también se puede fijar una energía o intención, como cuando se clavan ciertos elementos en el dintel de la puerta, en la pared o incluso en los tatuajes. Algunos brujos tradicionales anglosajones clavan un clavo en la base de su horca para fijar y contener la energía en ella. Para la protección, pueden servir como elemento defensivo al evitar que el mal se acerque y dañarlo si lo hace, para inmovilizar el origen de dicho mal, o para demarcar el perímetro de una zona a custodiar. Una buena práctica protectora de este tipo es clavar un clavo en la tierra en cada esquina de la finca o el terreno de una casa.

Es preferible que los clavos que se vayan a utilizar en la hechicería popular sean encontrados y estén oxidados. También puede experimentarse con agujas de origen animal, como púas de erizo, uñas o dientes que se hayan encontrado por el monte, o de origen vegetal, como espinas de endrino o de espino albar.

---

21. Hernández, M. Á., y M. Santillana, *op. cit.*

Extracción de sal marina con fines mágicos

Inspirados por los trabajos costeros tradicionales, una tarea muy sencilla a llevar a cabo en estas fechas es la extracción de sal. Aunque el procedimiento requiera de un mínimo de tiempo y dedicación, la sal extraída del mar por el practicante en buen término con los espíritus de las aguas resultará en un preparado muy potente y gratificante para utilizar con fines mágicos a lo largo del año. Las principales asociaciones de la sal en la magia tradicional son las de purificación, protección y destierro, aunque también puede usarse en la magia salutífera y en la maléfica.

EXTRACCIÓN DE SAL MÁGICA

Materiales:
- 1 paño para filtrar
- 1 garrafa o contenedor de 5 litros
- Bandejas grandes y de poca profundidad

Procedimiento:
6. Antes de recoger el agua, es conveniente pedir permiso al mar y dejarle una pequeña ofrenda, que puede ser un dibujo, un mandala o un altarcillo hecho con conchas, piedras y otros elementos del lugar bellamente dispuestos cerca de la orilla, para que pueda ser deshecho por las olas.
7. Tras pedir permiso, recoger cinco litros de agua marina.
8. Ya en el lugar de trabajo, filtrar el agua con el paño para extraer arena y cualquier residuo.
9. A continuación, llenar las bandejas con el agua filtrada. Si bien pueden ser bandejas de plástico, cristal, de horno o incluso las de papel de aluminio que se usan para lasaña, más rápido se evaporará el agua cuanto más amplias y menos profundas sean. Colocar las bandejas a pleno sol en un día seco y muy caluroso para que el agua se evapore y cristalice la sal. El proceso puede tardar de unas horas a días, según la temperatura. Si hay demasiada agua y la evaporación es muy lenta, puede acelerarse el proceso hirviéndola hasta que reduzca a una cantidad más manejable. Después se expone al sol en las bandejas de igual forma.
10. Cuando la sal esté comenzando a cristalizar, removerla y extenderla bien en la bandeja para ayudarla a liberar humedad.
11. Repetir el paso anterior varias veces, hasta que se vea la sal completamente blanca y seca. En este punto podrá recogerse y almacenarse.

EL JARDÍN
DE LA BRUJA

Agosto supone una reducción de las especies herbales a recolectar, puesto que muchas terminan su ciclo y mueren ante el excesivo calor. Sin embargo, además de algunas de las especies que comentamos en julio y que aún aguantan, así como las perennes, agosto es el mejor mes para la cosecha de varias plantas asociadas a la brujería, como la belladona, la hierba mora, la ruda o el estramonio, que son más tardías porque necesitan climas templados para germinar. Asimismo, podemos recolectar flores de gordolobo, granado, malvavisco o lúpulo, y semillas de cilantro y beleño, cuyo ciclo ya ha terminado en muchos casos y ha dado lugar a cápsulas. La mejor forma de germinar muchas especies silvestres es imitando su ciclo natural. Así, si se desea cultivar beleño el año siguiente, lo ideal es dejar caer las semillas a la tierra ahora, momento en que sus cápsulas se secan y las liberan de forma natural. Las simientes permanecerán durmientes, tendrán tiempo para hidratarse con las lluvias de otoño, estratificarán en frío en invierno y brotarán llegado el momento. Para evitar que se pierdan con el viento o se las coman las aves, se pueden sembrar en un espacio un poco resguardado, o semilleros a la sombra con tapa transparente y agujeros de ventilación.

Así como muchas especies de naturaleza herbal se secan en agosto, otras tantas de las que dan frutos carnosos sí se encuentran en un buen momento de recolección. Es el caso de los higos o las moras, así como de avellanas y almendras.

Si se van a sembrar en septiembre u octubre, es buen momento para estercolar la tierra y que esté nutrida en otoño.

ALIADOS DE LA TEMPORADA

Hierbas

○ **Belladona (tóxica):** *Una de las hierbas más célebres en relación con la brujería. La belladona es reconocida por ser uno de los principales ingredientes del* unguentum sabbati, *que las brujas utilizaban para emprender el vuelo con el espíritu, acudir al aquelarre o cambiar de forma. Aparece ya en la receta de Girolamo Cardano (1550), compuesta de grasa de niño, jugo de perejil, acónito, cincoenrama, belladona y hollín.*[22] *Se trata de una hierba psicoactiva y narcótica de carácter venusino y saturnino, asociada al vuelo del espíritu, el teriomorfismo, la magia de fascinación, amorosa y sexual, la necromancia y el maleficio. Es una hierba vinculada a la diosa Hécate. En este momento del año encuentran sus sumidades floridas y sus frutos maduros, cuyo jugo puede ser usado como tinta mágica. Además de ser difícil de hallar, en muchos lugares es una planta protegida y su cosecha está prohibida.*

○ **Hierba mora (tóxica):** *También llamada tomatillo del diablo, es quizá la solanácea de las brujas más amable, puesto que su toxicidad es mucho menor que la de su pariente la belladona. Además de en trabajos de trance y vuelo, la hierba mora puede ser utilizada en magia de protección, destierro y necromancia. Se emplea para atraer a los espíritus feéricos y otros númenes del territorio. No se han encontrado usos mágicos tradicionales en España más allá de constar en algunas recetas de ungüentos de brujas, pero sí medicinales, especialmente como cicatrizante y analgésico en dolores de muelas.*

○ **Estramonio (tóxica):** *Otra de las célebres hierbas brujas asociadas al ungüento de vuelo al aquelarre. El estramonio, psicoactivo y narcótico, se ha utilizado tradicionalmente con fines afrodisiacos, en la magia amorosa y sexual, y en prácticas de destierro, protección, trance, vuelo del espíritu, teriomorfismo... Sus semillas sobre todo están muy asociadas a la confusión y locura, por lo que esta planta es una gran aliada en materia de ocultación, para generar caos y para confundir al enemigo. Puede esconderse un mechón de pelo en el interior de una de sus cápsulas vaciadas como amuleto protector o poner una cápsula bajo la almohada para proteger de pesadillas y malos espíritus durante el sueño. Sus flores se utilizan en magia de seducción por su atractivo, su perfume y su carácter hipnótico y capaz de doblegar la voluntad. Es una planta muy dominante.*

○ **Malvavisco:** *En Galicia, es una planta utilizada contra la acción de las brujas, sobre todo en la protección mágica de los campos labrados.*[23] *En el* Picatrix *(grimorio español del siglo XI), el*

---

22. Hatsis, T., *op. cit.*
23. Latorre Catalá, J. A., *op. cit.*

malvavisco tiene una curiosísima mención como planta visionaria, oracular y como encarnación del dios Mercurio:

La mata de malvavisco me ha hablado mucho en sueños y despierto, aunque más en sueños. En cuanto oigo que me dice algo lo pongo por escrito para que no se me olvide. Una noche se me presentó y me dijo: «Sabes que soy uno de los nombres de Mercurio aunque pienses que no soy más que la mata de malvavisco. Entre la mandrágora y yo se han producido muchas discordias y mal porque ella pretende que es más digna de figurar que yo, pero todo en la tierra tiene un lugar de la tierra que no puede trascender y del que no puede trasplantarse. E igual que no podemos hacer eso tampoco podemos acrecer nuestras dimensiones, ni cambiar nuestras ánimas ni naturaleza, ni hacer lo que no nos corresponde [...]». Y nada más decir estas palabras, el malvavisco se disolvió convirtiéndose en vapor que subía al cielo, y ya no la vi más.[24]

○ **Beleño blanco (tóxica):** *Ya mencionada en el mes anterior, es una de las clásicas hierbas de brujas, célebre por componer sus ungüentos y de carácter narcótico. En este momento del año pueden recolectarse sus semillas para ser utilizadas en prácticas oraculares y otras formas de magia.*

○ **Beleño negro (tóxica):** *Ya mencionada en el mes anterior, es una de las clásicas hierbas de brujas, célebre por componer sus ungüentos y de carácter narcótico. En este momento del año pueden recolectarse sus semillas para ser utilizadas con el fin de generar conflictos, confusión u ocultación, así como para otras formas de magia.*

○ **Almendro:** *Ya que es tiempo de cosecha para el fruto de este árbol, cabe mencionar que dos almendras unidas son un amuleto contra el dolor de muelas, y que una de tres esquinas, como con las nueces, es un amuleto genérico.*[25]

○ **Carlina:** *La flor de este célebre cardo, llamado eguzkilore en el País Vasco, se ha utilizado en todo el Pirineo como un poderoso amuleto contra las brujas y los malos espíritus nocturnos por su similitud al sol. Clavada en la puerta de casa, se creía que impedía el paso a estos seres porque, al verla, no podían evitar contar sus numerosos pétalos y así les sorprendía el amanecer. Actualmente, es una flor protegida en muchos territorios, por lo que quien desee obtenerla deberá consultar la legislación local o comprarla a un vivero.*

○ **Avellano:** *Agosto es tiempo de cosechar las avellanas, cuyas cáscaras aparecen en un conjuro castellano como ofrenda al ánima sola y el diablo cojuelo,*[26] *aunque el fruto también se usaba como pago u ofrenda a otros númenes.*[27] *Las cáscaras, abiertas, vaciadas y vueltas a cerrar con*

24. Abu-l-Casim Maslama Ben Ahmad (el Madrileño) (1978), *Picatrix: El fin del sabio y el mejor de los dos medios para avanzar*, trad. Marcelino Villegas (trad.), Madrid, Editora Nacional.

25. Ferrández Palacio, J. V., y J. M. Sanz Casales, *op. cit.*

26. Gómez Alonso, M., *op. cit.*

27. Alamillos Álvarez, R., *op. cit.*

cera, sirven para contener pequeños elementos y elaborar amuletos:[28] se creía que una avellana en el bolsillo guardaba de la picadura de animales ponzoñosos.[29]

○ **Higuera:** *Árbol muy relacionado con los dioses del éxtasis y la naturaleza salvaje, como Pan o Dioniso, así como con el Diablo. También se dice que fue de una higuera de donde se colgó Judas. Todo esto le ha granjeado algunas asociaciones de mala suerte o de que su sombra es maléfica. Asimismo, tiene una gran connotación sexual: su látex recuerda al semen y sus frutos abiertos, a una vagina. Los higos se consideran afrodisiacos y pueden ser usados como ofrenda tanto a espíritus como a divinidades del sexo y en la magia erótica. Como el helecho, se cree que la higuera tan solo florece la noche de San Juan, y a su flor se le atribuye una infinidad de virtudes mágicas. En algunas versiones del mito, el fruto del Edén que comieron Adán y Eva era realmente un higo.*

Otros recursos

○ **Clavos:** *Elementos típicos de la hechicería popular española, utilizados en la tierra o en muñecos de cera. Sirven para proteger, para dañar, para inmovilizar o para fijar energías.*

○ **Sal marina:** *Útil para procesos de purificación, protección, destierro, magia salutífera, bendición de agua...*

○ **Lágrimas de San Lorenzo:** *Fenómeno astronómico que marca el inicio del descenso del verano. Pueden llevarse a cabo prácticas mágicas con las estrellas, como pedir deseos o simplemente honrar este momento del ciclo yendo a verlas atravesar el cielo nocturno.*

○ **Sol:** *Maduro y severo en el mes de agosto, el sol purifica hasta lo más profundo y libera de todo lo que no es esencial. Puede involucrarse en ritos de despojo, aunque en las horas en que no es tan fuerte también sirve para hacer madurar.*

○ **Fuego:** *Elemento representante del verano. Purificador, energizante, destructor..., puede servir para un sinfín de prácticas mágicas. En este mes, es interesante trabajar con él mediante la calcinación.*

○ **Ceniza:** *Representa la purificación profunda, ya que pasa del negro del carbón al blanco, a un punto inmutable que ya no puede ser reducido a más. Se utiliza para ungirse la piel, extenderla sobre los campos, etc.*

---

28. Salillas, R., *op. cit.*
29. Abu-l-Casim Maslama Ben Ahmad el Madrileño, *op. cit.*

SEPTIEMBRE

Poco a poco, el calor va cediendo sobre las viñas, rebosantes de jugosas uvas. Como una segunda primavera, septiembre vuelve a teñir el campo de verde y abundancia. Después del tiempo de descanso, los niños regresan al colegio y nosotros, como el entorno, emprendemos nuestras labores con renovada fuerza.

Septiembre debe su nombre a su séptima posición en el calendario romano, cuando este comenzaba en marzo. Por entonces, las primeras semanas del mes eran aún un periodo de reposo tras el trabajo agrario, antes de comenzar la vendimia la segunda mitad del mes. Este tiempo estaba dedicado a Vulcano, del que ya hablamos brevemente en meses anteriores, y a Baco, dios del vino, por darse la importante tarea de la recolección de la uva y producción de esta bebida tan importante para las culturas mediterráneas.[1] Del mismo modo, septiembre ha sido tiempo de vendimia en el campo durante siglos, hasta hoy.

La vendimia suele tener una duración de cuatro a siete semanas y, dependiendo de la zona, comienza entre mediados de septiembre y el día de San Miguel (29 de septiembre), fecha tradicional destacada para el emprendimiento de esta labor. Los trabajos previos comienzan a principio de mes y consisten en la limpieza y preparación de las botas, las cubas y todo el instrumental necesario para la producción del vino. Era común la creencia de que si estas tareas se iniciaban en luna creciente, la producción del vino sería especialmente abundante.[2] Al igual que la cosecha del trigo, la de la uva está rodeada de costum-

---

1. Marqués, N., *op. cit.*
2. Amades, J. (1953), *op. cit.*

bres que parecen vestigios de prácticas paganas, de las cuales comentaremos algunos ejemplos en el calendario del mes.

En la elaboración tradicional del vino, el mosto solía estar fermentando en la bota un tiempo variable, normalmente alrededor de una a tres semanas. Después, se traspasaba a otra, donde se dejaba reposar más hasta que se asentara, tras lo cual ya se podía beber. Además del vino, en esta época se ponían a secar las uvas para convertirlas en pasas y poder conservarlas durante el invierno, y con el vino y el mosto de peor calidad se preparaba el vinagre y el aguardiente, que posteriormente podría ser usado para hacer licores y otros preparados.

A parte de la cosecha de la uva, septiembre se caracteriza por la recolección de las últimas hortalizas del verano y el inicio de la de frutos otoñales como el maíz, el caqui, el membrillo, la algarroba, el azafrán, las nueces y los piñones. Es costumbre también recoger las legumbres secas que han quedado en las matas, ya que pueden usarse para su consumo hasta el año siguiente o para guardar como semilla que sembrar la próxima temporada.

También inicia a finales de mes la cosecha de las manzanas, que en el norte del país da comienzo al proceso de elaboración de otra bebida alcohólica tradicional: la sidra. Para ello, las manzanas se recogen bien maduras, se trituran, se prensan y el jugo resultante se deja fermentar en una cuba. Tras la fermentación inicial, suele filtrarse, pasarse a otra cuba y dejar fermentar un tiempo más.[3]

Septiembre es, en cierto modo, como una segunda primavera. A mediados de mes se produce el equinoccio de otoño, a partir del cual la noche vuelve a durar más que el día. Aunque se entre de este modo en la mitad oscura del año y el calor asfixiante comience a ceder, aún falta bastante tiempo para que lleguen los fríos y el carácter tétrico de ese periodo. Unas temperaturas moderadas y el aumento de las lluvias producen un segundo nacimiento en el medio natural, que vuelve a vestirse de verde tras haber quedado maltrecho por la intensidad del verano. El ambiente se carga de ese aire de renovación y energía que caracterizaba el inicio de la temporada cálida, pero con una faceta más madura. Ya lo dice el refranero español: «Mayo y septiembre son dos hermanos, uno en invierno y otro en verano». Las rutinas de la comunidad también sugieren un nuevo inicio, con el regreso de los niños al colegio y la toma de las tareas pausadas durante los meses anteriores. Es frecuente que el cambio estacional aporte motivación, ganas de emprender nuevas actividades, de renovación y de reorganizar las rutinas. Nos sentimos más lúcidos y frescos. En el campo, la huerta también atraviesa un nuevo periodo, al darse por terminado el ciclo de

3. Seymour, J. (2020), *Guía práctica ilustrada para el horticultor autosuficiente y la vida en el campo*, Barcelona, Blume.

muchas plantas de verano y comenzar el de la huerta de invierno. El otoño, si bien más en octubre que en septiembre, trae consigo la siembra de la mayoría de cereales, con lo que arranca el nuevo ciclo de la agricultura. De hecho, culturas como la judía o la celta comenzaban su año durante este periodo, y de alguna manera esta noción aún permanece en la psique de una sociedad tan ligada a la agricultura del grano como la nuestra.

Este nuevo inicio, además, era palpable en la espiritualidad tradicional, que este mes reemprende las romerías, muchas de las cuales se dedican a la Virgen María por celebrarse el día 8 su natividad. Esta era una fecha ideal para rendir culto a aquellas imágenes marianas cuyo hallazgo no se recordaba cuándo se había hecho y, por lo tanto, no tenían una fecha de romería o conmemoración propia, pues tomaban así la supuesta fecha del nacimiento de la virgen como sustituto válido.[4]

En el monte, hacia mediados de mes comienza el descenso del ganado de las praderas altas a cotas más bajas, donde aún no llega el frío. En las poblaciones de montaña o norteñas, las vísperas empiezan a refrescar e invitan a volver dentro del hogar y, tradicionalmente, a reunirse para hablar e hilar. En la costa, la temporada de pesca va concluyendo, porque el mar comienza a ser desfavorable para la navegación.[5]

Hacia finales de mes se produce un fenómeno recogido en la cultura popular como el veranillo de San Miguel o veranillo del membrillo, por ser momento de recolección de esta fruta. Se trata de un periodo, tras el descenso de las temperaturas y el comienzo del tiempo típicamente otoñal, en que regresa durante unos días el calor y la sequedad del verano. Por ese motivo, no hay que creer que ha llegado la idea popular típica del otoño por que se produzcan días frescos al inicio del mes; aún falta tiempo para que caigan las hojas y luzcamos cálidos jerséis. Cabe disfrutar de este momento dotado de su propio carácter y función en el entorno.

---

4. Amades, J. (1953), *op. cit.*

5. *Ibid.*

CALENDARIO TRADICIONAL DE
SEPTIEMBRE

Equinoccio de otoño
y las fiestas de la vendimia

El equinoccio de otoño es el punto de inflexión a partir del cual, por primera vez desde la primavera, la noche vuelve a durar unos instantes más que el día. A partir de este momento, las horas de luz irán en descenso hasta el solsticio de invierno. En nuestro territorio, tradicionalmente no se celebra este fenómeno astrológico en sí mismo, pero como sucede con el equinoccio vernal, sí se refleja el cambio que trae en fechas y fiestas próximas como el día de San Miguel, del que hablaremos más adelante. Si bien las horas de luz se perciben más reducidas, en nuestra latitud todavía no hace el suficiente frío como para que la espiritualidad popular sugiera en sus festejos, creencias y actividades la llegada de la muerte y la noche. En su lugar, este periodo destaca aún por la calidez y la abundancia de frutos de la tierra, y como tal es celebrado especialmente a través de las fiestas de la vendimia. De hecho, no olvidemos que sigue siendo verano hasta más de la mitad del mes.

Las fiestas de la vendimia conservaron, en muchos lugares y hasta mediados del siglo XX, bastantes elementos reminiscentes al paganismo. Por ejemplo, la entrega de los primeros racimos como ofrenda y pago a la Virgen María o el santo local; la elección de un joven rey de la vendimia que, al inicio o al final de la cosecha se engalana con pámpanos y actúa de forma irreverente;[6] la fiesta, el baile, cierto erotismo y la especial presencia de la mujer en las labores de la uva, o que el animal que solía comerse en las fiestas de fin de vendimia fuera popularmente la cabra.[7] Todo ello recuerda de algún modo a los númenes del vino, dioses como Dioniso o Baco, y su culto en este tiempo anual.

A excepción de la pisada de la uva, que tendía a ser una actividad masculina por superstición, el resto de trabajos de la vendimia se caracterizaban por la gran intervención de la mujer, a la que se le daba licencia para actuar de forma atrevida, ya fuera con canciones sugerentes, actividades pícaras o danzas. Una de estas curiosas actividades es la del Mingot, que se llevaba a cabo por la plana de Barcelona: se trataba de un muñeco que presidía el fin de la cosecha de la uva y al que se llevaba a los festejos posteriores como elemento de bro-

---

6. *Ibid.*
7. *Ibid.*

ma. Se decía que la mujer que más y mejor trabajara en la vendimia, a la que se daría el título de mingota, habría de dormir con él. Si la joven era soltera, esto propiciaría que encontrara marido antes del año, por lo que así se estimulaba la participación.[8] La costumbre sugiere un rito en el que se simula la cópula de una representante de la comunidad con el dios o espíritu de la cosecha y el vino, con la intención de atraer la abundancia. Otra costumbre, esta vez palentina, es la del lagarejo: consiste en que los jóvenes, durante la vendimia, intenten restregar uvas a las muchachas que les gustan. A mayor resistencia, mayor pringue, aprovechándose la ocasión para tocarles los pechos y otras zonas habitualmente vedadas. Por su parte, las vendimiadoras perseguían como venganza al mozo desvergonzado hasta dejarle en calzoncillos, todo cubierto de mosto y uvas espachurradas.[9]

Si bien hemos comentado que el equinoccio en sí, como suceso astronómico, no suele ser celebrado, sí que comporta un cambio en las rutinas y transforma la vida diaria de la comunidad. La reducción de horas de luz comienza a limitar la actividad y produce vísperas más frías, lo que invita poco a poco a resguardarse más temprano bajo tejado. La nueva dinámica hogareña solía establecerse a partir de San Miguel, con costumbres como cenar más temprano para ahorrarse así la merienda. Este cambio de rutinas comenzará a ser cada vez más notable y afectará no solo al entorno de las personas, sino también a su mundo interno, que se adaptará mental, anímica y espiritualmente a este cambio de dinámica.

- Reflexionar sobre el cambio de dinámicas que produce la llegada del otoño
- Ritos de equilibrio
- Ritos de agradecimiento
- Ritos dedicados a los espíritus o dioses del éxtasis

San Cipriano y Santa Justina:
26 DE SEPTIEMBRE

En esta obra hemos hablado ya de diversos santos y santas a los que las hechiceras tenían como aliados en sus prácticas mágicas, pero ninguno de ellos tuvo fama de serlo oficial-

---

8. *Ibid.*
9. Martín Cebrián, M. (1985), «La vendimia», *Revista de folklore*, n.° 60, pp. 198-200.

mente. San Cipriano, por el contrario, según la creencia popular, fue un poderosísimo mago pagano. Su inmensa sabiduría y su conocimiento sobre la teúrgia, la goetia, la hechicería, la necromancia, la invocación y evocación de espíritus, el exorcismo y un sinfín de prácticas mágicas más eran incomparables. Según la leyenda, este santo pudo haber sido iniciado en diversos cultos mistéricos de la Antigüedad y practicó todo tipo de magia hasta que conoció a Justina, una joven cristiana con la cual ninguno de sus hechizos amorosos funcionaba. Así, viendo que la fe en Dios era más fuerte que todas sus artes mágicas, Cipriano se convirtió al cristianismo, ascendió en la Iglesia y entabló una amistad con Justina que concluyó con el martirio de ambos.

Poca atención presta la hechicería popular a la renuncia del santo a las artes mágicas, al que se sigue teniendo como un poderoso mago al cual involucrar en la práctica mistérica como maestro y aliado. En este aspecto, es especialmente célebre en España un grimorio llamado *El gran libro de san Cipriano o los tesoros del Hechicero* y conocido como el *Ciprianillo*. Su escritura se atribuye al santo y, según cuenta la leyenda, los espíritus entregaron los antiguos pergaminos a un monje alemán llamado Jonás Sufurino, que lo rescató del olvido.[10] Dicho libro tiene una infinidad de versiones manuscritas, que se distribuían al menos desde finales del siglo XVII y principios del XVIII,[11] y que fueron popularizadas a lo largo del XIX y el XX, algunas con una tendencia más benefactora y otras presentando sin escrúpulos prácticas de carácter maléfico o de ética dudosa. Una de las versionas más antiguas accesibles al lector es la que aparece como anexo en la obra *Brujos y astrólogos de la Inquisición de Galicia y el famoso libro de san Cipriano* (1885).

Sin embargo, la creencia popular en este volumen es mucho más antigua, pues se trata de una especie de grimorio mítico: se creía que el libro original de san Cipriano era extremadamente voluminoso, escrito en pergamino con caracteres indescifrables y con innumerables figuras y símbolos, anotado por el mismo Lucifer y su corte infernal. Nadie lo había visto directamente, pero todo el mundo sabía de algún vecino que lo tenía en su poder, e incluso se creía que un ejemplar se guardaba encadenado y bajo llave en la Universidad de Santiago.[12]

Al libro de san Cipriano no solo se le atribuía el hecho de tener información valiosísima y muy eficaz para la magia, sino también poderes mágicos de por sí. Estaba extendida la creencia de que tenerlo traía suerte y dinero; que cogerlo con una mano y en la otra sostener una vela, de noche, permitía transformarse en el animal que se deseara; que curaba a

10. Sulfurino, J. (2014), *Libro de san Cipriano: Libro completo de verdadera magia, o sea tesoro del hechicero. Escrito en antiguos pergaminos hebreos, entregados por los espíritus al monje alemán*, Valladolid, Maxtor.

11. Espés Mantecón, C. F. de, *op. cit.*

12. Barreiro de Vázquez Varela, B. (2012), *Brujos y astrólogos de la Inquisición de Galicia y el famoso libro de san Cipriano*, Valladolid, Maxtor.

los enfermos; que no ardía si se echaba al fuego; que si se prestaba, volvía solo a manos de su propietario...[13]

El día de San Cipriano es, pues, una gran ocasión para practicar la hechicería conjurando a este poderoso mago tan reconocido en nuestra espiritualidad popular.

- Ritos involucrando a san Cipriano
- Dedicar una novena a san Cipriano para pedirle poder y conocimiento mágico
- Lectura del *Ciprianillo*

San Miguel Arcángel:
29 DE SEPTIEMBRE

En muchos lugares de España, el día de San Miguel Arcángel daba comienzo a la vendimia: se consideraba la fecha popular de inicio del otoño, más que el propio equinoccio. San Miguel se celebraba popularmente con fiesta, danzas y adornos de pámpanos, y a partir de este momento se tomaban las rutinas de la mitad oscura del año, como cenar más temprano o suprimir la merienda de los niños y acostarlos más pronto. La creencia popular atribuía a este día el comienzo del periodo de lluvias otoñales.[14]

San Miguel, el imponente arcángel con armadura y una espada o lanza, resulta una figura curiosa que recoge referencias a diversos espíritus y dioses paganos. Además de armado, suele aparecer representado con una balanza para pesar las almas al estilo de Anubis en el juicio de Osiris, el proceso que debían pasar los difuntos en el antiguo Egipto. Asimismo, muchas basílicas o iglesias dedicadas a san Miguel se encuentran en lugares altos donde se asentaban antiguos templos de culto paganos.[15] En ocasiones, estos emplazamientos se relacionan con leyendas de monstruos abatidos por determinados personajes con el auxilio de su santo protector, como al mismo san Miguel, que se representa luchando contra el Diablo en forma de serpiente. Esto es interesante si recordamos que diversos

13. Espés Mantecón, C. F. de, *op. cit.*

14. Amades, J. (1953), *op. cit.*

15. Satrústegui, J. M. (1970), «Reminiscencias de culto precristiano en la devoción a san Miguel», *Cuadernos de etnología y etnografía de Navarra*, vol 2, n.º 6, pp. 287-294.

SEPTIEMBRE

dioses celestes indoeuropeos como Indra, Thor o Júpiter se plasman luchando contra una serpiente, y los lugares de culto a este tipo de divinidades solían establecerse, precisamente, en colinas y lugares altos. Así, san Miguel absorbe el culto a esos dioses celestes centrales del panteón, que poseen atributos como ir armados a caballo, y se caracterizan por su función tutelar y protectora contra las fuerzas primigenias de los gigantes, representados también como la serpiente.

Una práctica de probable origen pagano que se llevaba a cabo en varios pueblos de la comarca navarra de Barranca en San Miguel consistía en bendecir el maíz, el trigo y las habas del último cultivo en la misa de este día. Los años en que la cosecha iba tarde y no se encontraba maíz maduro, los labradores navarros se lo pedían a *san Migel maiza*, con el convencimiento de que siempre les daría algunas mazorcas. Estas servían para ser mezcladas con el conjunto de las semillas dedicadas a la próxima siembra, como magia propiciatoria de la fertilidad agraria. Además, las mazorcas de San Miguel se cuelgan en los marcos de las puertas de entrada de la casa como elemento protector.[16]

- Bendecir las semillas para la próxima siembra
- Comenzar el otoño inaugurando cambios en la rutina diaria
- Trabajo con divinidades de carácter celeste y protector

SEPTIEMBRE

16. *Ibid.*

ABALORIO
TRADICIONAL

Con la llegada del otoño, era popular en algunas poblaciones elaborar collares o pulseras enhebrando con aguja e hilo majuelas,[17] que son los frutos tiernos del espino albar, o bien escaramujos,[18] los del rosal silvestre. Para que no se rompan en el proceso tienen que estar maduros, un poco tiernos. Estas bayas, rojas y brillantes, hacían el efecto de bonitas cuentas naturales. Los abalorios elaborados con ellas pueden ser utilizados como amuletos protectores, tras dejar secar los frutos enhebrados, o bien ser entregados frescos como ofrenda, y se lucen en las celebraciones de recibimiento del otoño.

SEPTIEMBRE

---

17. Aceituno Mata, L. (2010), *Estudio etnobotánico y agroecológico de la Sierra Norte de Madrid*, tesis doctoral, Madrid, Universidad Autónoma de Madrid.
18. Benítez Cruz, G., *op. cit.*

MAGIA Y TAREAS ESTACIONALES

Ritual de agradecimiento

El tiempo de cosecha es también tiempo de agradecimiento. Fruto de la observación de la naturaleza y la interacción con sus espíritus, el ser humano ha sabido desde la Antigüedad que nada se genera espontáneamente, sino que todo lo que obtenemos es gracias a que algo o alguien en algún lugar del ecosistema lo ha cedido.

En la actualidad, vivimos en una era basada en el individualismo y la productividad personal. Se nos bombardea con la idea de que solo nosotros somos los responsables de nuestro éxito, pero, si bien el trabajo es indispensable para alcanzar nuestras metas, somos lo que somos y tenemos lo que tenemos gracias a que nos sustenta esa red conformada por las demás personas, el resto de seres vivos, el entorno y el mundo de lo numinoso.

Por ese motivo este es un fantástico momento para llevar a cabo un pequeño rito de agradecimiento, que se puede incluir en la celebración de llegada del otoño, de festejarse la fecha. Para idearlo, propongo el siguiente esquema.

1. Reflexiona sobre lo que has cosechado este año. ¿Qué éxitos, logros, golpes de suerte o ganancias has tenido? ¿Qué has seguido teniendo aunque lo das por sentado?

2. Reflexiona sobre quién te ha ayudado con cada uno de esos logros este año. ¿Quién te ha apoyado? Seguramente puedas enumerar a unas cuantas personas, y es oportuno que les des las gracias a lo largo del mes. Sin embargo, vamos a centrar este rito en el agradecimiento al mundo espiritual.

3. Devolver una parte de lo obtenido es la forma más clásica de ofrenda de gratitud, especialmente común ante los espíritus de la cosecha. Es, a su vez, un acto de magia imitativa propiciatoria entregar por adelantado una muestra de aquello que se desea obtener en el próximo ciclo. De manera similar, pregúntate: ¿Qué parte de mi éxito puedo entregar como ofrenda a los espíritus que me han ayudado? Por ejemplo, si has ganado dinero o has obtenido un trabajo gracias a ellos, puedes dedicar una parte de la ganancia a comprarles algo o a donar a una causa afín a ellos. Si has cosechado mucho en el huerto, puedes reservarles unos frutos. Si te han dado visibilidad, puedes utilizar para hablar públicamente de ellos a fin de que se los conozca y respete más.

4. Idea las ofrendas que quieras dedicarles y prepáralas antes de llevar a cabo el rito.

Ritual

Quizá algunas de las ofrendas que idees no se puedan presentar físicamente en un altar, pero ya que la ritualística ayuda a conectar con lo espiritual, es conveniente preparar de todos modos un rito de agradecimiento en un lugar del entorno que sientas sagrado.

1. Cavar un pequeño hoyo y preparar un altar a su alrededor con algunas ofrendas simbólicas (que puedan enterrarse después sin contaminar). Una bonita idea tradicional para este rito son los collares y pulseras de majuelas o escaramujo, como ya hemos visto, que pueden llevarse durante la celebración y entregarse junto con la ofrenda.

2. Hacer la entrega con sinceridad, dando las gracias y explicando los motivos. En este paso puede añadirse algo que represente las ofrendas intangibles o simplemente mencionar que se llevarán a cabo en los próximos días.

3. Una vez hecha la muestra de gratitud, terminar el rito enterrando las ofrendas.

Es posible que, si se trabaja con diversos espíritus de carácter muy distinto, tenga que llevarse a cabo varios ritos en lugares o días diferentes para presentar las ofrendas de forma adecuada a cada uno de ellos. No hace falta abrumarse queriendo dedicar un gran rito a cada uno si no se dispone del tiempo o los recursos: lo importante es que se tenga un pequeño gesto y que el agradecimiento sea, sobre todo, sincero.

Bendición de las semillas

Otoño es una estación de siembra para innumerables especies vegetales que han resultado cruciales en nuestra cultura, como los cereales, algunas legumbres y diversas hierbas medicinales. El proceso que se sigue al sembrar en esta época es imitar a la propia naturaleza: al finalizar el verano, estos vegetales han terminado su ciclo y dejan caer sus semillas al suelo. Algunas de ellas, como el trigo, brotan durante el mismo otoño o el inicio del invierno, mientras que otras quedan durmientes en la tierra hasta la llegada de la primavera. Este proceso de letargo, aun así, no es baladí: muchas especies necesitan ser expuestas a la humedad del otoño y el frío del invierno para iniciar su proceso germinativo y brotar cuando finalmente la temperatura asciende.

Una actividad contemplada en el día de San Miguel es precisamente la de la bendición de las semillas. El siguiente es un pequeño rito que podemos llevar a cabo este día, o el mismo día del equinoccio, y combinarlo con el ritual de siembra del próximo mes. Como consejo, además de las semillas que se quiera recomiendo bendecir algunos granos de trigo u otro cereal local para ser sembrados ritualmente en octubre, y para utilizarlos en magia propiciatoria de nuevos proyectos.

BENDICIÓN
DE LAS SEMILLAS

Materiales:
- Semillas que serán sembradas la próxima temporada
- 1 cuenco con agua de lluvia o de una fuente natural
- Un lugar alto o soleado

Procedimiento:
1. Preparar un pequeño altar en el suelo de una colina o lugar soleado. Para ello, disponer las semillas y el agua en un pequeño recipiente en el centro.
2. Meditar durante unos minutos hasta entrar en un estado mental adecuado para la práctica, procurando conectar con los espíritus celestes encargados del sol y de la lluvia, sean cuales sean para uno mismo.
3. Tomar el cuenco de las semillas y sentir unos momentos su energía vibrante. Si se considera que alguna de ellas no irradia, retirarla. Bendecir las semillas con palabras sinceras y recitando alguna fórmula, por ejemplo:

> *Semillas nacidas de la luz y el verano, sed benditas con los dones del cielo.*
> *Que el calor del sol os dé el fuego de la vida y el agua de la lluvia os haga fértiles.*
> *Que esta bendición os prepare para la tierra y os proteja en el mundo de los muertos*
> *[hasta que el negro vientre os haga renacer.*

4. Después, asperger levemente las semillas con el agua de lluvia y extenderlas al sol hasta que se sequen completamente. Ofrecer el resto del agua a la tierra.
5. Una vez secas las semillas, ya podrán guardarse hasta el momento de ser sembradas.

Recibiendo la noche

La llegada del otoño traía a la comunidad el cambio de rutinas y la adaptación a la nueva situación ambiental. Hoy en día, con trabajos invariables a lo largo del año, aire acondicionado, calefacción y luz eléctrica, es más difícil ser consciente del cambio de dinámica que se produce en este momento del año, pero nuestro organismo, lejos de estar adaptado a esta artificialidad, fluctúa junto con el entorno. El cambio en las horas de luz afecta al ánimo y al nivel de energía.

Así pues, el equinoccio es un buen momento para tomar conciencia sobre cómo nos hace sentir el cambio de estación y revisar nuestras rutinas. ¿Hay algo en algunas de ellas que podamos adaptar para fluir mejor con la estación oscura? ¿Podemos cambiar el horario de las actividades de exterior para aprovechar las horas de luz? ¿Es posible conciliar las tareas del día a día para dormir esa hora de más que pide el cuerpo los meses en que la noche es más larga? ¿En qué tareas o momentos se produce un conflicto entre la actividad y las condiciones del otoño o dejan de funcionarnos las dinámicas del horario de verano?

Dentro de esta reflexión es conveniente también revisar las exigencias de productividad. Si bien septiembre suele ser un mes de actividad, conforme llega el invierno, la lucidez mental y la productividad suelen decaer. Por ese motivo, más que fustigarse y forzar un estado que no es natural, puede ser útil establecer estrategias para aprovechar los momentos más productivos del día y prepararse de antemano para asumir un ritmo más pausado los próximos meses.

Por otro lado, aunque el otoño reduzca algunas dinámicas, también proporciona la posibilidad de abrirse a la introspección, depurar y sembrar las semillas de futuros proyectos. La idea es escuchar hacia dónde nos guían el cuerpo, la mente y el espíritu en este momento y ver cómo aprovecharlo. Puede cederse el tiempo de aquello que no fluye a potenciar estos otros aspectos que sí lo hacen. Con todo, en la medida de lo posible, conviene proponerse una serie de pequeños cambios y elaborar una nueva rutina de otoño para beneficiarse de los recursos de la estación.

Además del cambio de rutinas, es interesante dedicar un momento a enfrentar aquello que condicionará la vida el próximo medio año: la oscuridad. Al primer anochecer tras el equinoccio, acude al exterior o siéntate junto a una ventana. Respira unos instantes con calma, dejando que la sensación del atardecer cale en ti. Haz una lista de las virtudes de la noche: ¿qué cosas buenas y oportunidades proporciona? Te recomiendo que la escribas en un papel. Cuando termines, sigue observando el anochecer y empapándote de la sensación que te genera. Cierra los ojos y respira imaginando que la oscuridad entra por tus fosas nasales y te vas fundiendo en la noche, hasta que estés en completa oscuridad. Luego, como si observaras las estrellas, solo visibles en ausencia del sol, observa qué emerge en tu interior o qué te transmite la noche que te rodea. Déjate llevar, meditando el tiempo que desees.

Guarda la lista para volverla a leer y tomar perspectiva cuando las horas nocturnas te abrumen.

Aquelarre: el Diablo como dios del éxtasis y el vino sagrado

El Maestro de las Brujas, como ya comentamos en el mes de marzo, bebió enormemente de deidades como Pan o Fauno y Dioniso o Baco: dioses del éxtasis de forma caprina, relacionados con la naturaleza salvaje, los instintos primarios y el ámbito ctónico. Dioniso es el dios del vino y del delirio místico, y es adorado principalmente a través de prácticas mistéricas, iniciáticas y extáticas. Nacido dos veces, primero de su madre, Sémele, y posteriormente del muslo de su padre, Zeus, fue criado por las ninfas bajo la forma de un cabrito para ocultarlo de la ira de Hera.[19] Como adulto descubrió la vid y el sagrado enteógeno del vino, cuyos principales atributos tomó: ornamentado con pámpanos y hiedra, y rodeado de sátiros y bacantes. Dioniso descendió al Inframundo en busca de su madre y, al regresar con vida, pasó a formar parte de ese grupo de divinidades y héroes que conocen los misterios del Otro Lado.

En otra versión del mito, que tomó gran importancia en el orfismo, Dioniso es hijo de Zeus y Perséfone. Motivados por Hera, los titanes engañan al niño con diversos juguetes y un espejo, y mientras está absorto en su reflejo, lo golpean, lo descuartizan en siete partes, lo cuecen en un caldero y lo devoran. Zeus fulmina a los titanes con un rayo, se come el corazón de su hijo, lo único que queda de él, y regurgita a Dioniso, renacido ya definitivamente como dios inmortal.

De nuevo, se presenta en esta historia el patrón de la muerte y el renacimiento, esta vez con la interesante lectura del espejo: la mirada sobre la propia sombra, que conlleva una muerte por parte de sus demonios, una transmutación (la de cocerlo en el caldero), para al fin asimilar que estos forman parte de uno mismo y resurgir asumiendo también la propia parte divina.

En todo caso, la conexión simbólica del dios mitológico con el señor de los aquelarres orgiásticos del folclore, y de las brujas como las bacantes, es clara. Además, el Diablo se contempla en la tradición moderna igual que Dioniso: como un primer ancestro en el

---

19. Grimal, P., y C. Picard, *op. cit.*

arte del viaje de ida y vuelta al Otro Lado, como conocedor y maestro de los misterios del Inframundo que enseña a sus iniciados. Su carácter ctónico no solo le otorga la capacidad de iluminar espiritualmente, de hacer renacer en un sentido simbólico; también le da la capacidad de otorgar la abundancia, la riqueza y la prosperidad material, rasgos que comparte con otros espíritus telúricos de la naturaleza salvaje, como las hadas y las encantadas.

Así, este mes es un buen momento para celebrar un aquelarre de carácter extático en un entorno natural, llevando a cabo técnicas dinámicas como la danza, la música, el canto, el sexo o el consumo responsable de vino u otros enteógenos al ritmo de un tambor. En esta práctica puede buscarse transmitir el agradecimiento por los frutos obtenidos durante el año y el conocimiento místico adquirido, así como acercarse a la figura del Maestro en sus rasgos más dionisiacos.

El vino es un elemento muy presente en los aquelarres del imaginario popular: las mujeres que decían volar con las Buenas Damas pasaban por las casas de los vecinos a beberse el vino de sus bodegas;[20] Margarida Anglada confesaba en 1471 que los aquelarres a los que asistió comenzaban con el juramento de fidelidad al Diablo y la renuncia a la fe cristiana, el intercambio sexual con él bajo la forma de macho cabrío y el festejo con vino, fantásticos banquetes, danza, canto, besos y sexo,[21] similar a lo que antaño fueron las bacanales; pero también era importante el vino en la misa negra que relataban los persecutores de las brujas, como elemento para imitar el rito de comunión cristiano a la inversa, a modo de burla hacia la Iglesia.

El vino es un enteógeno utilizado en las regiones del Mediterráneo desde al menos entre el año 3500 a. e. c. En el culto a Dioniso, representaba un elemento principal para alcanzar el contacto con el dios, y era considerado tanto la sangre de la tierra como la del mismo Dioniso.[22] Este concepto llegaría a representarse también en la eucaristía cristiana, como puede apreciarse por los diversos elementos comunes que tienen Dioniso y Jesús. A lo largo de la historia, el vino ha sido fermentado con diversas hierbas y especias aditivas, muchas de ellas también enteógenas: el aro, el azafrán, el clavo, la belladona, el ergot, el cáñamo, el beleño, la mandrágora, la hiedra, la dulcamara, la falsa oronja, la nuez moscada, el olíbano, el opio, el azafrán, el ajenjo...[23] Además, también era común añadirle endulzantes como la miel. En inspiración a estos vinos macerados, al vino como

20. Ginzburg, C., *op. cit.*

21. Castell Granados, P., *op. cit.*

22. Rätsch, Ch. (2005), *The Encyclopedia of Psychoactive Plants: Ethnopharmacology and Its Applications,* Rochester (Vermont), Park Street Press.

23. *Ibid.*

SEPTIEMBRE

elemento enteógeno y su presencia tanto en el culto dionisiaco como en los aquelarres, a continuación propongo una receta de *vinum sabbati*, vino del Sabbat de las brujas, que puede ser utilizado como bebida ritual para entrar en comunión con el Maestro y potenciar el trance.

VINUM SABBATI

Materiales:

- 1 botella de vino tinto
- 3 higos
- 3 cucharadas de artemisa seca
- 1 cucharada de ajenjo seco
- 1 vela negra o verde
- Miel al gusto
- 1 frasco hermético

Procedimiento:

1. Encender la vela en el altar de noche en honor al Maestro en su faceta de señor del éxtasis para darle al brebaje un carácter ritual.
2. En un frasco hermético, introducir los higos cortados en trozos, las hierbas y el vino, y colocar el preparado junto a la vela hasta que esta se consuma. Luego, dejar macerar en un lugar oscuro durante dos días.
3. Pasado este tiempo, filtrar el brebaje y reservar. El día que vaya a consumirse, añadir miel al gusto, agitar y dejar reposar un par de horas antes de tomarlo.

EL JARDÍN
DE LA BRUJA

    Septiembre da la última revivida al mundo vegetal antes de que el otoño comience a sumergirlo en su sueño. Este mes es fantástico para reproducir por esquejes las aromáticas de tallo leñoso, como el romero y la lavanda. También es el momento ideal para sembrar la belladona, el beleño negro o la valeriana. Además, están en buen momento de recolección las hojas de mercurial, belladona, hierba mora, estramonio, higuera, vid, marrubio y otras especies presentes el mes anterior que aún no hayan comenzado a decaer como los pistilos del azafrán, y los frutos y semillas del rosal silvestre, el espino albar, la vid, las avellanas, las nueces y el saúco. El otoño es temporada de cosecha de raíces, y en septiembre comienzan a poderse recolectar las de angélica, eléboros, hinojo, helecho macho, malvavisco, lirio, regaliz y brionia.[24]

---

24. Jiménez, M., *op. cit.*

ALIADOS DE LA TEMPORADA

Hierbas

- **Vid:** *Todas las partes de la vid tienen algún uso en nuestra cultura popular. De la viña, asociada al dios Dioniso o Baco y al éxtasis místico, se obtienen las uvas, que a su vez producen el vino, el aguardiente y el vinagre. Sus pámpanos se han utilizado como ornamento en las fiestas otoñales y aparecen en el Picatrix en un sahumerio dedicado a Mercurio. Los sarmientos se utilizaban también en la hechicería en sahumerios para quitar el mal de aire[25] y en la medicina popular, además de como combustible. La viña fue un cultivo sumamente extenso en España y de suma importancia en la economía, hasta que, entre los años setenta y ochenta, la plaga de la filoxera acabó con la mayor parte de los viñedos. La gran crisis económica que supuso promovió el abandono de los terrenos de cultivo, muchos de los cuales son bosques jóvenes hoy en día.*

- **Hiedra:** *Hierba vinculada a Dioniso y Baco porque su jugo altera la percepción de un modo similar al del vino. Con la hiedra se construían vasos para recoger el agua de mayo o beberla, y sus hojas y flores aparecen en diversas boticas de hechiceras del siglo de oro,[26] probablemente ligada a la magia amorosa.*

- **Maíz:** *Este cereal fue introducido en España en el siglo XVI y pronto se adoptó de manera extensa. Las mazorcas se empleaban como amuleto protector colgadas en el umbral exterior de la casa; las panojas desgranadas o sus barbas se utilizaban en sahumerios para quitar el mal de ojo.[27]*

- **Escaramujo:** *Es tiempo de cosecha del fruto del rosal silvestre, el escaramujo, que se ha utilizado tradicionalmente en mermeladas y preparados medicinales. Enhebrando los frutos como cuentas, se hacían collares a los que se confería una virtud protectora.[28]*

- **Majoletas:** *El otoño permite recolectar el fruto del espino albar. Cuando están maduras, pueden hacerse collares de virtud protectora.*

- **Azafrán:** *Es una especia escasa y costosa por su dificultad de recolección, pero que se ha utilizado mucho en la magia popular española. Se usaba en sahumerios y para trazar símbolos*

SEPTIEMBRE

---

25. Latorre Catalá, J. A., *op. cit.*
26. Lara Alberola, E., *op. cit.*
27. Díaz González, T. E., *op. cit.*; Salillas, R., *op. cit.*
28. Benítez Cruz, G., *op. cit.*

mágicos en la mano, sobre papel o en los talismanes,[29] probablemente como elemento potenciador. Existe un remedio mágico-medicinal muy extendido llamado «la cura del azafrán», que consiste en que el enfermo de cualquier dolencia acude a una tienda a comprar un cuarto de azafrán y se marcha dejándolo en el mostrador, sin girarse por mucho que lo llamen.[30] El principio de esta práctica remite al pago por la curación y la transferencia del mal al azafrán, que se abandona en la tienda al marcharse, quedando así sanado. Según Dioscórides, esta planta produce la lujuria en las mujeres[31] y, según Andrés Laguna, aplicado en la mano penetra directamente en el corazón,[32] por lo que se relaciona con la magia amorosa.

o **Estramonio:** Todavía se encuentra en buen momento de recolección. Hablamos de él en meses anteriores.

o **Nueces:** Comienzan a recolectarse por estas fechas. Una nuez de tres lóbulos es un amuleto contra todo mal mágico y contra el dolor de muelas.[33] La piel seca exterior de la cáscara se utiliza para hacer tinte, conocido como nogalina. Puede usarse con fines mágicos de acercamiento a la brujería y al Diablo, para teñir telas, como tinta mágica, etc. Se habló del nogal en el mes de junio.

o **Manzanas:** Con ellas se elabora sidra y vinagre. Las manzanas son símbolo de juventud y renovación, aunque también se las vincula al mundo de los muertos. Son una fruta asociada a Venus. A raíz de nuestra herencia católica, adquiere la simbología de la tentación, del pecado y la lujuria. Las manzanas, como en el cuento de Blancanieves, se consideraban también en España sujeto de embrujo: no debía comerse una manzana regalada por alguien en quien no se confiara.[34]

o **Valeriana:** En estas fechas se recolecta su raíz. Es una de esas hierbas que se han considerado tanto predilectas de las brujas como para protegerse de ellas. El desagradable aroma de su raíz le ha valido la fama como hierba purificadora, protectora y de destierro. Su tenencia en la casa se creía que traía armonía y evitaba las peleas. Además, era utilizada en la magia amorosa, aunque también en la práctica onírica y como inductora al trance letárgico, ya que resulta sedante y propicia el sueño de calidad. En 1624, la hechicera María Alemán dejó noticia de que una valeriana en casa era un espíritu familiar al que se le podía pedir cualquier cosa.[35] Para ello, debía enterrarse una perla junto a ella, regarla con vino blanco y alabarla como si de una princesa encantada se tratara. Asimismo, Martín de Sosín decía que para tener prósperos

SEPTIEMBRE

29. Roza Candás, P. (2014), «Recetarios mágicos moriscos. Brebajes, talismanes y conjuros aljamiados», en Eva Lara Alberola y Alberto Montaner Frutos (coords.), *Señales, Portentos y Demonios: La magia en la literatura y la cultura españolas del Renacimiento*, p. 555.

30. Alamillos Álvarez, R., *op. cit.*

31. Font Quer, P., y Dioscorides Pedanius, *op. cit.*

32. Laguna, A., *Pedacio Dioscórides Anazarbeo. Acerca de la materia vegetal y los venenos mortíferos.*

33. Benítez Cruz, G., *op. cit.*

34. Lara Alberola, E., *op. cit.*

35. Martín, R., *op. cit.*

«subcesos en todo lo que desease y hallar thesoros y alcançar mugeres y ganar la voluntad a los jueces y ganar en los juegos, tomase la yerba valeriana y la llebase a un camino de quatro crucijadas y alli la enterrase invocando al demonio pidiendole fuese en su ayuda, y que hiciese ciertos circulos, y que pasados nueve dias desenterrase la yerba y la consagrase diciendo: —Yo te consagro, yerba valeriana, en nombre del Padre y del Hijo y del Espiritu Santo y por Satanas, que hagas lo que te pido». [36]

○ **Saúco:** *En este momento pueden recolectarse sus bayas y usarse como tinta para involucrar las propiedades mágicas de la planta.*

○ **Raíces:** *El otoño es el mejor momento para la recolección y el trabajo mágico con raíces. Hablaremos más extensamente de ello el próximo mes.*

Otros aliados

○ **Vino:** *Esta bebida alcohólica ha sido utilizada desde la más remota Antigüedad como enteógeno para contactar con la divinidad, y es sagrada para los dioses del éxtasis como Dioniso. Consumida de forma ritual, induce al trance y al frenesí místico. Representa simbólicamente la sangre en ritos de ofrenda.*

○ **Vinagre:** *Obtenido del vino, el vinagre se ha utilizado como remedio medicinal y como preparado muy común de virtud purificadora en nuestra cultura.*

○ **Mosto:** *Puede sustituir simbólicamente al vino entre aquellas personas que no puedan o no deseen consumir alcohol.*

○ **Sidra:** *Comparte la simbología de renacimiento y juventud de la manzana. Puede ser usada como enteógeno y entregada como ofrenda a muchos tipos de espíritus.*

○ **Ciprianillo:** *El grimorio de san Cipriano, en sus múltiples versiones, contiene prácticas mágicas y rituales de la cultura popular que pueden ser adaptadas o inspirar nuestras propias prácticas.*

○ **Cabra y boque:** *Animal simbólico del mes por representar tanto a Dioniso como al Diablo y que es consumido durante la vendimia. Ya sea evocando su imagen o a través de algún elemento físico suyo (huesos, pelo, cuernos, piel...), es un espíritu que puede acercarnos a la práctica de la brujería y a la exploración del éxtasis. Sus restos sirven también como vehículo espiritual para contactar con los númenes que toman su forma.*

36. Tausiet, M. (2004), *Ponzoña en los ojos: Brujería y superstición en Aragón en el siglo XVI*, Madrid, Turner.

○ ***Agua de lluvia:*** *Fantástico elemento para la fertilidad, la purificación y las prácticas de bendición.*

○ ***Equinoccio de otoño:*** *Este momento de equidad entre el día y la noche puede servir a ritos que busquen el equilibrio. Invita al cambio de rutinas y la preparación para la mitad oscura del año. Y trae consigo el ámbito nocturno y sus espíritus, que a partir de ahora comenzarán a estar cada vez más presentes.*

○ ***Oscuridad:*** *Es buen momento para trabajar con sus virtudes espirituales, pues ayuda a inducir el trance y a contactar con los espíritus. Favorece la adivinación y la visión de aquello normalmente oculto o desapercibido bajo la luz del día y en el estado de conciencia habitual.*

○ ***Veranillo de San Miguel:*** *Puede aprovecharse este periodo para los últimos ritos de magia estival y para despedirse de la estación cálida.*

OCTUBRE

El monte comienza a vestirse de hermosos colores cálidos y hojas danzantes. La temperatura es agradable y las lluvias nutren la tierra, que reposa tranquila después de parir. Pero la noche va abriendo sus fauces como una bestia silenciosa. Su aliento comienza a acariciarnos como una brisa fría en la que, a veces, extrañados, nos parece escuchar susurros distantes.

Octubre toma su nombre por ser el octavo mes del año en el calendario de Rómulo. Este periodo estaba dedicado en la cultura romana al trabajo de vendimia y al regreso de las campañas militares, por lo que lo regía el dios Marte, asociado tanto a la agricultura como a la guerra.

Si bien no es un mes de grandes celebraciones más allá de las actividades festivas propias de la vendimia, que aún continúa, es un periodo laborioso en materia de agricultura: en muchos lugares de la costa mediterránea comienza la cosecha de la aceituna y, después de la vendimia, empiezan los pesados trabajos de abonado y labranza, que se disponen a preparar la tierra para recibir la siembra hacia finales de mes.

Como indica el refranero: «En octubre, estercola y cubre» y «De duelo se cubre quien no siembra en octubre». Así, después de abonar y arar la tierra, y habitualmente tras las primeras lluvias para que la simiente asiente bien, se siembra el trigo, el centeno, la cebada, la avena y otros granos. Por lo general, esta parte del ciclo se acompaña de creencias que han permanecido en el pensamiento mágico del pueblo: sobre el momento ideal, se dice que es de rigor sembrar el cereal en luna nueva o creciente, en ningún caso durante la fase menguante, o que debe sembrarse antes de Todos los Santos para que las ánimas de los antepasados protejan y hagan germinar las semillas. Se contemplaba hasta tiempos recientes vestigios de sacrificios propiciatorios, como matar un conejo o una gallina sobre los campos y derramar su sangre en la tierra, aunque luego se comía de la forma habitual. También es costumbre quemar huesos para obtener ceniza, que se mezcla con el grano sembrado o que se extiende en los campos. Respecto a la propia ritualística de la siembra, se presentan creencias como que se deben persignar las herramientas del campo antes de comenzar, que debe cantarse o ir descalzo mientras se granea.[1]

También la cosecha de la aceituna estaba envuelta de una notable ritualística vinculada a la fertilidad. En diversos pueblos extremeños, las mujeres casadas que recolectaban las aceitunas solían acorralar a algún mozo desprevenido, le bajaban los calzones y le untaban los genitales con agua o vino, tierra y aceitunas negras. En caso de no ser el muchacho alcanzado por las mujeres, la que primero lo veía era tendida en el suelo y le echaban tierra sobre los genitales mientras simulaban golpearle la vulva con el mango de la azada, como representación del miembro viril.[2]

Durante el mes de octubre se hace cada vez más evidente el descenso del sol y el predominio de la noche. Durante este periodo comienzan a proliferar las leyendas e historias de espíritus y ánimas; por ejemplo, es popular la creencia de que los vientos de octubre que arremolinan las hojas son espíritus.[3] La oscuridad conquista el territorio para los númenes ctónicos, que empiezan a emerger de las profundidades de la tierra y a vagar por su superficie, sobre todo durante las horas nocturnas.

Esta creencia, firmemente anclada en nuestra espiritualidad popular y en el folclore, es sobre todo de origen celta y tenía su punto álgido en la festividad de Samhain, asumida por el cristianismo en nuestra cultura como el día de los Difuntos, del que hablaremos en noviembre. Sin embargo, también los romanos entendían en este tiempo la llegada de los muertos y otros espíritus de carácter subterráneo: durante el mes de octubre se daba el segundo *mundus patet*, fiesta de apertura del *mundus cereris*. Como ya vimos, en esta fosa, consagrada a divinidades agrarias y ctónicas como Ceres y a los manes (los espíritus de los antepasados), se entregaba parte de la cosecha y se llevaban a cabo ritos agrarios predictivos. Tan solo se abría tres días al año (el 24 de agosto, el 5 de octubre y el 8 de noviembre), puesto que se consideraba una entrada al Inframundo por la cual ascendían las ánimas de los muertos.[4] En los días que se abría, no se permitía trabajar con el fin de evitar ofender a los espíritus que emergían de ella para visitar el mundo de los vivos.

1. Amades, J. (1953), *op. cit.*

2. Rodríguez Plasencia, J. L. (2013), «De ritos y mitos agrarios», *Revista de folklore*, n.º 382, pp. 19-29.

3. Amades, J. (1953), *op. cit.*

4. Marcos Celestino, M. (2000), «La arcaica Ceres romana y su devenir histórico», *Estudios Humanísticos. Filología*, n.º 22, pp. 137-160.

OCTUBRE

En realidad, la conexión entre la siembra y los muertos es muy estrecha: la semilla es el germen de la nueva vida, nacida del verano y del calor del sol, pero necesita la muerte para germinar; necesita la profundidad de la tierra, la oscuridad, la humedad y la descomposición. La semilla se entrega al Inframundo y sus númenes subterráneos, a la diosa de la tierra y los muertos, la dama negra, para que ella la geste. Los espíritus de los antepasados la velan y cuidan, protegiéndola de la corrupción y haciéndola brotar. Por ese motivo el culto a los difuntos no es solo apotropaico, sino que es vital para la supervivencia, es el motor de la futura abundancia.

En reconocimiento al ascenso de la noche, la luna cobra una enorme importancia durante este mes. Se cree que domina por encima del sol y que durante este periodo favorece todo lo que se asocie a su arquetipo: lo femenino, la siembra, la tierra, las aguas... La luna nueva de octubre pronostica el futuro: si aparece entre nubes blancas y finas o despejada, la siembra será provechosa y las cosechas, buenas; si aparece velada, augura conflictos y peleas; mientras que si aparece legañosa y enturbiada por muchas nubes, presagia adversidades, malas cosechas y enfermedades, entre otras desgracias.[5] Asimismo, como indica el refrán: «La luna de octubre siete lunas cubre; y si llueve, nueve», es decir, que el tiempo que haga durante el plenilunio de este mes se replicará durante las próximas siete o nueve lunas.

Igual que la de enero, la luna llena de octubre se ha ganado la reputación de devolver el vigor y la potencia mágica a las brujas si estas le enseñan el culo o se exponen a su luz desnudas. Además, domina sobre las aguas, propiciando que este sea el mejor mes para hacer pozos o encontrar fuentes subterráneas. También se decía que debía estrenarse o llenarse las cisternas vacías con agua de lluvia de octubre o enero, para que no se corrompiera.[6]

En cuanto a condiciones meteorológicas se refiere, octubre, uno de los meses de mayor nubosidad y precipitaciones, tenía fama de ser funesto para la salud. Alrededor del día de San Francisco, se observa en la meteorología popular el llamado «cordonazo de San Francisco», un periodo de súbito descenso de las temperaturas, con viento y tormentas eléctricas que, según se decía, son debidas a que el santo se sacude la túnica y el cordón con el que la ciñe, agitando con ello las nubes y provocando el temporal. En la mar, octubre también traía frecuentes tormentas que dificultaban la pesca, por lo que se reducía notablemente esta actividad en estas fechas, cuando el folclore recogía la aparición de embarcaciones fantasmales. Por el contrario, en la montaña, el otoño abría la temporada de caza invernal,

5. Amades, J. (1953), *op. cit.*
6. *Ibid.*

en la que eran perseguidas casi todas las especies típicas: corzos, jabalíes, lobos, zorros y todos los animales valorados por su pelaje.[7]

Entre las actividades tradicionales, se comenzaba la cosecha de las castañas y su posterior venta ambulante, aún hoy muy popular. El frío hacía que, poco a poco, las dinámicas sociales fueran quedando reducidas al ámbito del hogar, alrededor de la lumbre, donde se reunía la gente para rezar el rosario, para pelar y desgranar las mazorcas o para hilar. Esta última tarea se convertía en un pilar social importantísimo en muchas comunidades durante la etapa oscura del año, y dichas reuniones se conocían en Cantabria como las «hilas». Aunque en ellas hilaran habitualmente solo las mujeres, acudían todo tipo de miembros de la comunidad: casadas, solteras, ancianos aburridos, mozos que querían cortejar a alguna muchacha...[8] Durante el tiempo en que se laboraba, se hacía tertulia entre historias y leyendas contadas, se discutían rumores y chismes y se permitía el galanteo de los jóvenes.

OCTUBRE

7. *Ibid.*

8. Rodríguez Cantón, R. (1995), «La hila y las tertulias en torno a la lumbre», *Cuadernos de Campoo*, vol. 1, n.° 2, pp. 12-15.

CALENDARIO TRADICIONAL DE
OCTUBRE

Castañadas y magostos

A partir de la segunda mitad de octubre comienzan fiestas como la Castañada catalana o el Magosto por toda la franja norte de la península ibérica. Se celebran todas ellas en fechas variables según la zona, especialmente la víspera del 31 de octubre, la del 1 de noviembre o la del 11 de noviembre, San Martín. Estas reuniones vespertinas se caracterizan por el asado de castañas acompañadas de vino dulce junto al fuego, ya sea con la familia al completo junto a la lumbre del hogar o al aire libre de forma comunitaria.

Esta fiesta no solo resulta una pequeña celebración por la cosecha de las castañas y el cambio de etapa anual, sino que radica en profundidad en los banquetes funerarios y las fiestas de los difuntos que los pueblos celtas instauraron en nuestro territorio. Las castañas son, desde la Antigüedad, uno de los alimentos más asociados a los muertos. Suponían una ofrenda recurrente para dar las gracias por lo cosechado y ganarse el favor de los fallecidos. Su carácter imperecedero las convierte, al igual que sucede con las legumbres y otros frutos secos, en una ofrenda de pervivencia que las ánimas ansían. Además, solía decirse que las castañas calientes templaban las manitas heladas de las ánimas, y el calor es otro de los elementos de la vida que estas anhelan, ya que el Inframundo es un lugar frío y húmedo.

En el Magosto o la Castañada, una de las actividades más comunes ha sido siempre contar historias de ánimas y recordar a los fallecidos. Existe prácticamente en la totalidad del territorio la creencia de que por cada castaña, nuez, grano de granada o buñuelo que se coma en estas fechas, se libera un alma del purgatorio.[9] Es interesante dar una lectura menos católica a esta superstición para comprender en profundidad su lógica: se toma comida funeraria en nombre del pariente difunto para que, a través del que la ingiere,

OCTUBRE

---

9. Mandianes Castro, M. (2003), «O magosto, rito funerario», *Raigame: Revista de arte, cultura e tradicións populares*, n.º 18, pp. 49-55; Ciruelo, P., *op. cit;* Domínguez Moreno, J. M. (febrero de 2018), «Fuegos rituales en Extremadura: Las luces de ánimas», *Revista de folklore*, n.º 432, pp. 34-43.

absorba la fuerza de la ofrenda y esté más apaciguado en el Otro Lado. De forma similar, existe la extendidísima práctica de rezar un padrenuestro por cada castaña que se come o creer que cada castaña que salta del fuego al ser asada, o es retirada del mismo, es un ánima que sale del purgatorio. En resumen: las castañas representan simbólicamente a las almas de los difuntos.

En muchos lugares, la celebración del Magosto o la Castañada se lleva a cabo en comunidad al aire libre, en el campo o en la plaza, con una hoguera.[10] El fuego, en un contexto como el de esta celebración, protege a los vivos y guía a las ánimas bienintencionadas. A menudo, cuando la celebraban los jóvenes al aire libre, esta fiesta era una ocasión menos solemne, en la que eran comunes los encuentros amorosos.[11]

- Hacer una castañada junto al fuego
- Ofrendar castañas calientes a los muertos
- Comer una castaña por cada fallecido que se desee honrar
- Rezar por cada castaña una oración a los difuntos

OCTUBRE

10. Mandianes Castro, M., *op. cit.*
11. López Témez, X. (1983), «El magosto», *Revista de folklore*, n.º 32, pp. 48-50.

AMULETO TRADICIONAL

Collares de zonchos o castañas

Las castañas y las legumbres secas se han considerado un fantástico elemento protector contra los muertos en todo el territorio. Dado que se consideraban alimentos para los difuntos y ofrendas a las ánimas desde la Antigüedad pagana, eran un elemento distractor y apaciguador que las mantenía entretenidas o satisfacía su ansia, evitando así que hicieran daño. En tierras gallegas, era muy popular preparar collares o rosarios con castañas cocidas (llamadas zonchos) enhebradas que se ponían alrededor del cuello de los niños, por ser los más vulnerables, para acudir al cementerio el día de los Fieles Difuntos.[12] Como estaban cocidas, las criaturas podían ofrecerlas a los adultos para que rezaran un padrenuestro por las ánimas e ir quitándolas del collar.

En Cataluña, los abuelos ponían tres castañas bajo la almohada de los pequeños para evitar que las ánimas tiraran de ellos por los pies.[13]

Asimismo, las castañas se han utilizado como amuleto contra el mal de ojo y otra variedad de amenazas. Hablaremos más sobre ello en la sección dedicada a las hierbas del mes.

12. *Ibid.*
13. Amades, J. (1953), *op. cit.*

OCTUBRE

MAGIA Y TAREAS ESTACIONALES

Ritos de siembra. Los misterios del trigo

Es un malentendido bastante común, fruto de la desconexión del campo y de la influencia de otras culturas de climas más fríos, contemplar la primavera como el gran momento de siembra. El proceso de germinación no es inmediato, y muchas especies requieren de un periodo largo que debe anticiparse a la llegada del buen tiempo: la semilla debe hidratarse poco a poco, disolver los inhibidores de la germinación que tiene en su corteza y rasgarla. Aunque muchas especies se cultivan al final del invierno o al inicio de la estación cálida, en la naturaleza lo más habitual es que las semillas caigan a la tierra durante el otoño, una vez la planta termina su ciclo de fructificación en verano. De esta forma, como ya hemos visto, se exponen a unas condiciones que muchas veces son necesarias para su germinación: las lluvias otoñales y el frío.

Del mismo modo, en la agricultura de nuestro territorio, el mes por excelencia de siembra de cereales, uno de nuestros recursos alimenticios más importantes, es octubre. Este momento era importantísimo, porque condicionaba el sustento del año siguiente. Por ello solía acompañarse de prácticas rituales como las que se han comentado en la introducción del mes. Una de las más notables desde la Antigüedad han sido los sacrificios propiciatorios. La sangre se ha considerado, desde siempre, el vehículo de la energía vital. Por lo tanto, ha sido una de las ofrendas más valiosas: la vida entregada a cambio de vida.

Hoy en día, el sacrificio de animales con fines rituales está fuera de lugar en nuestra cultura, pero no así el propio concepto de sacrificio ni la potencia mágica de la sangre. El término «sacrificio» proviene de *sacrum facere*, «hacer sagrado», es decir, sacralizar algo entregándolo a una divinidad. Así, no tiene por qué involucrar una muerte, pero sí la entrega de algo de valor.

Respecto al uso de sangre, una práctica común fue sustituirla por vino, al ser del mismo color y contener alcohol, el cual, en la creencia popular, es entendido como espíritu, como energía vital, porque genera sensación de calor y tiene un efecto psicoactivo que manifiesta partes del ser más allá de la conciencia ordinaria. Ya lo vimos en la breve introducción a la alquimia vegetal del mes de agosto, y es el motivo por el cual las bebidas espirituosas son una de las ofrendas más relevantes en el culto a los difuntos. En la brujería tradicional moderna, pueden verterse unas gotas de sangre en vino para que simbólicamente, y por contagio, todo el vino sea sangre. De este modo se tratará de una ofrenda más lucida, voluminosa y poderosa que solo las gotas de sangre.

Por otro lado, entre septiembre y octubre se daba el culto mistérico más célebre de la Antigüedad occidental: los misterios mayores de Eleusis. Con estos ritos, que comenzaban con la luna llena, se buscaba una comprensión de la vida, la muerte y el más allá a través del misterio del cereal y sus divinidades, Perséfone o Koré y Deméter.[14] El tiempo de siembra y la llegada del otoño conmemoraban el mito de Perséfone, que mientras recogía flores fue raptada por Hades, señor del Inframundo, para convertirla en su consorte. Deméter, diosa de la tierra y la agricultura, cayó en tal desesperación por la pérdida de su hija que todo se volvió yermo y triste. Cuando finalmente la encontró, Perséfone había comido unos pocos granos de granada en el mundo de los muertos, de manera que se vería obligada a pasar para siempre un tercio del año en el Inframundo. Cada vez que la diosa asciende, es decir, que renace, es cuando su madre hace crecer los cultivos.

Además de las múltiples lecturas metafóricas clásicas del mito en relación con el ciclo estacional anual, cabe destacar la que entiende a Deméter y Perséfone como personificaciones del grano: la primera es el cereal maduro en el curso del año, mientras que la segunda es la semilla tomada de este. Su descenso al Inframundo supondría la siembra, y su regreso, la germinación.[15]

A continuación, dejo un pequeño rito de siembra que se puede llevar a cabo con las semillas benditas del mes anterior, habiéndonos asegurado previamente de que el tiempo adecuado para sembrarlas sea el otoño. Además de cultivar las plantas que queramos, es recomendable reservar un espacio para sembrar trigo. Poder contemplar el crecimiento de este cereal que tanto ha condicionado nuestra sociedad desde la prehistoria y que tan importante ha sido en las religiones que se han sucedido en nuestro territorio a lo largo de los siglos es un viaje espiritual en sí mismo. Apreciar cada una de sus fases y su cuidado nos hará comprender de una forma única la relación que nuestros antepasados tuvieron con el entorno, y más allá de eso, tal y como inspiró los misterios de Koré y Deméter, el ciclo de la vida y la muerte.

OCTUBRE

14. Arriba Vega, L. de (2020), «Las dos diosas y los Misterios de Eleusis», en *XII Congreso virtual sobre Historia de las Mujeres*, Jaén, Amigos del Archivo Histórico Diocesano de Jaén, pp. 357-377.

15. *Ibid.*

RITO DE SIEMBRA

Materiales:

- Macetas o sección del jardín
- 1 puñado de semillas de trigo
- Las semillas que se deseen plantar
- 1 lanceta estéril o, de no querer pincharse, sangre menstrual
- 1 vaso de vino tinto
- El método purificador de preferencia personal
- Agua de lluvia, de una fuente natural, de mayo o de siete fuentes
- Si se tienen, cenizas de San Juan

Procedimiento:

1. Preferiblemente en fase de luna creciente o llena, purificarse y descalzarse antes de preparar la tierra para la siembra. Centrarse respirando regularmente durante unos minutos y, a continuación, tomar un puñado de tierra con las manos y conjurar a los espíritus ctónicos que se consideren (diosa de la tierra, difuntos, hadas...). He aquí un ejemplo:

   > *Dama negra que reinas sobre los muertos y otorgas la vida desde tus oscuras profundidades. Ánimas de los difuntos y espíritus de la tierra. Tomad hoy mi ofrenda y acoged las semillas que os entrego.*

2. Pincharse un dedo con la lanceta y verter unas gotas de sangre en el vino. Si la magia de sangre causa aprensión, puede omitirse y conjurar solo el vino con alguna fórmula como la siguiente:

   > *Este vino ya no es vino, sino sangre. Sangre para aplacar vuestra sed y nutrir la tierra. Vida en agradecimiento a la vida.*

3. Asperger la tierra y las semillas con el vino. Luego verter el resto en una margen del terreno de plantación y tomarse unos segundos para percibir cómo ha sido recibida la ofrenda.

4. Esparcir a voleo las semillas de trigo y cubrir con un poco más de tierra mientras se recita:

> *Trigo, yo te consagro a los númenes de la tierra y te conjuro para que seas portador de sus misterios.*

El trigo sembrado no es una planta ordinaria: se ha consagrado y su crecimiento, cuidado, cosecha y uso deberá ser ritual.

5. Sembrar ahora las demás semillas que se deseen. No olvidar que, según la especie, y sobre todo si el clima es seco, puede ser necesario tapar el semillero para que mantenga la humedad.

6. Espolvorear sobre la tierra una pizca de las cenizas de San Juan si se tuviera, y regar abundantemente con el agua.

7. Terminado el rito, despedirse de los espíritus convocados.

Preparando la llegada de los muertos

Noviembre inicia con las fiestas dedicadas a los difuntos, unas de las más importantes para muchos practicantes de brujería y paganismo. Por ese motivo, a fin de tener todo listo llegado el momento, en octubre sería conveniente realizar los preparativos necesarios, entre los cuales se incluyen las siguientes actividades.

Dedicar un tiempo a conocer más a los ancestros, recopilando la información que se tenga de ellos y dejándola por escrito: anécdotas, hechos importantes, carácter, estilo de vida, religión, enfermedades, tradiciones familiares.... Es conveniente también reunir toda la documentación que se pueda encontrar (documentos de identidad, partidas de nacimiento y muerte, fechas, nombres...), así como conocer el lugar en el que vivían e investigar sobre las tradiciones y costumbres más típicas de la zona. Si es un trabajo que ya se tiene hecho de años anteriores, intentar averiguar algunos datos nuevos o dedicar una tarde a releer toda la información.

Como segundo punto importante, se debe preparar el altar de muertos en el caso de que no se tenga uno permanente. Se trata de un espacio que se designa en el hogar para dar presencia física al culto a los difuntos, algo que ayuda en enorme medida a dedicarles tiempo y facilita la conexión con ellos. Puede ser tan pequeño o grande como se desee, y los elementos que lo conformen, así como su disposición, son algo totalmente personal. Pese a ello, es recomendable que el altar cumpla los siguientes aspectos:

- Luz y agua: La llama es probablemente la ofrenda más reconocida desde tiempos remotos en el culto a los muertos. Se dispone para iluminarles el camino y proporcionarles calor en el Otro Lado, lugar que el folclore precristiano europeo acostumbraba a dotar de un carácter ctónico, frío, oscuro y húmedo. En el culto tradicional a los ancestros en España son populares las velas de cera amarilla, los cerillos de difuntos o *argizaiola* y las lamparillas de aceite (llamadas mariposas o palomitas). El agua, por su parte, se considera puerta y canal al Inframundo, y facilita la comunicación y el tránsito entre ambos planos. Además, es una ofrenda básica de cortesía a todo tipo de espíritus, dispuesta para que puedan aplacar su sed tras el viaje de visita.

- Elementos vinculantes: Son importantes porque determinan a quién va dirigido el altar e impiden que otros espíritus indeseados acudan. Los elementos vinculantes de mayor poder son las reliquias o restos físicos del difunto, seguidas por aquellos procedentes de sus tumbas, sus objetos personales de mayor uso y las fotografías. Sin embargo, si se carece de ellos, se pueden usar otros bienes que les pertenecieran o sus nombres escritos en un papel. Un elemento vinculante recomendado es una gota de sangre propia (recogida con una lanceta estéril), que puede depositarse en un pañuelo de tela en el altar. Nuestra sangre es su sangre, una parte de nuestros antepasados en este mundo, y puede conjurarse para que ejerza de reliquia con una fórmula específica:

> *Sangre de mis venas, sangre de mis ancestros, yo te conjuro y te entrego para que seas reliquia de mis muertos, su vehículo en este mundo. Que por ti quede consagrado este altar a ellos, y a través de ti les lleguen mis palabras.*

- Elementos del gusto de los ancestros: El altar es un lugar en el que nuestros difuntos tienen que sentirse cómodos y honrados, y por ello es conveniente incluir elementos que les gustaran en vida, como pequeños objetos, fotografías o referencias a su cultura, sus creencias religiosas y acerca de la muerte o a sus pasatiempos.

- Elementos específicos según la práctica personal o tradicionales en el culto local o familiar a los difuntos: Pueden ser estampas, referencias a la muerte, plantas funerarias...

La hechicería popular trabaja estrechamente con las ánimas de los difuntos en general, y no solo con las de los ancestros. Por ese motivo, recomiendo reservarles un espacio, ya sea bajo la advocación de las ánimas benditas o de la forma en que las entienda cada uno. La caridad por los espíritus olvidados era importantísima en nuestra cultura alrededor del día de los Difuntos, y es una tradición digna de perpetuarse.

Por otro lado, muchos practicantes de brujería tradicional moderna deciden rendir culto también a los poderosos muertos o ancestros de linaje de oficio. Se trata de las ánimas de otros practicantes de brujería, hechicería o artes mágicas que, según la creencia, asisten a los practicantes vivos y los ayudan, los guían o les transmiten su saber. Puede reservarse también un espacio a ellos.

Finalmente, es conveniente organizar el día de los Fieles Difuntos haciendo un listado de las actividades que se deseen hacer, documentarse sobre aquellas tradicionales en la familia o la zona, obtener y preparar tanto los materiales como las ofrendas que se utilizarán, etc. Es recomendable para ello leer de antemano el capítulo del mes de noviembre.

Unguentum sabbati

A estas alturas del año, es muy probable que ya se hayan podido cosechar la mayoría de plantas y elementos aliados en nuestra práctica de brujería, lo que da la posibilidad de elaborar numerosos preparados mixtos. Además, la llegada del periodo oscuro abre la puerta a la interacción con el Otro Lado y al tiempo en estados liminales como la duermevela. Es un buen momento, pues, para la elaboración del ungüento de las brujas o ungüento de vuelo, del que ya dimos alguna que otra pincelada en febrero, así como de su aplicación ritual en prácticas de trance extático y letárgico, vuelo del espíritu, teriomorfismo y comunión con la Otredad.

Como ya vimos, el *unguentum sabbati* era un preparado cuya aplicación producía la transvección de la bruja al Sabbat, el vuelo o la transformación en animal. Su concepto se popularizó mucho a partir del siglo XVI, pero ya se mencionaba desde el siglo anterior e incluso puede hallarse algún precedente en la Antigüedad clásica, como es el caso del ungüento de Pánfila, que aparece en el *Asno de Oro* de Apuleyo y permite a la bruja transformarse en búho.[16] Cabe decir que el ungüento de las brujas no es un preparado único y secreto transmitido desde la Antigüedad; es un constructo, una idea formada a lo largo de

---

16. Hatsis, T., *op. cit.*

varios siglos a partir de muchos elementos, entre los cuales hay vestigios de creencias paganas, dogmas de la Iglesia y nociones racionalistas. De hecho, del uso de ungüentos como práctica común y extendida, tal y como reflejaba la Iglesia de los siglos XV y XVI y se cree generalizadamente hoy en día, en realidad no tenemos garantía ni mucho indicio. Si se dio, fue más bien en casos puntuales, no de forma sistemática, y es posible que en muchas ocasiones esta noción surgiera de algunos curiosos que tomaron inspiración en las propias ideas de la persecución. Los practicantes de brujería tradicional moderna somos conscientes de ello y no buscamos ser herederos de un legado que, muy probablemente, no existió de la manera en que se entiende en la actualidad. Utilizamos la mítica, el folclore y las ideas del constructo de las brujas y su ungüento como una clave mistérica, como un marco simbólico que es capaz de un resultado místico real.

El concepto del ungüento de las brujas ha calado mucho en el imaginario popular como un preparado de carácter alucinógeno que las mujeres se untaban en los genitales con el mango de la escoba y daba como resultado el delirio, haciéndolas creer que asistían al Sabbat. En realidad, de la aplicación intragenital no existen testimonios históricos, siendo esta una idea decimonónica que se popularizó por el morbo (y es que, dependiendo de qué plantas, sería muy peligroso). Las áreas típicas eran las axilas, las palmas de las manos y los pies, la ingle, el pubis... zonas de mucha irrigación sanguínea pero no mucosas. También era típica la aplicación sobre objetos como sillas, que serían los que volarían y la bruja se subiría en ellos. En general, todo el concepto popular se trata de una noción históricamente falsa y es triste que se perpetúe en los círculos esotéricos, puesto que, además, reduce la experiencia visionaria a una mera alucinación y no a una vivencia auténtica. En realidad, las recetas de ungüentos de vuelo no contuvieron elementos psicoactivos prácticamente hasta que, en la Edad Moderna, algunos médicos escépticos intentaron buscar una explicación racionalista a la brujería. Previo a eso, los ingredientes que contenían, según la creencia popular, las confesiones de las acusadas y las figuras eclesiásticas, eran muy distintos.

En una primera etapa, sus ingredientes eran esencialmente elementos tabú, no agentes psicoactivos, pues tenían la intención de demonizar a la bruja con acusaciones horribles. Un ejemplo de ello lo encontramos en una de las primeras menciones a un ungüento de brujas, en el juicio de Matteuccia di Francesco (1424). Su composición, confesada bajo tortura, constaba de sangre de murciélago, grasa de buitre y sangre de recién nacido.[17] Entre los ingredientes tabú, además de la materia humana, habitualmente de niños sin bautizar (lo que al final sirve para remitir a la idea de la bruja mitológica, la lamia o *strix*), también se encuentran elementos eclesiásticos usados de forma herética, como cenizas de

---

17. Ostling, M. (2016), «Babyfat and Belladonna: Witches' Ointment and the Contestation of Reality», *Magic, Ritual, and Witchcraft*, vol. II, n.º 1, pp. 30-72.

crucifijo (Boppard, Alemania, 1494), agua bendita (Pamplona, 1611) o «materiales sacramentales» (descrito por Gianfrancesco Pico della Mirandola, 1523).[18]

Sin embargo, entre estos elementos de intención claramente demonizadora, se encuentra también un segundo tipo de ingrediente que incluso la Iglesia asumía como certero: los componentes mágicos. Entre ellos destaca la materia proveniente de animales que el cristianismo consideraba como sucios o diabólicos, pero que responden en un nivel más profundo a asociaciones paganas con el ámbito ctónico o funerario: psicopompos, reptiles y anfibios, arañas, lobos, gatos, animales venenosos... Todo esto tiene sentido si se entiende que la bruja viaja al mundo de los espíritus, que no es otro que el mundo de los muertos, y por ello los animales asociados a este ejercen la función mágica de acercarla. También, desde el punto de vista de la brujería demonólatra, los ingredientes sagrados usados de forma herética servirían para contactar con el Diablo. Un ungüento interesante basado en asociaciones mágicas es el propuesto por Johannes Hartlieb (1456), que contiene siete hierbas, una por cada planeta, que debían ser recolectadas en su pertinente día de la semana. Es complicado saber exactamente a qué hierbas se refería con los nombres arcaicos, pero he aquí una propuesta basada en las ideas de Hatsis[19] y Ostling:[20] heliotropo, verrucaria o borraja por el Sol, cogida en domingo; lunaria por la Luna, cogida en lunes; verbena por Marte, cogida en martes; mercurial o euforbia por Mercurio, cogida en miércoles; siempreviva o vicia por Júpiter, tomada en jueves; culantrillo de pozo por Venus, tomada en viernes; y, en cuanto al sábado, el autor omite la planta para, según sus palabras, «no corromper a nadie» con la posibilidad de prepararlo. Curiosamente, son las plantas de Saturno, del día restante, las asociadas por tradición a las brujas. El preparado lleva, además, grasa animal y sangre de pájaro, la cual puede ejercer la función mágica de propiciar el vuelo.

Otros ejemplos de ingredientes brujescos se encuentran en el ungüento de Girolamo Cardano (1550), compuesto de acónito, belladona, apio o perejil, cincoenrama, hollín y grasa de bebé.[21] El hollín parece un ingrediente incluido por el principio mágico de semejanza, ya que, según la creencia, las brujas han de salir volando por la chimenea. Del mismo modo, encontramos plantas que no son psicoactivas, pero que tienen algún vínculo con el ámbito infernal o funerario: el perejil, el apio o el acónito, procedente, según la leyenda, de la saliva del can Cerbero.

La belladona, aunque responde también a las asociaciones mágicas mencionadas, abre un tercer bloque de ingredientes clásicos del ungüento que comienzan a surgir en el siglo XVI: los psicoactivos. Estos responden a la búsqueda de una explicación física a la transvec-

18. *Ibid.*
19. Hatsis, T., *op. cit.*
20. Ostling, M., *op. cit.*
21. *Ibid.*

ción o transformación animal de las practicantes. Un ejemplo típico de ungüento con estos ingredientes es el de Johannes Wier en su *De praestigiis daemonum* (1583): semillas de beleño, bayas de belladona, semillas de cicuta, semillas de lechuga silvestre, semillas de adormidera roja y negra, opio, semillas de cizaña y semillas de verdolaga. Similar es la receta de Francis Bacon (1626): beleño, mandrágora, belladona, tabaco, cicuta, opio, hojas de álamo y azafrán.[22] También mencionaba el álamo, mostrando así cierta inspiración en el ungüento de populeón que comentamos en el mes de febrero.

Esta introducción al tema solo pretende dar una pincelada al constructo del ungüento de las brujas y romper un poco la idea simplista y vana que se tiene hoy de él. La realidad es que no existe una receta correcta ni un ingrediente imprescindible, porque ungüentos de brujas hubo muchos, siempre descritos en el límite entre lo real y lo mítico. Sin embargo, algo que sí me apena es su simplificación en las corrientes de magia moderna a un preparado hecho a la ligera como una receta de cocina; un conjunto de plantas no tóxicas asociadas al viaje astral, con aceite y cera, y sin reverencia alguna por su naturaleza histórica y folclórica para que sea fácil, comercial y no ponga en absoluto en jaque la zona de confort del practicante.

Un ungüento para facilitar el viaje astral puede llevar lo que a cada uno le apetezca, pero un *unguentum sabbati*, o algo que reclama ser el ungüento de las brujas o de vuelo en referencia al concepto mítico-histórico, a mi parecer, debe respetar y valorar su naturaleza, caracterizada por los bloques de compuestos mencionados: ingredientes tabú, mágicos y tóxico-psicoactivos, entre los que destacan las solanáceas. Esto no significa que deban incluirse ingredientes de los tres bloques, puesto que, por ejemplo, existen muchas recetas históricas (especialmente las previas al siglo XVI) que carecen de plantas venenosas psicoactivas porque su poder recae en los ingredientes mágicos y tabúes; además, la alta toxicidad puede ser algo a lo que el practicante no se quiera exponer, lo cual es completamente lícito. Como es evidente, tampoco es necesario incluir grasa de bebé ni elementos animales siquiera. Sin embargo, sea como sea, sí debe romper de alguna forma la zona de confort del practicante, porque transgredir los límites de la mente racional, de las normas sociales y de lo civilizado es parte de la brujería: es lo que lleva a la bruja al Otro Lado. Esto tiene un poder profundísimo sobre la psique, capaz de desbloquear partes ocultas de uno mismo, entre las que se halla el doble con el que la bruja vuela y la animalidad con la que cambia de forma. Además, debe resultar, de algún modo, iniciático utilizarlo, producir un cambio profundo a modo de aprendizaje, remover, no dejar indiferente; debe generar un cosquilleo de incertidumbre, miedo y excitación antes de aplicarlo, cierto vértigo ante la proximidad de la Otredad y el poder del preparado.

---

22. *Ibid.*

Aunque al fin de este proceso de estudio, introspección y guía por parte del folclore y de los espíritus la receta pueda seguir siendo el mencionado conjunto de plantas no tóxicas en aceite, el resultado será muy distinto, porque se habrá transitado por el conocimiento místico que subyace tras el ungüento, tras su poderoso egregor, tras su profundo efecto en la psique que produce la transgresión y a los espíritus que guían al practicante.

Si se desea indagar en esta clave mistérica, es necesario hacer del ungüento un proceso ritual. Los resultados transformadores no se obtienen yendo a lo fácil, porque, como sucede en la alquimia, lo realmente transformador es el proceso en sí mismo. El resultado es solo la manifestación final del cambio que ha tenido lugar. Como un consejo para comenzar a idear el ungüento, puede hacerse una lluvia de ideas de posibles ingredientes pertenecientes a los tres bloques mencionados. Ni siquiera es necesario que hayan estado presentes en recetas históricas, pero sí que encajen a nivel simbólico o por asociación personal en esas categorías. Dicha lista debe meditarse a lo largo del tiempo y cuando se esté en comunión con los espíritus, para que se vaya aclarando, completando y destilando. Se puede pedir guía al Maestro de las Brujas, aquel que, según el folclore, es el que desvela el misterio de su preparación. Es aconsejable cultivar o recolectar las hierbas uno mismo, lo cual se puede hacer en fechas, momentos o lugares concretos, o mediante la ritualística que se crea conveniente. Respecto a las hierbas tóxicas, conviene recordar siempre que no son necesarias para un ungüento efectivo. Lejos de la censura o el paternalismo, considero que su uso debe estar motivado únicamente por una llamada profunda, genuina y responsable en el interior del practicante, en ningún caso por la creencia de que son la única opción correcta, por una necesidad de sentirse válido ni mucho menos por coacción. En resumen, esta preparación requiere de una gran cautela, mucho estudio previo acerca de la toxicidad de las plantas implicadas y una enorme madurez.

Por lo demás, solo queda experimentar. Preparar un ungüento básico, a nivel técnico, es simplemente macerar los ingredientes en grasa o aceite a unos 40 °C durante unas 6 horas, o en aceite frío durante una cuarentena y luego calentar y disolver una quinta parte de cera como espesante (si se usa grasa, esto no es necesario). La ejecución técnica es lo de menos; los aliados y la ritualización del proceso son lo realmente importante. Rara vez se obtendrá el resultado deseado a la primera, y solo el trabajo continuado y el perfeccionamiento a base de ensayo y error logrará llevarnos a un ungüento que sintamos que es el correcto.

Como colofón, cabe mencionar que un ungüento de brujas, aunque incluya psicoactivos, jamás va a tener un efecto de ciencia ficción. Los espíritus involucrados en su preparación pueden apoyar, guiar, acompañar o abrir las puertas, pero nunca van a hacer todo el trabajo: es el alma del practicante la que tiene que dar el paso final y alzar el vuelo. Y eso, desde luego, puede requerir mucha práctica y la destrucción, una y otra vez, de nuestras expectativas. Como consejo, recomiendo disfrutar el proceso, no frustrarse y aprender de cada experiencia. No hay un fin; el fin es el propio camino.

OCTUBRE

Fetiches con raíces

Otoño es el mejor momento para la cosecha de raíces y, por lo tanto, para el trabajo mágico con ellas.

Una práctica mágica extendida por gran parte de Europa consistía en obtener raíces de determinadas plantas y utilizarlas como amuleto o fetiche. En este formato destacan las *alraun* germánicas, normalmente raíces de mandrágora, que se cuidaban en una pequeña cajita a cambio de portar riqueza, permitir a su propietario hacerse invisible, descubrir tesoros ocultos y toda una serie de otras bendiciones. Más que meros amuletos, se entendían como pequeños espíritus ayudantes o maestros. En España también tenemos ejemplos del uso de raíces como fetiches, como el ejemplificado en la sección de la valeriana de los aliados de septiembre.

El uso de la raíz como contenedor de un espíritu no es casual; a nivel mágico, es el lugar donde se contiene la energía y la esencia primaria de la planta. Es, asimismo, el primer órgano que genera la semilla, el que nutre la planta y donde se resguarda la vida cuando la parte aérea muere en invierno. Además, la raíz se encuentra bajo tierra, en el ámbito ctónico, lo que la sitúa más cerca de los planos espirituales y del mundo de los muertos, pudiendo ejercer así de intermediaria.

Puede utilizarse la raíz de cualquier planta como fetiche, pero algunas han sido especialmente reconocidas para tal fin, como la valeriana, la mandrágora o la brionia. A ellas se les reconoce el poder de ayudar en casi cualquier aspecto. Sin embargo, para asuntos concretos en los que deseemos aprendizaje o ayuda mágica, pueden elegirse otras candidatas por considerarse poderosas en esa materia. Por ejemplo, una raíz de beleño blanco es una aliada en materia oracular, y la de beleño negro, en prácticas teriomórficas. Las solanáceas de las brujas asisten en prácticas mágicas; la raíz de artemisa atraer el amor, la protección y afina la intuición; la del diente de león mejorar la comunicación entre planos; las raíces de plantas protectoras o solares, como el laurel, el romero o la carlina, son grandes fetiches protectores.

La obtención de la raíz puede hacerse mediante su siembra y cuidado o mediante su recolección directa del medio. También es posible comprarlas, pero no lo recomiendo tanto como las otras opciones. Sembrar la planta es interesante porque permite propiciarla para nuestro fin desde su nacimiento: plantarla de forma ritual en determinada fecha o fase lunar, entregarle ofrendas, vincularla a nosotros desde pequeña... Sin embargo, requiere de una gran inversión de tiempo hasta que tenga edad de ser sacrificada. Recolectarla del medio es otra opción viable; en este caso, recomiendo tomarla de un entorno con el que ya llevemos tiempo trabajando y con cuyos espíritus tengamos buena relación. No olvidemos que la recolección de una raíz entera es la muerte de la planta, por lo que este acto debe ser realizado respetando su espíritu y a los númenes locales.

Las formas de trabajar con las raíces para fetiches son muchas: dormir con ellas en la mesita de noche o bajo la almohada, a fin de que ayuden en prácticas oníricas y propicien los sueños oraculares; ponerlas cerca de la puerta de casa como guardianas; llevarlas encima como amuletos; sacarlas al altar durante la hechicería o la adivinación, o dejarlas ahí para potenciar y proteger el trabajo mágico o el espacio sagrado. Pueden incluso servir en sí mismas como casas del espíritu para albergar o dar un cuerpo físico a aliados como los ancestros, sobre todo si tienen forma antropomorfa. Las posibilidades son infinitas.

RAÍZ FETICHE

Materiales
- Ofrendas a los espíritus del territorio
- 1 paño blanco
- Agua
- Elementos de elección para una cosecha ritual
- 1 cajita de madera o bolsita de tela
- 1 pala pequeña
- 1 cepillito
- Vela blanca o verde

Procedimiento:
1. Acudir al terreno de trabajo y meditar unos minutos antes de llamar a los espíritus locales, entregarles la ofrenda y explicarles lo que se busca: una raíz que acepte ser una compañera mágica. Se puede especificar qué es lo que se requiere de ella, en qué especie se había pensado o en qué aspectos se pretende que nos asista.
2. A continuación, pedir que, si la ofrenda les complace, ser guiados hasta la planta correcta. Deambular en busca de la candidata usando la intuición. De no encontrarla en el paseo del primer día, esperar alguna respuesta en sueños o en los paseos siguientes. Si no se encuentra en una semana, se puede volver a repetir la petición o probar en otra zona.

3. Cuando se haya hallado la planta, preguntar si es efectivamente la elegida. Si no se recibe ninguna negativa y la sensación es buena, se procede a la cosecha ritual. Llevar a cabo este acto de la forma que se prefiera o según dicten los espíritus. Entre las fórmulas tradicionales se incluye: trazar tres círculos alrededor de la planta con un cuchillo o espada, rezar por ella o cantarle, quemar algún incienso a modo de ofrenda, recogerla determinado día o a determinada hora, recolectarla mirando a un punto cardinal... Es recomendable que, como mínimo, se haga una ablución previa de las manos y las herramientas que se usarán para purificarlas. Puede usarse el aceite de recolección propuesto en abril.

4. Durante el rito, excavar a su alrededor hasta extraer la planta de la tierra. Es recomendable dejar una pequeña libación en el agujero y taparlo de nuevo. No dejar la raíz recién recolectada sobre el suelo para que su espíritu no migre a la tierra, hay que envolverla en un paño blanco y guardarla.

5. Después, acudir a una fuente o río y lavarla para retirarle la tierra con ayuda de un cepillito. Luego secarla bien con el paño y llevarla a casa.

6. Una vez allí, recibirla en el altar con una vela como ofrenda de bienvenida.

7. La raíz deberá secarse bien durante varios días, preferiblemente en el altar. Si es demasiado gruesa, se puede usar un deshidratador. Mientras tanto, hay que preparar la casa del espíritu, el lugar en el que descansará. Es recomendable preparar una cajita de madera forrada o acolchada por dentro, que se puede pintar al gusto o incluir símbolos o sigilos que potencien el poder de la raíz. También sirve, en su lugar, una bolsita de tela.

8. Una vez seca la raíz, proceder a su conjuración según el fin que se espera de ella. Se puede llevar a cabo este ritual sobre un triángulo de manifestación, bien enterrándola y desenterrándola en una encrucijada, como en el rito de la valeriana mencionado, o bien según la preferencia personal del practicante. Lo importante es, simplemente, despertar su poder, llamar a su espíritu y solicitarle lo que se espera de ella.

9. Tras la conjuración, llevar a cabo la primera alimentación. El trabajo con una raíz es una práctica con un elemento muerto, no puede regenerar su energía y la pérdida de la misma debilitará su capacidad de acción. Por ese motivo, para un trabajo continuado es necesaria la alimentación periódica a fin de que mantenga su poder. Para ello se le dan unas gotas de vino, leche o sangre, y se pasa por algún incienso, como la mirra, que la nutra. Tiene que repetirse este paso al menos una vez al mes, pudiendo guiarse por una fase lunar de elección propia. Además, debe alimentarse también la raíz cuando se le pida un trabajo mágico concreto, y una vez más cuando lo haya cumplido. Los periodos en que no se trabaje activamente con ella, se debe guardar en su casa de espíritu.

EL JARDÍN
DE LA BRUJA

Octubre trae el decaimiento de muchas especies, que tras
haber terminado su ciclo de fructificación mueren o esperan
el momento de comenzar su letargo. Es conveniente limpiar
el jardín y retirar las hierbas muertas, que pueden cortarse y
extenderse como acolchado en la tierra para que sigan su
curso natural. Conviene recoger las semillas de aquellas que
quieran sembrarse para el año que viene, y realizar la
siembra de otoño de las especies que lo requieran. En la
mayor parte del territorio, este mes aún tiene temperaturas
que permiten el desarrollo vegetal.

Entre los frutos interesantes para la bruja que se
encuentran en temporada de cosecha, encontramos
las bellotas, las granadas, el enebro, el haya, la nuez, las
manzanas, el ricino, las castañas y las uvas. También
las mandrágoras tienen flor y fruto. A su vez, el otoño trae
consigo el mejor periodo para la cosecha de raíces. Para la de
mandrágora, conviene esperar la temporada más fría,
cuando pierda las hojas y toda su fuerza se encuentre en el
rizoma. Sin embargo, pueden recolectarse este mes las raíces
de bardana, consuelda, brionia y valeriana.

ALIADOS DE LA TEMPORADA

Hierbas

Aún podremos recolectar aquellas especies que alcanzan su plenitud en la segunda mitad del verano y las perennes, pero este mes destacan especialmente las que siguen.

○ *Enebro: Ya pueden recolectarse sus frutos, las nebrinas, con las cuales se elabora la ginebra y preparados purificadores o bien, junto con sus hojas, inciensos con el mismo fin. También la resina del enebro se quema como incienso. Además, las nebrinas se utilizaban en muchos remedios populares mágicos para quitar las verrugas: se cogían tantos gálbulos como verrugas se tuvieran y se escondían bajo una piedra en un camino por el que no se fuera a pasar más antes de marcharse de allí sin mirar atrás; se quemaban tantos frutos como verrugas se padecieran en un horno de pan y se salía corriendo para no oír el chisporroteo de los mismos;[23] o bien se llevaba a la persona, con los ojos cerrados, a un camino por el que no tuviera que volver a pasar con tantos gálbulos en la mano como verrugas tuviera, luego debía lanzarlos hacia atrás diciendo: «Verrugas traigo, verrugas vendo, aquí las dejo y me voy corriendo».[24] La miera, la resina o aceite destilado del enebro, se extraía tradicionalmente para ser usado como remedio, así como para proteger los establos de la entrada de alimañas, parásitos y males diversos. Puede emplearse con fines mágicos profilácticos y purificadores.*

○ *Castañas: Han sido un amuleto clásico en nuestra cultura. Se consideraban capaces de alimentar y apaciguar a los difuntos, por lo que actuaban como distracción y evitaban sus acciones si se llevaban encima. Servían también contra las brujas y el mal de ojo. Solían llevarse engarzadas o en el bolsillo. Durante festividades como el Magosto o la Castañada, se comían castañas para liberar las ánimas de su sufrimiento, y en la víspera de Todos los Santos, se colocaban bajo la almohada o en las escaleras para evitar que los muertos importunaran el sueño.*

○ *Castaña de indias: Otro amuleto tradicional de gran popularidad. Se llevaba engarzada en plata o en el bolsillo y protegía de un sinfín de amenazas: brujas, mal de ojo, mal de aire, erisipela, usagre, hemorroides, reumatismo...[25]*

○ *Mandrágora (tóxica): En este momento del año se encuentra en época de floración y fructificación. Las flores y los frutos de la mandrágora pueden utilizarse en la magia amorosa, afrodisiaca y de fascinación; de hecho, los frutos en particular se comían para aumentar el*

23. Latorre Catalá, J. A., *op. cit.*
24. Aceituno Mata, L., *op. cit.*
25. Alarcón Román, C., *op. cit.*

OCTUBRE

vigor sexual. La mandrágora fue una importantísima hierba medicinal y ritual, pues se creía que su raíz, además de revertir la esterilidad, era un talismán que permitía hacerse invisible[26] y adormilar a las personas a voluntad.[27] Es un ingrediente clásico del ungüento de las brujas, que es su principal mención en las fuentes que recogen el folclore en España.

o **Brionia (tóxica):** *La raíz de brionia, además de usarse en remedios medicinales, había sido utilizada en sustitución o imitación a la mandrágora como fetiche.*

o **Bardana:** *Sus semillas están recubiertas de unos pelos similares al velcro, que se enganchan a la ropa y el pelo con mucha facilidad. Su raíz en decocción se utilizaba para frenar la caída del cabello.[28] Con todo, la planta desvela una capacidad para agarrar o aferrar, motivo por el cual se emplea en magia para atrapar a una persona, especialmente en términos amorosos.*

Otros aliados

o **Altar de ancestros:** *Será el lugar que albergará el culto a los difuntos durante los meses de invierno. Darles un espacio facilita el contacto con ellos y tenerlos presentes.*

o **Fuego:** *En las fiestas de las castañas, el fuego es un elemento central. En nuestro folclore, el hogar alberga los espíritus de los antepasados, y las ánimas acuden a él las noches de invierno para calentarse. En él pueden llevarse a cabo prácticas de comunión con los ancestros, como la entrega de ofrendas (castañas o pan), la conversación o las prácticas oraculares a través del chisporroteo o las formas de las llamas. Un fuego encendido por las ánimas las propicia y les ilumina el camino.*

o **Cordonazo de San Francisco:** *Da la oportunidad de recolectar agua de lluvia de tormenta, un material que se emplea para prácticas de maleficio y para purificaciones y destierros potentes.*

o **Grasa de cerdo:** *Resulta una base fantástica para el ungüento de las brujas, y además es muy frecuente en las recetas históricas. Se funde al baño maría y las hierbas se maceran en ella durante unas horas.*

o **Hostia consagrada y otros elementos sacramentales:** *Se reportan como ingredientes heréticos en los ungüentos de las brujas. Aunque el practicante no sea católico, nuestra sociedad sí lo es, por lo que tenemos, de algún modo, esa influencia cultural en nuestro inconsciente. Por eso, la herejía a menudo revuelve a nivel interno mucho más de lo esperado, porque es algo que nos*

OCTUBRE

26. Lara Alberola, E., *op. cit.*
27. Alamillos Álvarez, R., *op. cit.*
28. Guzmán Tirado, M. A., *op. cit.*

han enseñado que está mal desde pequeños. Transgredir ese tabú puede tener un efecto muy potente en las prácticas de brujería.

○ **Plumas de ave:** *Sus cenizas son un ingrediente muy interesante en los ungüentos de vuelo, especialmente si se trata de plumas de aves nocturnas.*

○ **Hollín:** *Otro ingrediente interesante en los ungüentos de vuelo. Según el folclore, las brujas salen volando por la chimenea, de manera que el hollín puede propiciar el vuelo del espíritu por magia de semejanza. Además, su color negro mimetiza con la noche y es un elemento de ocultación.*

○ **Candelas de cera de abeja natural:** *Llamadas popularmente velas de cera amarilla, son las que se ofrendaban en la tradición a los muertos en funerales y el día de los Fieles Difuntos. Las blancas se reservaban a otros fines.*

NOVIEMBRE

La noche arroja una horda de espíritus y criaturas que vuelan, se deslizan y reptan para colarse en los sueños. La brisa, gélida como el tacto de los dedos de los muertos, arranca de las hojas secas el susurro de las ánimas. La lumbre nos protege con su halo titilante, evocando el recuerdo de aquellos que ya no están pero que, de alguna forma, se sienten más cerca que nunca. Noviembre, el noveno mes en el calendario de Rómulo, fue en la cultura romana un periodo de pocas celebraciones y muchos trabajos de siembra. El día 8 se abría por tercera y última vez el *mundus patet*, comentado ya, lo que permitía que los espíritus de los muertos vagaran por la superficie de la tierra.[1]

La protección del mes se encomendaba a la diosa Diana, que según las fuentes epigráficas y arqueológicas, fue la diosa romana más adorada en Hispania, solo superada por el dios masculino Júpiter.[2] Esto explica que su figura calara tanto en el carácter de las Buenas Damas, las brujas, las ninfas, xanas y anjanas de nuestro folclore. Cabe decir, además, que las ninfas fueron uno de los espíritus más adorados en la Hispania romana, en cuarto lugar según las fuentes, precedidas solo por Marte y las dos deidades ya mencionadas.[3]

Marcando un contraste con la dinámica general de nuestra sociedad, que es bombardeada con el consumismo navideño en cuanto pasa el primero de mes, noviembre quedaba lejos tradicionalmente de las fiestas de Navidad, era lúgubre y solemne: el mes de las ánimas.

La oscuridad abría la puerta a todo tipo de espíritus nocturnos que vagarían a nuestro

---

1. Marqués, N., *op. cit.*

2. Vázquez Hoys, A. M. (1995), «La religiosidad romana en Hispania y su investigación», *Ilu. Revista de ciencias de las religiones*, n.º 0, pp. 271-278.

3. *Ibid.*

alrededor no solo el día de los Difuntos, como se cree hoy, sino durante todos los meses de invierno: demonios, duendes, brujas, ánimas... Esta creencia está especialmente extendida en zonas de influencia celta y germana, y presente en casi toda Europa.

Los espíritus tenían un papel protagonista este mes. De hecho, noviembre inicia con Todos los Santos y el día de los Fieles Difuntos, las grandes fiestas dedicadas a los muertos en nuestra cultura. Durante el mes se recordaba a los fallecidos y se les dedicaban novenas, misas y oraciones. El inmenso costumbrismo mágico y supersticioso que posee nuestra conmemoración a los difuntos deriva de un sustrato celta, cultura que en esta fecha celebraba Samhain o las *Trinoxtion Samonii*, de los que hablaremos más adelante.

En el campo, la tarea principal seguía siendo abonar, sembrar el trigo u otros cereales y cosechar la aceituna. También comienza la siembra de las habas, una legumbre muy asociada a los difuntos. En la montaña, el ganado se encorrala, puesto que el frío comienza a ser peligroso. El día de San Martín, el 11 de noviembre, se comienza a capar a los cerdos en su etapa final de engorde, y en algunos lugares empiezan las primeras matanzas de este animal, cuya carne se sala y prepara para pasar el invierno. La temporada de matanza comprende entre los meses de noviembre y enero, pero frecuentemente ronda unas semanas o días antes de Navidad para aprovechar la carne en las fiestas.

En noviembre comienzan las primeras nevadas, cuya nieve tenía una virtud mágico-medicinal: con ella se elaboraban preparados como el aceite de nieve, consistente en echar nieve en un frasco con aceite de oliva y que servía para curar las quemaduras.[4] Sin embargo, también es frecuente un repunte de las temperaturas antes de que estas desciendan definitivamente, fenómeno conocido como el veranillo de San Martín. Cuenta la leyenda que un noviembre, san Martín se encontró con un pobre mendigo helado al borde de un camino. En un acto de caridad, sacó su espada y rasgó su capa para ofrecerle la mitad al hombre, aunque así ambos pasaran un poco de frío. Dios, en recompensa, subió las temperaturas unos días, lo que dio lugar a este fenómeno meteorológico.

Durante la luna nueva del mes era costumbre cortar la leña para la lumbre, puesto que se creía que duraría más que la talada en otros momentos del año. También era tiempo de caza de muchas especies animales de bosque, de las que se aprovechaba la carne, la piel y la grasa para hacer remedios variados. Algunas aves como el verderón, el tordo o el herrerillo migran en este momento de las montañas a la plana, buscando temperaturas más suaves.

Después de las vendimias septembrinas, en noviembre se solía probar el vino nuevo. La ocasión se celebraba acudiendo a las bodegas de unos y otros, catando el resultado de los esfuerzos de vecinos y amigos. El juego y las labores se adaptaban a interiores, y de esta manera la comunidad se preparaba y se acercaba al momento más oscuro del año.

NOVIEMBRE

---

4. Amades, J. (1953), *op. cit.*

CALENDARIO TRADICIONAL DE
NOVIEMBRE

Todos los Santos:
1 DE NOVIEMBRE

Aunque la Iglesia ubicó su celebración conmemorativa a Todos los Santos el 1 de noviembre, esta ha tenido desde antiguo una estrecha vinculación con el culto a los difuntos. Su asociación definitiva se dio a partir del siglo X, cuando, por iniciativa del monasterio de Cluny (Francia), se adoptó el 2 de noviembre como Día de los Fieles Difuntos,[5] probablemente con el fin de acoger y blanquear el culto pagano bajo el amparo de la Iglesia.

Así, el día de Todos los Santos y el día de los Fieles Difuntos se solapan con la celebración más importante del mundo celta: Samhain. Se trata de la fecha más recurrente entre los eventos míticos o épicos de esta cultura precristiana, lo cual refleja su relevancia; prácticamente la totalidad de leyendas y mitos irlandeses que incluyen una reunión o banquete real, que describen un conflicto o interacción directa con los poderes del Otro Mundo o que ponen en escena la muerte de un rey o un héroe suceden en esta víspera.[6] Este festival se caracterizaba por las hogueras y los grandes banquetes, los sacrificios, las ofrendas e incluso las ceremonias religiosas, ya que la fecha implicaba la especial presencia de los habitantes del *sídh*, el mundo subterráneo. Esto llevaba a un sinfín de prácticas apotropaicas y supersticiones, muchas de las cuales hemos conservado. Al parecer, la celebración tenía, además, un carácter jurídico y militar.[7] Era una fecha en la que, cada año y bajo la supervisión de los ancestros, se discutían y aprobaban las leyes, también se marcaba el fin de las campañas militares. Parece ser que Samhain era entendido como el momento de cambio de año; de hecho, su asociación a los finales y lo numinoso, además de con el término del ciclo agrario en estas fechas y la aparente muerte de la naturaleza, ya se refleja en las leyendas que simbolizan el fallecimiento de dioses, reyes y héroes. Todo ello reforzaba su concepción espiritual funeraria: su posición liminal propiciaba la convergencia de mundos, un tiempo fuera del tiempo en que la dimensión humana y la espiritual se solapaban.

---

5. Velasco Maíllo, H. M. (1992), «Año de muerto, día de difuntos. Apuntes sobre ritos y creencias en torno a la muerte en la cultura tradicional española», *Simposio rito y misterio*, A Coruña, Universidade da Coruña, pp. 85-95.

6. Guyonvarc'h, Ch.-J., y F. Le Roux (2009), *Los druidas*, Madrid, Abada.

7. *Ibid.*

La víspera de Todos los Santos es nuestra fecha por excelencia de culto a los difuntos. Cabe mencionar que, aunque hoy en día se celebre de forma popular la noche del 31 de octubre al 1 de noviembre (quizá por influencia estadounidense o por haberse perdido el festivo laboral del día 2), tradicionalmente la noche de las ánimas ha sido siempre en nuestra cultura la víspera del 2 de noviembre, de Todos los Santos al día de los Fieles Difuntos. En todo el territorio español se creía que, a mediodía, a las dos de la tarde o a la medianoche del primero de mes, las ánimas del purgatorio quedaban liberadas hasta la misma hora del día 2 para visitar a sus parientes vivos, complaciéndose de las atenciones que les brindasen o entristeciéndose si no eran recordados. Por este motivo, si bien la mañana de Todos los Santos el ambiente solía ser muy festivo, a partir del mediodía se volvía solemne y apocado: se cerraban los espacios lúdicos y era común que quienes tuvieran ropas negras vistieran de duelo en señal de respeto.[8]

El toque de difuntos, una forma específica de tocar las campanas, inauguraba la celebración al mediodía del primero de noviembre, y se repetía en diversas ocasiones a lo largo de la jornada hasta el día siguiente. En muchos lugares, el toque por las ánimas se llevaba a cabo de manera continuada durante varias horas[9] e incluso las veinticuatro horas que componían la celebración, mediante relevos.[10] Las cofradías de ánimas decoraban las iglesias y preparaban unas construcciones llamadas catafalcos de ánimas que habrían de durar todo el mes de noviembre: se trataba de plataformas que imitaban una gran urna o sepulcro rodeado de velas de cera amarilla, gasas negras, flores y estandartes con elementos simbólicos como esqueletos, guadañas, calaveras, ánimas y otros mensajes referentes a la muerte.[11] Entre las iglesias que no podían permitirse tales montajes artísticos, se popularizaron unas grandes estampas impresas del tema adecuado al caso que se colgaban en el altar. También en algunos lugares se decoraban los fosares y cementerios con cruces y motivos macabros, a veces incluso utilizando los huesos del osario con el fin de inspirar al visitante la idea del *memento mori*.[12]

De entre las varias misas que se celebraban, destacaba en relevancia y costumbres la vespertina. En toda la franja norte y media de la península era popular asistir con unas candelas conocidas como «cerillos», una suerte de velas muy finas y de varios metros de longitud que se enrollaban sobre sí mismas o sobre una pequeña tabla, llamada *argizaiola* en el País Vasco. La vela se iba desenrollando conforme se iba consumiendo a lo largo de

8. Amades, J. (1953), *op. cit.*

9. Mandianes Castro, M., *op. cit.*

10. Amades, J. (1953), *op. cit.*

11. Riquelme Gómez, E. A. (2014), «Catafalcos de Ánimas. Arquitectura efímera de difuntos, en la Región de Murcia el caso de la villa de Abanilla», *El mundo de los difuntos: Culto, cofradías y tradiciones*, vol. 1, pp. 291-302.

12. Amades, J. (1953), *op. cit.*

la misa. Eran también típicas las candelas y velas conocidas como «hachas», que a menudo tenían un mueblecito específico para colocarse llamado «hachero», el cual se usaba también en los funerales.

Asimismo, por toda la geografía española era muy común acudir a la misa con panes, roscas o tortas que se bendecían y luego se llevaban al cementerio, donde se comían sobre las tumbas de los familiares, en clara referencia a un banquete funerario.

Durante víspera de la jornada era típica la capta puerta por puerta de limosnas por las ánimas. Habitualmente tomaban esta función cofrades, sacristanes, monaguillos, mendigos, niños y jóvenes, los cuales deambulaban esta noche con candelitas y faroles por las calles llamando a las casas,[13] especialmente a aquellas en las que había velas o fanales encendidos en recuero a los difuntos de la familia.[14] Era común en muchas zonas que anunciaran su paso tocando lastimosamente una campanilla o esquila a la voz de «¡Limosna para las ánimas benditas!».[15] Ofrecían padrenuestros, responsos o canciones por los difuntos de la familia a cambio de alguna limosna. Raramente eran rechazados, y recibían a cambio toda una variedad de pagos: desde unos céntimos hasta fruta seca y fresca, castañas, dulces, pan, garbanzos, aceite, miel, patatas... No faltaban tampoco aquellos que se disfrazaban con sábanas o con la cara enharinada para deambular por las calles asustando a los viandantes, portando candelas o faroles.[16] A menudo, tanto los fanales que se colocaban en la entrada como los que llevaban los limosneros se conformaban de sandías, calabazas, nabos y otros frutos ahuecados a imitación de calaveras,[17] algo que, aunque relacionamos mucho con el Halloween norteamericano, estuvo ampliamente presente antaño en nuestra geografía. De forma similar, en algunas zonas se habían hecho en el pasado comparsas y danzas de la muerte cuyos integrantes vestían como esqueletos e inspiraban mensajes sobre la inevitabilidad de la muerte y la necesidad de fallecer en buenos términos con Dios.

La creencia de que las ánimas de los antepasados regresaban a visitar sus antiguos domicilios este día sustentaba un enorme abanico de costumbres hospitalarias durante esta

---

13. Domínguez Moreno, J. M. (1994), «El magosto en la comarca de Las Hurdes», *Narria: Estudios de artes y costumbres populares*, n.º 67-68, pp. 41-46; Machado y Álvarez, A., *op. cit.*

14. Domínguez Moreno, J. M. (febrero de 2018), *op. cit.*

15. Domínguez Moreno, J. M. (1994), *op. cit.*

16. Domínguez Moreno, J. M. (febrero de 2018), *op. cit.*

17. *Ibid.*

víspera. A este fin, en muchos lugares era común orientarlos mediante velas y candiles en las ventanas, que quedaban encendidos toda la noche e indicaban que en aquella casa daban limosna por las ánimas.[18]

El encendido de luces por las ánimas en el espacio doméstico estaba presente en toda la península. Uno de los formatos más comunes eran los pequeños altares que se colocaban sobre la cómoda con alguna imagen religiosa, un cuenco de agua con aceite y unas lamparillas de aceite llamadas «mariposas». De estas se encendía una por cada miembro fallecido de la familia que se quisiera recordar y a veces también una extra por los olvidados, y permanecían encendidas toda la noche.[19] En algunos lugares, como en Cataluña, en este altar de ánimas se colocaban también estampas y pequeños recortables de papel de temática macabra que cobraban una tétrica iluminación con el titilar de las llamas.[20] Otra muestra de hospitalidad para con los difuntos muy extendida era dejar encendido el fuego del hogar toda la noche con más llama de la habitual, para que las ánimas, heladas en su vagar, se calentaran con él.[21] Asimismo, era común antes de dormir, o si se pasaba la noche en vela junto al fuego, rememorar anécdotas de los fallecidos, contar historias de ánimas e incluso hablarle a la lumbre, explicándole lo acontecido en la familia durante el año.[22] Esto se debía a la creencia de que las ánimas están en las llamas del hogar, la cual proviene de la idea pagana de que la lumbre representa la continuidad del linaje y alberga los espíritus de los antepasados. A su vez, también explica prácticas como que en la Castañada y el Magosto se lanzaran de vez en cuando mendrugos de pan, castañas o chorritos de vino al fuego para que participaran los familiares fallecidos de la celebración: se trataría de ofrendas directas a los espíritus de los antepasados.[23]

Como acto de hospitalidad añadido, se podía preparar la habitación de invitados como si fueran a dormir las ánimas en ella y, a menudo, de no haber cama de invitados, no se acostaban los vivos de la familia en toda la noche para dejar a las almas de sus parientes descansar en sus lechos.[24]

En muchos lugares de la geografía española hay registro de que se ponía la mesa con un servicio también para los familiares fallecidos más cercanos y se les servía la comida en el plato como si estuvieran presentes,[25] o se les dejaba la mesa puesta antes de ir a dormir.[26]

---

18. *Ibid.*

19. Casas Gaspar, E., *op. cit.*

20. Amades, J. (1953), *op. cit.*

21. Machado y Álvarez, A., *op. cit.*

22. Amades, J. (1953), *op. cit.*

23. *Ibid.*

24. Machado y Álvarez, A., *op. cit.*

25. Domínguez Moreno, J. M. (febrero de 2018), *op. cit.*

26. Amades, J. (1953), *op. cit.*

Era frecuente dedicar la cena del 1 de noviembre a los difuntos rezando tres partes del rosario antes de comenzar a comer. Esta víspera solían servirse lentejas, mijo, gachas u otras legumbres con connotaciones funerarias, un vestigio de los banquetes celebrados por los muertos, así como castañas de postre y toda la repostería funeraria habitual de ese día, como los huesos de santo, los *panets de mort*, los *panellets*, los buñuelos o los socochones.

Otros gestos domésticos de respeto hacia las ánimas en esta noche eran no deambular por los rincones, no barrerlos ni tampoco cerrar las puertas de golpe; se creía que los difuntos permanecían en espacios como esquinas y umbrales, lugares claramente liminales, y no se los quería importunar.

Finalmente, durante esta víspera no faltaban los actos apotropaicos para defenderse de los muertos malintencionados y los malos espíritus. Destacan con este fin el uso de castañas como amuletos, extender un puñado de legumbres secas junto a la lumbre para que las ánimas no importunasen, poner las herramientas de la chimenea formando una cruz, no dejar destapado ningún líquido en la casa, no mirarse uno al espejo mientras sonaran las campanas o hacer hogueras en las plazas.[27]

- Costumbres tradicionales de culto a los difuntos
- Necromancia

Día de los Fieles Difuntos:
2 DE NOVIEMBRE

La mañana siguiente a la víspera de Todos los Santos se celebra el día de los Fieles Difuntos. Esta fiesta, por lo general, solo se daba por la mañana del día 2 de noviembre, momento en que estaban de visita las ánimas en los hogares. A partir de mediodía y, por lo tanto, de su regreso al purgatorio, la jornada se volvía ordinaria.

La actividad principal de la mañana, además de asistir a la misa dedicada a las ánimas, era acudir al cementerio, que convertía estos espacios otrora lúgubres en bulliciosos escenarios rebosantes de flores y actividad social. La visita a las tumbas de los familiares era de obligado cumplimiento, así como la limpieza y adecuación del sepulcro, la oración y la

27. *Ibid.*

entrega de ofrendas. En otros tiempos, en distintos lugares de España se llevaban bodigos, panes y castañas, entre otros alimentos varios,[28] y bebidas que se colocaban sobre las tumbas y se compartían entre los asistentes tras rezar por los difuntos. Las velas, faroles y lamparillas de aceite también eran elementos muy recurrentes, sobre todo si se había producido la defunción en ese año. El rezo por las ánimas frente a los sepulcros no solo se llevaba a cabo en los de los familiares, sino que era frecuente también en fosas comunes, puesto que se tenía por un acto de caridad bien considerado socialmente. En realidad, era común pasar la mañana del 2 de noviembre visitando no solo las tumbas de parientes, sino los diversos cementerios y fosares de la ciudad a modo de actividad lúdica: los asistentes se encontraban a conocidos, comentaban las muertes célebres del año, leían las lápidas y epitafios como entretenimiento, visitaban las esculturas funerarias más bonitas y, entre todo ello, iban a rezar por las ánimas olvidadas de las fosas comunes y los cementerios de los hospitales u otras instituciones.[29]

La muerte era el elemento central de la jornada, pero tenía un enfoque más lúdico que la solemne víspera anterior. Solía acudirse a ver la obra *Don Juan Tenorio*, y por la calle se repartían y vendían estampas e impresiones referentes a lo inevitable de la propia muerte que se mantenían clavadas en las paredes de las casas durante todo el novenario de ánimas.[30]

- Visitar el cementerio, adecentar las tumbas y entregar ofrendas
- Caridad por las ánimas desconocidas o desamparadas
- Visitar los memoriales
- Inicio del novenario de ánimas
- Lectura y reflexión sobre la muerte

28. Velasco Maíllo, H. M., *op. cit.*
29. Casas Gaspar, E., *op. cit.*
30. Amades, J. (1953), *op. cit.*

NOVIEMBRE

MAGIA Y TAREAS ESTACIONALES

Actividades del día de los Difuntos

Como ya se ha aventurado en el calendario del mes, la víspera de Todos los Santos y el día de los Fieles Difuntos tienen un numero de costumbres mágico-espirituales amplísimo. A modo de recopilatorio, propongo aquí las principales.

- **Luz para los muertos**: Si bien las velas tradicionales para el culto a los difuntos son las de cera de abeja, se pueden utilizar también cerillos de difuntos o mariposas de aceite. Estas últimas se compran en tiendas litúrgicas y se colocan flotando en un cuenco de cristal con agua y una capa de unos dos centímetros de aceite. La costumbre dicta que se pronuncie en voz alta el nombre de la persona a la que se dedica la mariposa prendiendo una por cada pariente fallecido conocido y una por los olvidados. Se tenía la creencia de que la primera en apagarse indicaba cuál sería el primer pariente que saldría del purgatorio. En el caso de que alguno no necesitara ya la luz por estar en el cielo o el infierno, se decía que la lamparilla brillaría por el alma más necesitada.[31] Muchas personas creían que en el chisporroteo de las mariposas se hallaban los mensajes de las ánimas por las cuales quemaban, y si alguna se resistía a encenderse, era porque el alma ya estaba en el cielo o en el infierno. Por supuesto, la costumbre de encender luces a los muertos es muy anterior al catolicismo, y la idea del purgatorio, como comentaremos en la próxima sección, viene a sustituir el Inframundo pagano.

  Además de los cerillos o lamparillas que se coloca en el altar dedicado a los muertos, es tradicional encender velas en la entrada de las casas, que pueden colocarse en farolillos hechos vaciando nabos, melones, sandías, calabazas y otras hortalizas.

- **Castañas y oraciones:** Tradicionalmente, cada castaña que se come alivia el pesar de un ánima al Otro Lado, pero debe hacerse con conciencia e incluso se puede rezar algo antes de cada una o decir unas palabras honoríficas. En este día se ofrendan castañas calientes a los propios difuntos y a las ánimas sin hogar; para este segundo caso, comprar un cucurucho en un puesto callejero una vez caída la noche y dejarlo en una encrucijada antes de marcharse sin mirar atrás. También es interesante recuperar el sentido primigenio del puerta por puerta como método de ofrenda. Si bien no podemos cambiar que los niños repliquen las frases estadounidenses que se han popularizado en lugar

---

31. Machado y Álvarez, A., *op. cit.*

de nuestro tradicional «por las ánimas», siempre podemos concienciar y pedirles que digan unas palabras a cambio de los dulces como gesto de ofrenda a los muertos. Al fin y al cabo, los disfraces que llevan los convierten en representantes físicos de ellos.

- **Hospitalidad funeraria:** En esta víspera se celebra una cena en honor a los difuntos en la que se pone un plato en la mesa para ellos. Rezarles tres partes del rosario o una oración de gusto personal antes de comenzar. Se come hablándoles a ellos o en silencio. Preparar la cama o algún lugar cómodo para que descansen y se sientan acogidos o, en caso de no cenar con ellos, dejarles la mesa puesta antes de irse a dormir, con al menos un servicio, castañas calientes, pan y una botella de vino.

- **Visita al cementerio:** Con el fin de adecentar las tumbas de los familiares y dejarles ofrendas de flores, velas u otros elementos de su agrado. Comer junto a sus tumbas, compartiendo espiritualmente algún alimento típico de la jornada con ellos.

- **Caridad por las ánimas:** En este día se ofrenda a las almas olvidadas o a aquellas de las que ya nadie se ocupa. Para ello, se puede limpiar tumbas de las que nadie se hace cargo, visitar fosares y memoriales, disponer para ellas una sección del altar en casa... También conviene evitar barrer los rincones domésticos y cerrar fuerte las puertas durante este periodo, para no importunar a las ánimas que moran en ellos.

- **Luto y recuerdo:** Tomar una actitud reflexiva y respetuosa para con los difuntos. Puede aprovecharse la tarde para pasear por el cementerio, pensar en los fallecidos o en la muerte, leerles algo, ir de luto esa jornada, evitar actividades lúdicas ordinarias...

El ánima sola y las ánimas benditas

Los muertos fueron el primer aliado de la hechicera en la Antigüedad más remota, y así lo han sido hasta tiempos recientes. Sin embargo, hoy en día su presencia es fuertemente rechazada en muchos círculos espirituales modernos, y la interacción cercana con las ánimas ha sufrido una demonización enorme no solo por parte de la religión, sino también por el tabú y el miedo a la muerte en la sociedad occidental, fruto de una creencia que ha bebido más de las películas de terror que de la cultura y el legado ancestral. Como ya creían los romanos, existen muertos peligrosos y dañinos, pero también otros que desde nuestros orígenes escuchan, ayudan y brindan abundancia y sabiduría. Los difuntos han sido desde siempre la primera línea aliada en la Otredad; ellos conocen las vicisitudes de ser humano y de estar vivo, por lo que entienden más que cualquier otro espíritu nuestros deseos e inquietudes.

El culto a los muertos es inherente al ser humano, por lo que permaneció en nuestra cultura incluso tras la llegada del catolicismo, a través de la devoción a los santos y a las ánimas benditas del purgatorio. La adopción en firme de la idea del purgatorio convino a la Iglesia en el Concilio de Trento para sincretizar la devoción a los muertos, que tan arraigada estaba en la población, y, ya de paso, por temas económicos.[32] En la comunidad, la experiencia de lo sobrenatural en relación con los difuntos y con su mundo se encontraba absolutamente generalizada. Creencias como que las ánimas podían vagar entre nosotros, que los muertos pedían cosas a los vivos, que algunas personas tenían el don de verlos o que los espíritus podían acudir a atormentarnos y debíamos protegernos de ellos estaban de lo más extendidas entre la sociedad, provenientes directamente del pasado precristiano y transmitidas con muy pocos cambios pese al paso de los siglos. Dado que estas creencias resultaban incompatibles con el dogma eclesiástico, la existencia de un estado intermedio entre el cielo y el infierno que permitiera una interacción más cercana con los difuntos, como resultaba ser el purgatorio, convenía como explicación a dichas experiencias que el pueblo se negaba a invalidar. Se entendía que el purgatorio era un lugar mucho más próximo y accesible al mundo de los vivos que el cielo o el infierno; los muertos que allí moraban podían aparecerse ante sus parientes vivos para pedirles que llevaran a cabo ciertas acciones por ellos, que convenientemente iban en la línea de dar sufragio a la Iglesia, pagar misas en su nombre e incluso comprar bulas de difuntos para sacarlos de allí.[33] Estas ánimas serían la explicación blanqueada a todas aquellas apariciones y procesiones espectrales paganas que recoge el folclore, e incluso adoptarían en sí mismas las prácticas mágico-religiosas que venían haciéndose desde antiguo y se basaban en pedir ayuda a los muertos y establecer relaciones simbióticas con ellos.

Según la experiencia del pueblo, las almas del purgatorio, también llamadas ánimas benditas, que no son más que las de los muertos en el paganismo, piden favores, pero también los otorgan. Por ejemplo, una de las costumbres más populares y curiosas en toda la península, antes del uso generalizado de los despertadores, era pedir a los difuntos antes de irse a dormir que nos despertaran a una hora determinada, lo cual siempre cumplían con presteza; también eran muy solicitadas las ánimas benditas para encontrar o hacer regresar objetos perdidos. En la religiosidad popular, tienen fama de ser extremadamente cumplidoras, pero también muy temperamentales: de no pagárseles el precio prometido a cambio de su favor (normalmente oraciones o misas), atormentan al que se ha querido aprovechar de ellas hasta que pague lo debido.

Así, las ánimas benditas han sido grandes aliadas de las hechiceras y adivinas, pero también han atendido las peticiones de cualquiera que las llame. Al fin y al cabo, de tantas como son, seguro que alguna está interesada en ayudar o conoce el asunto por el que se

---

32. Zambrano González, J. (2014), «Ánimas benditas del purgatorio. Culto, cofradías y manifestaciones artísticas en la provincia de Granada», *El mundo de los difuntos: Culto, cofradías y tradiciones*, vol. 2, pp. 1071-1088.

33. Bejarano Pellicer, C. (2014), «El culto a los difuntos en la Sevilla de la Edad Moderna: la campanilla de ánimas del purgatorio», *El mundo de los difuntos: Culto, cofradías y tradiciones*, vol. 1, pp. 85-96.

pregunta. He aquí un ejemplo de oración mágica a las ánimas en el siglo XVIII de la hechicera Ana María de San Gineto:

> *Ánimas, ánimas, ánimas,*
> *todas fuisteis como nos,*
> *todas os juntaréis*
> *y adonde esté mi marido iréis.*
> *Y sean tantas las ansias y ardores*
> *que por verme le daréis,*
> *que a mi casa le traeréis.*
> *Que ande, que ande, que no me lo detenga nadie.*[34]

Pero, además de las ánimas benditas, la hechicería popular española destacó un numen muy interesante que incluso exportó a países como México: el ánima sola. Según la creencia popular, se trata del alma más sola, triste y desamparada del purgatorio, y la que saldrá la última de él. Sin embargo, en algunas zonas como Galicia poseía una trasfondo aún más pagano: allí se decía que sería la última ánima errante que saldría de penas, hasta que no quedara ninguna más vagando por el universo, que contemplaría la muerte del mundo y solo entonces podría alcanzar el descanso. Hasta entonces, el ánima sola pasa las noches deambulando en soledad y espantando a aquellos que la encuentren o que la distraigan de su penoso camino. La gente de las aldeas la temía, pero no la odiaba y hacía cuanto podía para tenerla propicia. Por ello, era muy común que le rezaran oraciones, aunque los párrocos condenaran la práctica y dijeran que el ánima sola, última alma condenada, no es otra que el Diablo.[35]

Sea como fuere, el ánima sola se hallaba en tal desesperación que aceptaba cualquier encargo a cambio de unas oraciones, lo que la convertía en una aliada de primera para todo tipo de magia. Una fórmula típica para hacerle peticiones que encontramos en diversos hechizos históricos es la siguiente: se le reza algo, normalmente un número determinado de credos o padrenuestros, o bien una tercera parte del rosario, seguido de:

> *Ánima sola, esto que te he rezado*
> *ni te lo doy ni te lo quito.*
> *En el regazo de la Virgen Santísima lo deposito*
> *hasta que me des lo que he pedido.*[36]

---

34. Martín Soto, R., *op. cit.*

35. Alonso Romero, F. (1999), «Ánimas y brujas de Finisterre, Cornualles e Irlanda», *Anuario Brigantino*, pp. 481-483.

36. Martín Soto, R., *op. cit.*

O bien otra variante:

Ánima sola, un don te pido,
ni te lo doy ni te lo quito,
en el regazo de la Virgen Santísima lo deposito
hasta que [lo que se desea pedirle].[37]

Era común que las oraciones al ánima sola se pronunciaran a medianoche, estando desnudo o con el cabello suelto, ante una vela encendida y junto a una ventana abierta o un pozo. Tras la petición y la ofrenda, era común que el ánima se manifestara de alguna forma mediante sombras, golpes, voces o señales a través de la ventana.

Tanto el día de los Fieles Difuntos como el mes de noviembre entero es un momento fantástico para la devoción a las ánimas benditas y al ánima sola, que podemos incluir en nuestro novenario como gesto caritativo. Rendirles culto en su tiempo anual de seguro que las propicia a ayudarnos si las necesitamos en algún otro momento del año. Además, podemos poner en práctica algún hechizo o sortilegio con ellas. Para que el ánima sola nos acompañe y dé fuerza a una práctica mágica, propongo lo siguiente:

HECHIZO
CON EL ÁNIMA SOLA

Materiales:

- 1 vaso de agua
- 1 vela
- Materiales necesarios para poner en práctica el hechizo deseado

NOVIEMBRE

---

37. Fernández García, M. de los Á., *op. cit.*

Procedimiento:

1. A medianoche, en una habitación oscura con la ventana abierta, preparar el vaso de agua y encender la vela antes de invocar:

> *Ánima sola, ánima sola, ánima sola,*
> *oye y ven a mi merced,*
> *que pongo, para aliviar tu destino,*
> *una luz en tu camino*
> *y agua que calme tu sed.*
> *Ánima sola, un don te pido,*
> *que [lo que quieres que haga]*
> *y esto que te he preparado*
> *ni te lo doy ni te lo quito,*
> *aquí lo deposito*
> *hasta que cumplas lo que te he pedido.*

Se debe especificar lo que se desea con claridad y cuidando bien lo que se pide.

2. Si bien este formato puede funcionar por sí mismo, a menudo las hechiceras queremos tener el poder de llevar a cabo el acto mágico nosotras mismas y no solo pedir la intercesión de los númenes. Por eso, recomiendo combinar esta oración con algún hechizo propio e involucrar al ánima sola como una compañera o apoyo espiritual. Por ejemplo, si queremos hacer un hechizo para lograr el amor, sería conveniente llevar a cabo la práctica mágica que deseemos, como ungir una vela roja, un muñeco o un baño de atracción, y simplemente acompañarlo del anterior conjuro al ánima sola, pidiendo que dé fuerza al hechizo y atraiga el fin deseado.

Otra práctica en la que suelo involucrar a las ánimas benditas es en la adivinación. Antes de llevar a cabo un sortilegio oracular como echar las cartas, las habas o los huesos, usar un péndulo o el método que sea, podemos preguntar a las ánimas para que sean ellas las que nos hagan llegar la respuesta. Es posible propiciarlas encendiéndoles una vela, poniéndoles un vaso de agua y pronunciando una oración similar a la anterior:

Habas/cartas/huesos, yo os conjuro
con las ánimas benditas,
que todo lo conocen y de todo saben.
Ánimas benditas,
acudid a mi merced,
que para aliviar vuestro sino
os doy luz en el camino
y agua que os calme la sed.
Reveladme [en este momento hacemos la pregunta].

Terminada la adivinación, se apaga la vela para usarla en próximas consultas y el agua se deja unas horas antes de desecharla.

Novenario de ánimas

El novenario o la novena de ánimas es una actividad tradicional de las fiestas del día de los Fieles Difuntos que consiste en dedicar una pequeña devoción a las almas de los fallecidos durante nueve días seguidos a partir del primero o segundo de noviembre. En este periodo podía acudirse a oficios religiosos por los difuntos o celebrar en casa rezando el rosario y utilizando oraciones específicas dedicadas a los muertos.

Para llevar a cabo este rito, preparar dos velas y dividirlas en nueve secciones haciendo unas pequeñas marcas. Cada una de esas partes será lo que deba quemar cada día de la novena. En su lugar, se puede utilizar si se prefiere dieciocho candelas de cera amarilla, dos para cada día. Ungirlas con aceite de oliva y consagrar una a los ancestros y la otra a las ánimas en general. Pensar qué tipo de devoción se quiere llevar a cabo. Si se desea algo tradicional, es costumbre rezar por ellas el avemaría o el padrenuestro, lo cual no implica que se siga la doctrina católica; muchas de las ánimas fueron personas católicas en vida, por lo que esta era para ellos la devoción adecuada a los difuntos y la que llevaron a cabo por sus propios muertos. Sin embargo, en su lugar se puede decir una oración más acorde a las creencias propias o idear alguna que incluya a las ánimas que no practicaron el catolicismo. La que yo recito, de cosecha propia y que ya comenté en mi publicación *Devocionario de ánimas*, es esta:

Ánimas benditas, ánimas amadas,
ánimas sin nombre, tiempo ha olvidadas.
Que en vuestra eterna noche brille siempre esta llama
y su calor reconforte vuestras manos heladas.
Esta oración os entrego, ánimas veneradas,
que a este lado del velo por mí aún sois recordadas.

Si se prefiere no rezar, otra opción puede ser cantarles una canción, o leerles un poemario o libro corto (que pueda terminarse en nueve ratos). El momento ideal para llevar a cabo la devoción es por la noche, aproximadamente a la misma hora los nueve días.

Comenzar centrándose frente al altar meditando unos instantes para despejar la mente de las preocupaciones del día. Luego prender las dos velas declarando que una es por los ancestros y otra por todas las ánimas (o por las que se prefiera) y proceder a la devoción.

Hace unos años hallé en un panfleto devocionario una bonita forma de llevar a cabo la conmemoración a los difuntos: consistía en rezar la misma oración siete veces, dedicando cada una previamente a un grupo de ánimas distinto. Aunque el devocionario era católico y algunos grupos no me gustaban demasiado, adapté la idea y la uso desde entonces. El lector también puede adaptar las dedicatorias según su preferencia personal.

1. Por las ánimas de mi familia materna.

2. Por las ánimas de mi familia paterna.

3. Por las ánimas que practicaron las artes mágicas y conocen sus misterios, y especialmente por las que nos legaron ese saber.

4. Por las ánimas que sufren, para que encuentren paz.

5. Por las ánimas que alguna vez me han ayudado.

6. Por las ánimas que lucharon por ser justas y nobles en vida.

7. Por las ánimas que ya nadie recuerda.

Rezar las siete oraciones dedicadas cada uno de los días de la novena. Tras la devoción, dar las gracias y retomar las actividades mundanas, pero dejar quemar mientras tanto las velas hasta la marca siguiente, o hasta que se extingan en caso de usar una candela nueva cada día.

Aquelarre necromántico

La necromancia (del griego *nekros*, «muerto», y *manteia*, «adivinación») es la predicción a través del contacto con los muertos. Esta práctica mágica ha sido llevada a cabo desde la

Antigüedad en muchas culturas, aunque frecuentemente en la marginalidad. Uno de los grandes referentes míticos al respecto lo da la bruja tesaliana Ericto, que aparece en la *Farsalia* de Lucano, y que vive entre las tumbas y evita la luz del sol, lo cual la acerca al mundo de los muertos. Sexto Pompeyo la consulta para conocer el desenlace de la guerra de Farsalia, y Ericto prepara un ritual espeluznante: hace buscar en el campo de batalla un cadáver reciente con las cuerdas vocales intactas y lo lleva a una cueva tan profunda como una entrada al Inframundo; le introduce sangre caliente, vísceras animales, hierbas y aplica ciertas pócimas sobre el cuerpo. Después invoca a las fuerzas infernales, mas no desde la súplica, sino amenazándolas, dando órdenes y sometiéndolas, y ofrece al muerto, a cambio de sus respuestas, una sepultura adecuada para darle descanso. Tras ello, el cadáver se alza y revela el resultado futuro de la batalla.[38] Otro ejemplo que ha influido en nuestro legado mágico es el que aparece en el Antiguo Testamento: la bruja de Endor es consultada por Saúl, rey de Israel, que desea conocer su destino y el de su ejército. En este caso, el muerto invocado, el profeta Samuel, no aparece en cuerpo, sino que solo es visible en espíritu por la bruja.[39]

El necromante clásico, pues, conjura a los espíritus de los muertos y, mediante sistemas interpretativos u oraculares, observa las señales y descifra la información que el difunto desea comunicar. La necromancia, por su asociación con la muerte y sus prácticas un tanto escabrosas, ha acostumbrado a tener mala fama, lo que produjo que se confundiera durante muchos siglos con la nigromancia. Este es un estigma que ha llegado hasta la actualidad y relega cualquier trabajo con los difuntos a la desconfianza y la magia negra. Sin embargo, en la brujería tradicional, la necromancia es un pilar fundamental; recordemos que los muertos son la primera línea aliada en el Otro Lado y uno de los espíritus más frecuentes de encontrar. La forma en que nos relacionamos con ellos en nuestra práctica depende de cómo seamos nosotros, y para aquellos que no temen indagar en el tabú de la muerte, sino que comprenden su importancia y complementariedad con la vida, la necromancia resulta un ejercicio muy interesante si se ejerce de forma respetuosa, cercana y con fines positivos.

Hoy en día, los practicantes de brujería tradicional suelen entender la necromancia, más allá de la adivinación mediante la ayuda de difuntos, como el trabajo activo con los muertos basado en la comunicación con ellos, tanto para obtener consejo o conocimiento

38. Ramírez López, B. (2004), «El pensamiento antiguo y la magia en el mundo romano: El ritual de necromancia en la *Farsalia* de Lucano», *Eúphoros*, n.° 7, pp. 63-90; Amela Valverde, L., y A. Guzmán Almagro (1 de enero de 2021), «La bruja Ericto y Sexto Pompeyo. Relectura de un acto de necromancia en la *Farsalia* de Lucano», *Helmántica*, vol. 72, n.° 206, pp. 9-34.

39. González Zymla, H. (2023), «Huesos, amuletos y rituales nigromantes en el Antiguo Testamento: La bruja de Endor», en F. J. Alfaro Pérez, J. Jiménez López y C. Naya Franco (eds.), *Santas y rebeldes: Las mujeres y el culto a las reliquias*, Salamanca y Zaragoza, Universidad de Salamanca y Universidad de Zaragoza, pp. 208-243.

como para solicitar su asistencia en hechicería u otras prácticas mágicas. En este último caso, el practicante puede canalizar la energía de los difuntos aliados o bien solicitar, a cambio de lo que se considere adecuado, que el muerto realice la tarea por él.

Dicho esto, el mes de noviembre es un momento fantástico para celebrar un aquelarre que busque la comunión y el contacto con los espíritus de los muertos, con el fin de que estos desvelen asuntos ocultos del Otro Lado o de la realidad tangible. Un rito interesante en este tipo de prácticas, recuperando el concepto que se presentó en el mes de marzo, es la unión con los espíritus mediante la comida y la bebida compartida. Ya hemos visto que esta es una costumbre muy típica en el culto popular a los difuntos, pero no es el único vestigio ni momento en que ha quedado patente la importancia del banquete de ánimas. Enfocándonos específicamente en el ámbito de la brujería, encontramos abundantes testimonios de la comida compartida como uno de los elementos centrales del Sabbat. Las brujas acudían en vuelo a sus reuniones nocturnas, en las que participaban de grandes festines con otras compañeras, demonios, espíritus, ánimas, e incluso con el mismísimo Diablo. Este acto de comunión sellaba la complicidad y la hermandad entre todos ellos; desde la Antigüedad, compartir mesa ha sido una acción no solo de hospitalidad, sino también de alianza, confianza e igualdad entre los presentes. Otro interesante vestigio de ello se da en muchas confesiones de brujería en las que la acusada aseguraba acudir con la sociedad espectral femenina o las Buenas Damas a las despensas de las casas a comer y beber.[40] Cabe destacar de este tipo de testimonios un aspecto muy interesante para el practicante: el hecho de que compartir un festín con la comitiva espectral convierte temporalmente al humano en parte de esas fuerzas del Otro Lado, en espíritu, identificado por los demás como un igual. Por ello es transformado de algún modo o regresa de una forma distinta a como llegó, en muchos casos con un conocimiento místico o mágico superior que le ha sido otorgado por la Otredad al reconocer en él algo de sí misma. Otro vestigio folclórico clásico similar en el que se aprecia esto es en los banquetes feéricos, grandes festines que celebran las hadas en sus túmulos y cuevas, a los que algunos mortales son en ocasiones invitados. Si bien a veces los asistentes humanos pueden regresar de ellos, lo hacen normalmente cambiados, por ejemplo con un nuevo don o sanados de una dolencia. En otras ocasiones, se les advierte no comer nada del banquete feérico, puesto que, de hacerlo, jamás podrán regresar al mundo humano.

Ya hay autores que han propuesto ritos de comunión basándose en estas costumbres, como el *red meal* de Robin Artisson en su libro *The Witching Way of the Hollow Hill*. A continuación dejo mi propia versión, que utilizaría como rito de apertura en el aquelarre del mes de noviembre.

---

40. Ginzburg, C., *op. cit.*

COMUNIÓN
CON LOS MUERTOS

Materiales:

- 1 hogaza de pan
- 1 botella de vino
- 1 copa
- 1 plato
- 1 vela o fanal
- Reliquias u otros elementos vinculantes (consultar algunas opciones en aliados del mes para conocer sus categorías)
- 1 preparado purificador de preferencia (recomiendo incienso de resina de cedro o ciprés)
- 1 preparado de destierro como precaución (recomiendo incienso de ruda y romero)
- Incienso funerario (recomiendo que lleve resina de ciprés y ajenjo para traer a las ánimas y otras hierbas para agradarles)

Procedimiento:

1. De noche, al aire libre y preferiblemente en un lugar liminal (una encrucijada, el bosque, cerca de un cementerio...), montar un pequeño altar con los materiales y las ofrendas que hayamos escogido y prepararse mentalmente de la forma preferida. Es recomendable, especialmente durante este mes, disponer de algún método de protección (como amuletos, un círculo trazado y algún incienso protector encendido) y purificar previa y posteriormente tanto el espacio como a uno mismo con el incienso.
2. Cuando se esté en un estado de trance adecuado, encender la vela o el fanal entre las reliquias o elementos vinculantes de los muertos a los que se desea llamar, e invocar a los espíritus.
3. Anunciarles que están invitados a compartir las ofrendas. Tomar el pan y consagrarlo con unas palabras, como, por ejemplo:

> *Yo bendigo este pan, que es el fruto de la tierra, el regalo de los muertos, el alimento que nos une y hermana.*

4. Dejar el pan en el plato, tomar la botella de vino y consagrarlo:

> *Yo consagro este vino que no es vino, sino sangre que despierta el espíritu, que nos acerca y nos alía.*

5. Servir primero el vino en la copa. Verter luego un poco en la tierra para los espíritus, brindar por ellos y beber en su honor. De celebrar este rito en grupo, la copa pasará de mano en mano para beber por turnos. Recomiendo hacer este paso con mucha conciencia, se está tomando un sacramento que lleva y une al Otro Lado: cerrar los ojos, saborear el vino y meditar unos instantes en nuestras emociones y sensaciones tras tragar. Al terminar, rellenar la copa si el vino ha bajado mucho y dejarla en el altar para los espíritus.

6. Después, tomar la botella de nuevo y verter vino sobre el pan, declarando verbal o mentalmente su simbolismo; esto es, la carne y la sangre sacrificada, el cuerpo y el alma, la comunión del mundo físico con el Otro Lado y la unión con los espíritus.

7. Arrancar un pedazo de pan, comerlo y dejar el resto en el plato para ofrendar a los espíritus. Si se es un grupo, repartir un pedazo a cada participante, pero dejar siempre una porción generosa a los espíritus.

8. Tras la comunión, observar el entorno en busca de manifestaciones de la Otredad. Se puede meditar, utilizar algún sistema adivinatorio para facilitar la comunicación e incluso ir a dormir para encontrarse con los espíritus al Otro Lado. Este es un fantástico momento para utilizar el ungüento del Sabbat del que hablamos en el mes de octubre. De llevar a cabo este rito en aquelarre, verter un poco más de vino sobre la tierra y beber el resto como enteógeno para el trance extático, lo cual abrirá las puertas a lo que los espíritus deparen. Este es un rito simplemente de apertura y comunión; adónde lleve la experiencia dependerá del corazón del aquelarre o de cómo se dirija el ritual.

9. Para terminar, despedirse, verter el vino restante en el suelo y enterrar el pan. Purificar de nuevo tanto a uno mismo como el lugar y, al llegar a casa, es recomendable darse un baño de ruda y sal.

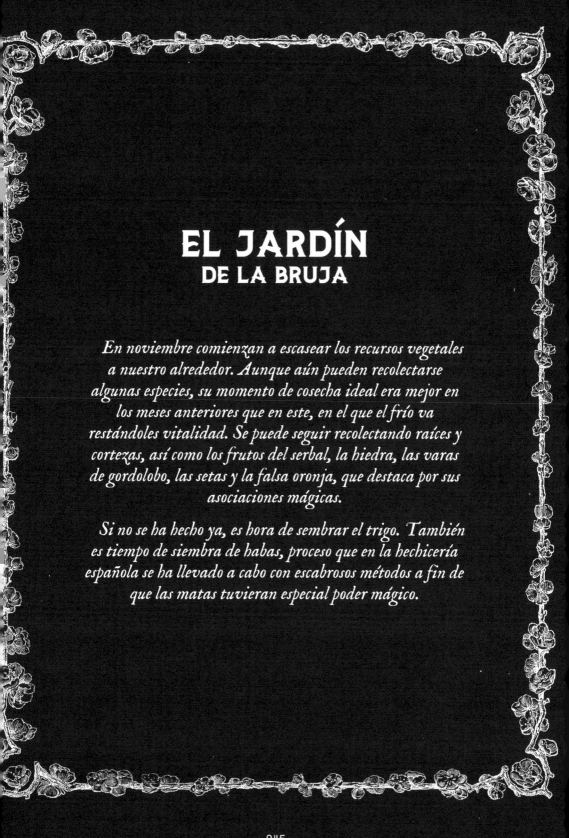

EL JARDÍN
DE LA BRUJA

En noviembre comienzan a escasear los recursos vegetales a nuestro alrededor. Aunque aún pueden recolectarse algunas especies, su momento de cosecha ideal era mejor en los meses anteriores que en este, en el que el frío va restándoles vitalidad. Se puede seguir recolectando raíces y cortezas, así como los frutos del serbal, la hiedra, las varas de gordolobo, las setas y la falsa oronja, que destaca por sus asociaciones mágicas.

Si no se ha hecho ya, es hora de sembrar el trigo. También es tiempo de siembra de habas, proceso que en la hechicería española se ha llevado a cabo con escabrosos métodos a fin de que las matas tuvieran especial poder mágico.

ALIADOS DE LA TEMPORADA

Hierbas

En el mes de noviembre podemos centrarnos en el trabajo con las especies funerarias que hayamos ido recogiendo a lo largo del año o podamos conseguir ahora.

- **Falsa oronja (tóxica):** *También llamada matamoscas,* Amanita muscaria *es una seta tóxica y psicoactiva utilizada como enteógeno en toda Europa desde la Antigüedad. Se vincula especialmente a las prácticas chamánicas. Podemos involucrarla en magia de vuelo del espíritu, para contactar con el Otro Lado y acercarnos al reino feérico.*

- **Siempreviva:** *Esta flor es una de las más frecuentes en la ornamentación escultural de los cementerios, en la cual aparece esencialmente en forma de coronas. Las siemprevivas fueron muy utilizadas hasta hace pocas décadas en las ofrendas a los difuntos por su particularidad de no marchitarse: se mantienen intactas y hermosas una vez secas, lo cual, además de simbolizar la eternidad, da a la ofrenda una gran durabilidad y evita el frecuente aspecto de abandono de las tumbas con flores mustias. Además de permanecer siempre hermosa y en buen estado, el aspecto de la siempreviva, redondo y de colores amarillos o naranjas, tiene una clara atribución solar que podría leerse como una aportación de luz y protección al difunto en su camino. Asimismo, en la hechicería popular española del siglo XVII hay menciones a su uso con fines purificadores y de abundancia.*[41]

- **Cedro:** *Este árbol perenne se ha utilizado en el ámbito funerario por su virtud purificadora y su madera incorruptible. Podemos recoger las lágrimas de resina que se secan sobre su corteza y quemarlas en los ritos dedicados a los difuntos, para purificar el espacio, llamar a los buenos muertos y eludir a los perjudiciales.*

- **Ciprés:** *Árbol funerario por excelencia en el área mediterránea. Consagrado a Plutón y asociado a Orfeo, ya desde la antigua Roma se plantaba en los cementerios y se usaba su madera en las urnas funerarias. Plinio dejó constancia de que la rama de ciprés era señal de luto y que, además de colgarse en casa, componía las coronas que llevaban consigo los asistentes a los funerales. El ciprés representa la eternidad y la persistencia de la vida tras la muerte por su carácter perenne y su longevidad. Su forma estilizada dirige la vista al cielo, lo cual incentiva más aún la connotación del viaje del alma y su ascensión, según el paradigma cristiano, o su descenso al Inframundo, en contexto romano, ejerciendo así de axis mundi y de psicopompo. A nivel mágico, se puede usar el ciprés para suscitar la paz, el descanso y facilitar*

41. Martín Soto, R., *op. cit.*

NOVIEMBRE

de tránsito entre mundos a los difuntos, de modo que eviten todos los males y hallen un buen lugar en el Otro Lado, además de ofrecerles la capacidad de venir a nosotros y regresar sin problemas. Puede usarse también para mostrarles duelo y respeto, así como para representar su eternidad y la pervivencia de su recuerdo. Además de ramilletes, es posible recoger las lágrimas de resina que exuda el ciprés y quemarlas sobre carboncillo como incienso, con fines purificadores y necrománticos.

○ **Tejo (tóxico):** Se trata de un árbol funerario del mundo celta, con gran prevalencia en el norte de la península ibérica. Los tejos custodian los cementerios antiguos y fueron usados para el suicidio ritual de dichos pueblos cuando se veían en manos del enemigo,[42] lo cual los convertía en un vehículo de la voluntad última, el honor, la fe y la transición al mundo de las ánimas. Rara es la ermita antigua que en el norte de España no está acompañada de un longevo tejo.

○ **Gordolobo:** En este momento del año se halla en los prados los tallos secos del gordolobo, que, cortados y untados en cera fundida, se han utilizado tradicionalmente para hacer antorchas. Estas pueden tener una intención funeraria como guía a las ánimas, y a este fin podemos encenderlas en ritos necrománticos.

○ **Álamo blanco:** Árbol funerario desde la antigua Grecia. Su forma es elevada y similar a la del ciprés, lo que le proporciona el mismo simbolismo, aunque menos grave y más poético.[43] Pero no es esta la única coincidencia entre ambos árboles, ya que el álamo posee también una asociación mitológica al viaje de descenso al Inframundo. Se dice de él que coronaba la cabeza de Heracles cuando tuvo que descender a los infiernos para probar su condición semidivina, y por ese motivo la hoja de álamo quedó tal y como la conocemos, de dos colores: la cara que tocaba la cabeza del héroe quedó blanca, mientras que la expuesta a los vapores infernales se tiñó de oscuro. Por este mito también el álamo blanco (Populus alba) está consagrado a Heracles, mientras que el álamo negro (Populus nigra) está consagrado a Perséfone, aunque es frecuente que a ella se asocien ambas especies por ser árboles de carácter liminal, que marcan la linde entre nuestro mundo y la Otredad. Podemos incluir el álamo en nuestra práctica con fines similares al ciprés, pero también como aliado para acercarnos a la liminalidad entre mundos y estar más cerca de las voces de nuestros antepasados.

○ **Hiedra (tóxica):** Hierba asociada a los dioses grecorromanos del éxtasis por poseer capacidad inebriante, puede ser utilizada en la magia amorosa, de ocultación, de ligadura y de fascinación.

---

42. Martín, J. de F., y M. González Herrero, «Taxus Bacata», *Conimbriga: Revista de Arqueología*, vol. 43, p. 191.
43. Barallat, C. (2013), *Principis de botànica funerària*, Barcelona, Base.

- **Serbal:** *Durante el mes de noviembre rebosa de frutos rojos, que se enhebran para hacer collares y guirnaldas protectoras. Se trata de un árbol que aleja los rayos, y de su madera podían hacerse varas de mago y de zahorí.*[44]

- **Habas:** *Las habas son, desde época romana, uno de los principales alimentos de los muertos, como ya comentamos en el mes de mayo. En nuestro folclore, un puñado de habas junto a la lumbre servía para alejar a los malos muertos. Además, en la hechicería popular española se utilizaron ampliamente en la magia amorosa y en la adivinación. Las habas se cosechan ahora de la mata seca para emplearlas en prácticas mágicas o se siembran en este momento con fines rituales para ser cosechadas y usadas el próximo año.*

Otros aliados

- **Cementerio:** *Lugar al que acudir el día de los Fieles Difuntos y que puede ayudar a conectar con los espíritus en ritos necrománticos. Al contrario de lo que se suele pensar, los cementerios son lugares tranquilos y pacíficos, puesto que los muertos que habitan en ellos han recibido los ritos funerarios necesarios para ser apaciguados. El principal motivo en el mundo grecorromano para que los muertos quedaran sin descanso y atormentaran a los vivos era precisamente no haber recibido una sepultura adecuada.*

- **Tierra de cementerio:** *En la magia, sirve para ayudar a conectar con el Inframundo y con las ánimas, aunque también se utiliza en materia de maleficio para «enterrar» a la persona embrujada o mandarle muertos sin descanso.*

- **Tierra de la tumba de ancestros:** *Es perfecta para incluir en los altares dedicados a los ancestros, en vasos de espíritu y ritos de conexión. Cuando se carece de reliquias, la tierra de sus tumbas o algún pedacito del nicho o lápida ejerce la función de elemento vinculante.*

- **Cerillo de difuntos:** *Se trata de una vela de cera de abeja muy fina y larga que se enrolla sobre sí misma o sobre una tablilla de madera, la* argizaiola. *Es tradicional que se encienda la noche del día de los Difuntos y se vaya desenrollando conforme se va consumiendo, con el fin de dar luz a las ánimas.*

- **Agua:** *Una ofrenda básica para los muertos es una copa de agua, ya que el folclore atestigua que las ánimas siempre tienen sed.*

44. Baracetti, M. (2009), *Guia de plantes d'Andorra*, Encamp, Comú d'Encamp.

○ **Mariposas de aceite:** Estas lamparillas se encienden en un cuenco de agua con aceite durante la víspera del día de los Fieles Difuntos. Se prende una por cada pariente fallecido que se conoció y una más por aquellos desconocidos.

○ **Huesos:** En la religiosidad precristiana europea, con ciertos rasgos de chamanidad, el ánima está ligada a los huesos hasta su completa destrucción. Por eso, en la brujería, estos restos pueden ser utilizados para contactar con el espíritu al que están vinculados, para que actúen como vaso permanente o temporal de otros espíritus a los que se desea invocar o para aportar a los ritos una conexión con el mundo de los muertos.

○ **Reliquias:** Son los elementos vinculantes de un difunto, que en un rito pueden ser usadas para atraer su ánima e impedir que otros espíritus puedan hacerse pasar por él. Las reliquias de primer grado son aquellas que formaban parte del mismo muerto: huesos, cabello, dientes, cenizas... Las de segundo grado tienen menor potencia, pero también son útiles: objetos personales importantes, ropa o elementos que estuvieron en contacto con la persona a la hora de su muerte, tierra de la tumba... Las de tercer grado son las menos potentes, y consisten en representaciones del difunto como fotografías o su nombre escrito. Las dos primeras funcionan por magia de contagio, mientras que estas últimas se basan en la magia imitativa y poseen un vínculo más frágil.

DICIEMBRE

El sol, agonizante, se ha hundido en las aguas pantanosas del Inframundo. La noche ha borrado las ramas desnudas y el silencio de los copos de nieve solo es roto por un rumor lejano: un tintineo que emerge de las cuevas, un galope de caballos que brota de la oscuridad más densa. Pero cuando todo parecía llegar al fin, cuando todo parecía perderse en la muerte, la semilla del trigo rompe la tierra helada. La noche más larga del año termina con el destello del amanecer. Diciembre, décimo mes del calendario de Rómulo, fue el último del calendario romano y se estableció así también en nuestra cultura. Se trataba de un periodo en el que los trabajos en el campo se daban por finalizados y se disponía de más tiempo para el ocio, lo que llevaba, después de escasas fiestas y los ajetreados dos meses anteriores, a una de las celebraciones más importantes de esta sociedad: la Saturnalia, dedicada a Saturno, dios protector del mes.[1]

De igual forma, en nuestra tradición, diciembre traía el fin de las labores en el campo, una época de escasa pesca y de estancia del ganado en los establos. Sumado a las largas horas nocturnas y el frío, daba licencia al descanso, las tareas tranquilas junto a la lumbre y la celebración. Diciembre acoge también la fiesta más importante del catolicismo y de nuestra sociedad: la Navidad, que, como veremos, se solapa y entremezcla con un enorme sustrato pagano. La Navidad se inicia con la Purísima o Inmaculada Concepción, el 8 de diciembre, ocasión en la que se acostumbra a poner los belenes y a iniciar los preparativos festivos.

Diciembre también era el mes de un evento anual muy importante: la matanza del cerdo. Si bien estas faenas comenzaban por San Martín, solían llevarse a cabo a lo largo de

---

1. Marqués, N., *op. cit.*

diciembre y en Santo Tomás, el día 21, para tener la carne lista en las fiestas navideñas. Resulta curioso que la matanza del cerdo se solape con el solsticio de invierno: tanto en la cultura romana como en la germana, la celebración de este momento hiemal se inauguraba con un sacrificio animal que se consumía en las fiestas, y cabe mencionar que el cerdo es uno de los animales más frecuentes en el sacrificio solsticial de muchos pueblos paganos de Europa. El jamón asado, el cochinillo o incluso los panecillos en forma de cerdito siguen siendo una de las comidas más típicas de estas fiestas en todo el continente. Como curiosidad, tanto en la celebración germana como en la matanza del cerdo española, se reporta que sobre el animal sacrificado se realizaban juramentos para validar las promesas,[2] entendiendo quizá con ello la presencia avaladora de alguna divinidad.

La matanza del cerdo, por práctica que parezca, sigue envuelta en un sinfín de costumbres que revelan su origen ritual. Por ejemplo, hasta principios de siglo XX se guardaban huesecitos del espinazo para ser quemados y mezclar sus cenizas con el grano con el fin de favorecer la siembra y una buena cosecha, o bien se enterraban algunas tripas en un acto vestigial de ofrenda a los espíritus ctónicos.[3] Era costumbre que el primer chorro de sangre de la matanza cayera en la tierra[4] o que salpicara el vestido de la dueña de la casa,[5] como acto simbólico de ofrenda a la tierra a cambio de su fertilidad.

En el mes de diciembre se produce el solsticio de invierno, el evento astronómico que resulta en la noche más larga del año. Desde tiempos pretéritos, el sol ha facilitado al ser humano sus actividades y le ha permitido evitar los peligros que se amparan en la nocturnidad. Por ello, en la espiritualidad popular, el astro rey se considera capaz de desterrar la oscuridad y quemar con su fuego y su luz los númenes que se asocian a ella, como la enfermedad y los espíritus de los muertos. No es casual, pues, que los dioses solares acostumbren a compartir un remarcado carácter salutífero y protector. Al gran astro, como rey del cielo y protector de la vida, también se lo ha relacionado mucho con el dios soberano cabeza del panteón, siendo así el avatar del orden cósmico. Durante el invierno, es claramente observable que el sol, y por lo tanto este dios celeste, pierde su fuerza, va envejeciendo y cada vez le cues-

2. Amades, J. (1953), *op.c it.*; *Our Troth* (2020), Filadelfia, The Troth.

3. Amades, J. (1953), *op. cit.*

4. *Ibid.*

5. *Ibid.*

ta más mantener sus funciones defensoras por relucir con menor intensidad. Ante un soberano débil, el orden se trastoca y se produce el caos y el desgobierno: todos los espíritus de la noche, de los muertos, de la enfermedad y, en definitiva, del ámbito ctónico, toman más fuerza y se revelan frente a la incapacidad solar de mantenerlos a raya en su mundo subterráneo. La muerte parece haber ascendido del Inframundo y hacerse con el dominio de la superficie. El mundo se invierte.

Llegado el solsticio de invierno, el sol está tan débil y viejo que necesita morir para dar paso a un nuevo soberano capaz de cumplir sus funciones. Aquí se da el mito arquetípico de la muerte del sol (o del dios soberano de turno) y su descenso al Inframundo, donde deja de ser una divinidad celeste para convertirse en una divinidad ctónica, un dios viejo que con su caducidad y su putrefacción hará fértil la tierra yerma, como Saturno. En su lugar, al ascender de nuevo por los cielos tras el solsticio, nace el nuevo dios, un joven, fuerte y luminoso rey sol capaz de cumplir su cometido; esta idea se refleja en los mitos indoeuropeos del titán o dios soberano que es desbancado por su hijo, pasando de ser el rey a un anciano distante: así Saturno releva a Urano y Zeus releva a Saturno en un ciclo de necesaria renovación. El renacimiento del sol es el reinicio del ciclo natural. El nuevo dios soberano aún es un niño que no tiene la fuerza de ejercer su función, pero contiene en sí mismo la semilla del orden, esa fuerza vital que se expandirá iluminándolo todo. Innumerables culturas se han hecho eco de este símil en su mitología, haciendo nacer a su dios celeste, portador de la luz al mundo, en el solsticio de invierno: desde el *Sol Invictus* romano o Mitra en el mitraísmo hasta, evidentemente, Jesús en el cristianismo.

Por el evento comentado, el invierno es la época que recoge más leyendas de seres sobrenaturales y sucesos extraños. En las noches invernales, y especialmente alrededor del solsticio, las comitivas espectrales emergen de las cuevas y las tumbas para cabalgar por los cielos con el bramido de la tormenta, deambular por los caminos con sus lánguidas candelas y colarse en las casas. Muchas leyendas derivan del mito germano de la Cacería Salvaje, presente en toda Europa: como vimos, la comitiva de espectros, frecuentemente liderados por un dios o figura mítica, que vuela por los cielos con gran estruendo, llevándose su paso las almas de incautos que se les pongan por delante. En una primera etapa o fase del mito, la comitiva tenía un marcado carácter bélico, pues los aparecidos eran un ejército o un cortejo de caza.[6] De ahí que suela representarse cabalgando, haciendo sonar trompetas y cuernos o acompañados de una jauría de perros. Hay vestigios de este mito vinculados al solsticio de invierno en leyendas como la del Comte Arnau, la del rey Herodes o la del mal cazador, todos ellos condenados a vagar eternamente con su jauría en una enloquecida cacería, llevándose a todo aquel que se les cruce.

---

6. Espino, I. J. (2022), *Gente de muerte y otros cortejos sobrenaturales*, Córdoba, Almuzara.

En una etapa más tardía y cristianizada, en algunos lugares la cabalgata pierde sus atributos bélicos, se civiliza y se redibuja como una procesión espectral que ya no vuela, sino que anda por los caminos en silencio y se presenta en las encrucijadas.[7] Sin embargo, sigue manteniendo su capacidad de llevarse con ella a aquellos que se crucen a su paso. El mito por excelencia que refleja esta evolución en España es el de la gallega Santa Compaña, pero otras de sus expresiones son el *Trip Reial* catalán y valenciano, la *Genti di Muerti* extremeña, la Hueste Antigua o Estantigua y la Güestia castellanas y asturianas, la Estadea...

Del entendimiento de que las comitivas espectrales traen la muerte y la destrucción, pero también son el germen de la vida y la abundancia, surgen aquellas consideradas benefactoras, que normalmente son de carácter femenino y se dedican a pasar por las casas a comer y beber de las despensas para bendecir el hogar si lo que encuentran las complace. Estas comitivas tienen mucho vínculo con las cortes de las hadas: la noche de Navidad pasan las anjanas en Asturias o las encantadas y las *bones dones* catalanas, e incluso se sincretiza su figura pagana bajo la Virgen María, que de igual modo se dice que se cuela en las casas y debe ser complacida con buena lumbre y una muda para el niño Jesús.

Evidentemente, de las comitivas de espíritus que pasan por las casas surge lo de decir a los más pequeños que cierta figura fantástica vendrá la noche de Navidad a dejar regalos por su buen comportamiento o bien a castigarlos o llevárselos si han sido desobedientes. La comida que los niños dejan a estos seres antes de irse a dormir fue antaño la ofrenda propiciatoria a los espíritus que visitaban los hogares, y los regalos que estos otorgaban no eran paquetes envueltos en papel colorido, sino la fortuna, la prosperidad, la fertilidad y la abundancia de recursos en el nuevo ciclo. El agua que dejan los infantes a las monturas de dichos espíritus (como los camellos, los caballos o los renos) no deja de ser una referencia a aquella cabalgata espectral primigenia, a la Cacería Salvaje. En España, además de los ya evidentes Reyes Magos y el recientemente introducido Papá Noel, han existido un sinfín de espíritus del invierno que deambulaban la noche de Navidad y entraban en las casas a premiar o castigar: el Olentzero vasco, el Apalpador gallego, la Chicharrona hurdana, y las ya mencionadas figuras femeninas como las anjanas o las encantadas.

De este modo, guiándonos por el folclore, el solsticio de invierno es uno de los momentos espirituales más importantes del año, porque de él dependerá profundamente que el ciclo se regenere adecuadamente y la vida prevalezca. La transición de un año solar al siguiente representa la muerte del ciclo y la entrada en el mundo liminal gobernado por las potencias subterráneas, que ante tal inversión del orden conquistan el ámbito celeste volando en la noche. El contacto con los espíritus de la muerte y el invierno es vital para el renacimiento: de ellos dependerá la futura abundancia.

---

7. *Ibid.*

CALENDARIO TRADICIONAL DE
DICIEMBRE

Santa Lucía:
13 DE DICIEMBRE

Un viejo dicho reza: «Santa Lucía, acorta las noches y alarga los días». Dado a que el 13 de diciembre aún no ha acontecido el solsticio de invierno, el refrán no es cierto en la actualidad, pero lo fue durante la Edad Media: por el desfase del calendario juliano, Santa Lucía llegó a solaparse con el solsticio[8] y su figura quedó reconocida así, al igual que su nombre refiere, como la portadora de la luz.

En muchos lugares de Europa, santa Lucía toma atributos paganos que la convierten en un espíritu del invierno portador de la luz que pasa por las casas a dejar regalos o incluso que puede ser temible si uno se cruza con ella. La víspera del día en su honor es una de las noches por excelencia en las que se produce el vuelo del espíritu y el viaje de algunos elegidos al Otro Mundo, como se refleja en el caso del hombre lobo de Livonia (1692).[9] Este aseguraba que, en esta noche, él y sus semejantes caían en un trance en el que viajaban a los infiernos a recuperar de ellos el grano robado por los brujos (entendidos como malos espíritus). De esta acción, que posee un claro carácter chamánico, dependía la futura cosecha. Es evidente que la creencia refería a la recuperación de la vida y la fertilidad agraria de las manos de las potencias ctónicas de la muerte, que, llegado el invierno, se llevaban consigo tanto una como la otra a las profundidades de la tierra. Como ya hemos comentado, la creencia en el vuelo del espíritu y este tipo de prácticas extáticas fueron clave en el constructo de la brujería, lo que convierte esta noche en un momento idóneo para el contacto con la Otredad a través del sueño y el vuelo del alma.

Aunque algunos autores como Joan Amades reflejan los atributos paganos de santa Lucía en sus obras sobre el folclore, no se presentan estos de forma tan clara en nuestro territorio. Lo que sí resulta evidente es que esta víspera se celebra con hogueras que rinden culto al regreso de la luz en el momento más oscuro.[10]

---

8. Sidera i Casas, J. (2020), «Les mirades de Santa Llúcia: The looks of Santa Lucia», *Horitzó: Revista de ciències de la religió*, n.º 2, pp. 147-178.

9. Lecouteux, C., *op. cit.*

10. Sidera i Casas, J., *op. cit.*

Santa Lucía, además, tiene ciertas vinculaciones con la adivinación, lo cual resulta interesante al ser patrona de la vista; podríamos entender que la santa, a quien le arrancaron los ojos y volvió a ver, simboliza la visión espiritual, la percepción de todo aquello que escapa a los ojos y a la realidad ordinaria. En su día comienza frecuentemente el sortilegio adivinatorio del que hablamos en el mes de enero, consistente en la observación de los doce días previos y posteriores a Navidad para conocer el tiempo que hará el próximo año.[11] Asimismo, como patrona del tejido y la costura, es inevitable observar en ella ciertas reminiscencias a esas figuras femeninas que leen el destino en el tejido de la vida como son las parcas, la diosa Frigg o las *dísir*, las cuales, todo sea dicho, eran adoradas en el ámbito germano precisamente en el solsticio de invierno.

- Prácticas adivinatorias
- Hogueras para iluminar el periodo más oscuro
- Vuelo del espíritu
- Prácticas oníricas

Nochebuena, Navidad y el solsticio de invierno:
24 Y 25 DE DICIEMBRE

El 25 de diciembre se celebra la Navidad, que si bien en el cristianismo conmemora, como todos conocemos, el nacimiento de Jesús, abraza un sinfín de creencias y costumbres provenientes de las celebraciones solsticiales paganas. De entre ellas, en nuestra cultura hay una clara antecesora: la Saturnalia.

Como ya hemos visto, las llamadas Saturnales eran un periodo de celebración que los romanos dedicaban a Saturno del 17 al 23 de diciembre. Se trataba de un festival que simulaba una edad de oro gobernada por este dios, en que no existía un orden jerárquico entre los hombres y todos eran iguales en un mundo armónico y utópico. El acto inaugural era el sacrificio de un toro, que después se comía en un banquete comunitario. Las calles se ornamentaban con velas y antorchas para iluminar las noches más largas del año, tal y como ahora se decoran con luces eléctricas, y se celebraban mercadillos en los que com-

---

11. *Ibid.*

prar pequeños presentes a amigos y familiares,[12] del estilo de los mercadillos de Navidad. Durante estos días se producía una distensión de las normas sociales que permitía la transgresión del tabú, lo cual daba como resultado un gran desenfreno: se bebía y comía en abundancia, se jugaba a juegos de azar, se permitía mayor laxitud sexual, se gastaban bromas, se trataba a los esclavos como hombres libres y se paralizaban los procesos bélicos y judiciales. Con la adopción de este periodo carnavalesco de caos y desorden se imitaba la inversión del ciclo natural con fines propiciatorios. En esta dinámica de desgobierno se elegía a un *princeps Saturnalicus*, una figura de soberano a modo de parodia que incentivaba el festejo, el desorden y la guasa de la misma forma que posteriormente hizo en nuestra cultura el rey del Carnaval.[13] De entre las actividades que han perdurado, no solo encontramos los banquetes, el ambiente festivo, las luces, los juegos de azar (como la lotería de Navidad) o las bromas (presentes hoy en el día de los Inocentes, el 28 de diciembre). Uno de los elementos con más persistencia han sido las reuniones con amigos y familia, así como el intercambio de regalos. Entre los romanos, estos presentes eran llamados *sigillaria* o *strenae* y podían consistir en obsequios alimenticios como miel, higos, dátiles, pescados, dulces o cartuchitos de nueces, o bien en objetos como estatuillas, pergaminos, instrumentos musicales, útiles domésticos o lucernas.[14]

Son muchas las costumbres navideñas que derivan no solo de la Saturnalia, sino también de todo un sustrato europeo de fiestas solsticiales. Ya el hecho de que se celebre la noche entre el 24 y el 25 de diciembre y no solo el día del nacimiento de Jesús es curioso si consideramos que la noche más larga del año (aunque hoy caiga unos días antes de Navidad) era sujeto de muchas creencias y costumbres en el pasado pagano, como las que comentaremos a continuación.

La noche del solsticio y, en general, todo este periodo festivo es un momento en que los espíritus de los muertos están mucho más presentes en el plano terrenal. Las comitivas espectrales se expresan a través de figuras míticas paganas como las anjanas y el Olentzero o cristianizadas como los Reyes Magos o la Virgen María. Pasan por las casas y, en vestigio a las antiguas ofrendas, son complacidas con agua, leche o galletas a cambio de sus regalos.

Con las ánimas vienen también los ancestros y toman protagonismo los lares o espíritus del hogar en toda Europa. La lumbre es considerada el lugar en el que habitan estos últimos, ya fueran considerados ancestros, lares o duendes. Este tipo de figuras y las historias que las acompañan se presentan especialmente, de nuevo, alrededor de las fiestas navideñas, y no falta la costumbre de dejarles un puñado de legumbres u otras pequeñas ofrendas

12. Marqués, N., *op. cit.*

13. Gálvez, J., *op. cit.*

14. Sánchez Domingo, R., *op. cit.*

DICIEMBRE

en estas fechas.[15] Un ejemplo local del culto ancestral en la lumbre la noche de Navidad se daba en el Berguedà, donde durante toda la víspera se quemaban ramas de boj para que las almas de los ancestros se fueran a calentar. Se creía que el sonido del chisporroteo eran sus voces, y que las chispas eran las mismas ánimas danzando, más contentas cuanto más alto se elevaran.[16] Otro ejemplo del gran respeto al fuego y su asociación con los espíritus en esta zona se observa en los tabúes a su alrededor esta noche: por ejemplo, no era correcto besarse o comer ciertos alimentos frente a la lumbre, mientras que otros como las castañas (asociadas a los muertos) eran bienvenidas.[17]

El fuego es otro de los elementos de origen pagano más importantes en esta celebración. Abundan las grandes hogueras comunitarias en la plaza o en la cima de colinas, así como la costumbre de llevar velas, fanales o antorchas en procesión. En toda España todavía van los niños con farolillos a la cabalgata de Reyes, pero antaño solía ser más común llevarlos a la misa del gallo. En muchas zonas rurales del Pirineo, en Nochebuena se realizan procesiones o carreras con fallas (una especie de antorchas) descendiendo por las montañas o rodeando las poblaciones, lo que genera una hermosa serpentina luminosa en la oscuridad.[18] Este tipo de costumbres de gran antigüedad refieren al fuego como elemento apotropaico que sustituye al sol en sus funciones durante las noches más largas del año, y se disponen para proteger a la población y alejar a los malos espíritus. Podrían incluso representar en cierta manera el tránsito del sol.

Otro de los sujetos más icónicos y populares de las fiestas navideñas y solsticiales en toda Europa es, sin duda alguna, el árbol. El árbol de Navidad tal y como lo conocemos hoy en día es un elemento reciente en el territorio español, pues no se popularizó en los hogares hasta bien entrada la segunda mitad del siglo XX. Si bien muchas culturas ya decoraban determinados árboles como los robles con frutas a modo de ofrenda a los númenes encargados de la fertilidad de la tierra,[19] el concepto que tenemos del árbol de Navidad parece provenir específicamente del mundo germano. En sus celebraciones solsticiales, colgaban ofrendas en los árboles para apaciguar a los espíritus y decoraban con ramas verdes de árboles perennes el interior de los hogares,[20] algo que hacían también los romanos durante las calendas de enero.[21] La decoración con ramas de plantas perennes tiene una función simbólica y mágica que refiere a la permanencia pese a las condiciones

---

15. Amades, J. (1953), *op. cit.*

16. *Ibid.*

17. *Ibid.*

18. *Ibid.*

19. Barceló Quintal, R. O. (2007), «Una historia de larga duración. La Navidad», *Xihmai*, vol. 2, n.º 4.

20. *Our Troth*, *op. cit.*

21. Rodríguez, E., *op. cit.*

invernales, a la vida que se sobrepone a la muerte y al futuro regreso de la fertilidad de la tierra. Destaca entre sus formatos la corona, cuya circularidad refiere al infinito, al sol y a la ciclicidad.

El árbol solsticial, sin embargo, tenía sus propias manifestaciones en nuestro territorio. Si bien aquí no se decoraban abetos, no faltan las poblaciones españolas que desde tiempos remotos pingan un árbol perenne (normalmente un pino) por Navidad o San Silvestre como acto ritual, de forma similar a como se hace en los Mayos. En Caldes de Montbui o Sant Feliu de Codines se cortaba un pino y se colocaba en la plaza, se rodeaba de hierbas espinosas como el tojo o la genista (las cuales, valga comentar, poseen una gran asociación solar por su flor amarilla, su carácter perenne y su virtud protectora) y se quemaba el conjunto en una gran hoguera.[22] En Centelles, el 31 de diciembre se corta un pino, se decora con guirnaldas de manzanas y neulas, se lleva a la iglesia y se cuelga bocabajo sobre el altar hasta el día de Reyes, tras el cual se descuelga y se reparten las manzanas y las neulas entre los presentes a modo de buena suerte. El acto de cortar, transportar y colgar el pino se rodea de escopetazos al aire que podrían resultar, igual que los arbustos espinosos mencionados respecto al pino de Navidad, una protección al genio de la vegetación que encarna el árbol frente a los malos espíritus.[23]

En toda la franja norte de la península ibérica se da otra manifestación de esta dendrolatría solsticial: el tronco de Navidad, del que hablaremos en las actividades del mes.

- Ofrendas a los espíritus que visitan las casas
- Banquete solsticial
- Quema de un tronco solsticial
- Encender la lumbre
- Ofrendas a los ancestros y espíritus domésticos
- Intercambio de regalos
- Decoración con vegetación perenne
- Prácticas oníricas y de vuelo del espíritu

22. Amades, J. (1953), *op. cit.*
23. *Ibid.*

DICIEMBRE

AMULETO TRADICIONAL

Pan saludado de Navidad

Una costumbre mágica muy extendida por España en estas fechas consistía en que, a la medianoche de Nochebuena, el más anciano de la casa o el padre de familia cortara con solemnidad un mendrugo de pan, que bendecía y metía en un cajón de la cocina.[24] El pan se secaba y daba como resultado un amuleto imperecedero, e incluso se iban acumulando en el mismo cajón los de diversos años consecutivos por ser de mala fortuna tirarlos. Estos mendrugos secos garantizaban la felicidad, la salud y la prosperidad a la casa, y en caso de pudrirse, se tenían por un pésimo augurio. En la Costa Brava, como variante, este cuscurro lo guardaban los marineros en su barca para protegerse de la mala mar, y en caso de emergencia, lo lanzaban al agua para apaciguar la tormenta.[25]

---

24. Homobono Martínez, J. I., *op. cit.*
25. Amades, J. (1953), *op. cit.*

Día de los Santos Inocentes:
28 DE DICIEMBRE

El día de los Santos Inocentes conmemora en el cristianismo la matanza de los niños de Belén ordenada por el rey Herodes. Sin embargo, la jornada es mucho más célebre a nivel popular por su carácter jocoso, que contrasta claramente con la conmemoración de un evento traumático y revela sus conexiones con un pasado pagano: en el día de los Santos Inocentes pervive el carácter carnavalesco y bromista de la Saturnalia romana, que respondía a nivel ritual a la inversión sagrada del orden como acto propiciatorio, permitiendo así la liberación de las tensiones sociales. De hecho, a esta jornada también se la conocía en algunos lugares como la «fiesta de los locos» ya en tiempos cristianos.

Durante esta jornada son muy populares las bromas y burlas de todo tipo. Destaca entre ellas colgar de la espalda de los transeúntes monigotes de papel, llamados también monaguillos, mazas o llufas, que antaño estaban hechos de periódico u hojas de col. Aunque el significado del muñequillo es desconocido, su carácter antropomorfo invita a pensar en un origen sacrificial, y podría remitir a las ánimas de los niños inocentes que, en un sincretismo pagano-cristiano, podrían pegarse a los incautos durante estos días en su deambular. Las referencias a las ánimas están presentes también de otro modo en la celebración de los Santos Inocentes, en la que las cofradías de ánimas organizan con frecuencia las labores festivas, o se realizan actividades como las danzas de ánimas.[26]

Además de este tipo de bromas, en muchos lugares se llevan a cabo actividades carnavalescas, como la elección de una figura central cuyo nombre varía (alcalde inocente, Rey Pájaro, Obispillo, Juan Pelotero...) y que, vestido con harapos, gobierna la jornada con un orden sin sentido y gasta bromas al estilo del príncipe de la Saturnalia o el rey del carnaval.[27]

- Gastar bromas
- Colgar llufas
- Ofrendas a las ánimas de los niños

---

26. Luján Ortega, M., y T. García Martínez (2020), «La fiesta de los Santos Inocentes en la actualidad: Un ritual festivo vivo en la Región de Murcia», en *XXVI Jornadas de Patrimonio Cultural de la Región de Murcia*, Murcia, Instituto de Patrimonio Histórico, pp. 385-392.

27. *Ibid.*

DICIEMBRE

San Silvestre:

31 DE DICIEMBRE

La noche de San Silvestre es considerada en el folclore una de las grandes vísperas de las brujas,[28] lo cual no es de extrañar: el tránsito entre un año y el siguiente ofrece un instante fuera del tiempo, un estado liminal en el que los espíritus permean de forma mucho más clara en la realidad ordinaria.

Según la creencia popular, la última víspera de diciembre las brujas se reúnen en salvajes aquelarres y, remitiendo a su origen mítico como mal espíritu en lugar de como figura humana, deambulan por las casas colándose por el ojo de la cerradura y raptando las almas de los durmientes.[29] Resulta curiosísima la creencia cuando, en otras partes de Europa como el Cáucaso, se decía que había personas que en la noche de San Silvestre caían en una especie de éxtasis y quedaban en el suelo inmóviles, como si durmieran, y cuando despertaban aseguraban haber visto las ánimas de los muertos, unas veces en un gran pantano y otras cabalgando sobre cerdos, perros o machos cabríos. Si veían una que recogía el grano en el campo y lo llevaba al pueblo, lo consideraban auspicio de una cosecha abundante.[30] Se aprecia mucho la semejanza de esta noción con el hombre lobo de Livonia, mencionado el día de Santa Lucía. De hecho, por toda Europa se reportan creencias y prácticas similares del rapto o el viaje del alma durante las noches circundantes al solsticio de invierno. La conexión de estas prácticas extáticas con el origen del constructo de la brujería europea fue estudiada por Carlo Ginzburg en su muy recomendable obra *Historia nocturna*, y se resume en que la idea del vuelo del espíritu de la bruja surgió de las creencias y vestigios de prácticas de éxtasis en las que los participantes viajaban al Otro Mundo ciertas noches del año. Hablaremos más de ello en la sección dedicada a las actividades del mes.

Durante la noche de San Silvestre, una práctica común para evitar el rapto del espíritu por parte de las brujas o cualquiera de sus malas acciones era persignar tres veces la almohada con agua bendita y poner debajo de ella un trocito de pan o laurel consagrado. También se solía poner una ramita de olivo o de romero tomadas y benditas el día de San Pedro Mártir. Para evitar el paso de las brujas a los hogares, se hacían cruces en la ceniza de la lumbre o con las herramientas para atizar el fuego mientras se recitaban diversas fórmulas que variaban según el lugar. Además, era costumbre asperger las puertas y ventanas con

---

28. Salillas, R., *op. cit.*
29. Amades, J. (1953), *op. cit.*
30. Ginzburg, C., *op. cit.*

agua bendita y una ramita de laurel o romero, poniendo especial atención al ojo de la cerradura.[31]

San Silvestre, de forma inevitable con semejante folclore en su día, se considera el santo que guarda de las brujas. Una oración popular reza así: «San Silvestre de Montemayor, guarda mi casa y todo mi alrededor de brujas, hechiceras y hombre malhechor».[32] Sin embargo, también se le ha considerado su protector e incluso una suerte de espíritu nocturno invernal al estilo de aquellos que pasan por las casas o deambulan por los caminos. Así, en Burgos se decía que la última noche del año pasaba san Silvestre, al que llamaban san Silvestre el Cojo, tirando adobes por las chimeneas y asustando a los niños.[33] No sobra fijarse en la cojera de la figura, que remite claramente a que se trata de un espíritu, de una fuerza de la Otredad, como ya comentamos al hablar del diablo cojuelo.

- Aquelarre
- Ritos oníricos de vuelo del espíritu
- Protegerse de los malos espíritus

31. Amades, J. (1953), *op. cit.*

32. Jiménez Sánchez, S. (1055), «Mitos y leyendas: Prácticas brujeras, maleficios, santiguados y curanderismo popular en canarias», *Publicaciones Faycan*, n.º 5.

33. Pedrosa, J. M., C. J. Palacios y E. Rubio Marcos, *op. cit.*

MAGIA Y TAREAS ESTACIONALES

El tronco solsticial

El tronco solsticial es un elemento precristiano presente en las celebraciones de gran parte de Europa, especialmente en las zonas de influencia celta y germana. Se trata de un gran tronco que se corta y se prepara mediante variable ritualística para ser quemado en la lumbre durante toda la noche del solsticio o, incluso, durante todas las fiestas. En España, el tronco solsticial se presenta como el tizón o cepo de Nadal gallego, el nataliegu asturiano, la tronca aragonesa o el tió catalán. Su quema se asocia a la protección en las noches más largas del año, en las cuales su fuego sustituye al sol. Que el tronco se apague durante el periodo que debe estar encendido es pronóstico de desgracia, mientras que si quema por completo se espera suerte y prosperidad. Las cenizas del tronco, una vez apagado, se extienden en los campos para favorecer la próxima cosecha[34] o se mezclan con la simiente,[35] y algunos pedazos se guardan en el desván, el corral, la bodega o la misma lumbre como amuleto que durante el resto del año servirá para traer suerte, proteger de granizadas, rayos y tormentas, prevenir de incendios y evitar la muerte del ganado.[36]

Quizá las expresiones más curiosas y célebres del tronco solsticial en España son las del tió o la tronca, que conservan una inusitada ritualidad: hoy en día se presenta con cara sonriente y se guarda de un año para el siguiente, pero antaño carecía de rasgos humanizados y se elegía específicamente para ser quemado. Se colocaba un extremo en la lumbre y el otro apoyado en el suelo, se tapaba para que no tuviera frío y se llevaba a cabo el rito infantil de «hacerlo cagar», es decir, golpearlo furiosamente con bastones mientras se cantaba con el fin de que el tronco defecara pequeños dulces y monedas (que los padres habían encajado previamente entre los huecos de la corteza y que, con el ajetreo, caían al suelo). Después, el tronco quedaba encendido en la lumbre durante toda Nochebuena y, si era lo suficientemente largo como para irlo metiendo en el fuego a lo largo de los días,

---

34. Amades, J. (1953), *op. cit.*

35. Moreno Rodríguez, P. (1980), «La Navidad en el Altoaragón», *Argensola: Revista de Ciencias Sociales del Instituto de Estudios Altoaragoneses*, n.° 90, pp. 407-424.

36. Solla Varela, C., *op. cit.*

DICIEMBRE

hasta Año Nuevo o Epifanía. Aunque el vestigio ritual está claramente infantilizado, el acto de apalizarlo y quemarlo puede ser una huella de sacrificio, y también lo es el hecho de «darle de comer» durante los días previos dejando restos como pieles de mandarina u hojas de col frente a él, o de «darle de beber» vertiéndole vino. Asimismo, se solía bendecir rociándolo con alguna bebida alcohólica[37] que, igual que lo que acabamos de mencionar, podría reflejar la ofrenda al genio vegetal. Otras costumbres que remitían al sacrificio eran tenerlo en el corral los días previos y acompañarlo a la lumbre portando cirios como si de una pequeña procesión se tratara, o bien de pedir perdón al árbol antes de cortarlo.[38]

Un fascinante rito aragonés de la tronca consistía en que el más pequeño de la casa se sentara a horcajadas sobre ella con una bota de vino en una mano y una torta en la otra. Se santiguaba y, a continuación, echaba vino sobre la tronca formando una cruz y a la voz de: «Buen tizón, buen varón, buena brasa, Dios conserve buen amo en esta casa». Después el niño bebía un buen trago de vino y comía un trozo de la torta, y los demás presentes le seguían compartiendo el vino y la torta restantes en un acto, a todas luces, de comunión sagrada.[39]

Si nos fijamos, la quema del tronco solsticial está asociada al sacrificio de lo viejo a cambio de la renovación, tal y como se hace en otras fiestas precristianas peninsulares de carácter carnavalesco, en las cuales también se sacrifica algún elemento que representa el invierno y el año viejo para regenerar el ciclo. Podemos ver este gesto de renovación también en el importante papel que tienen en sus ritos los ancianos y los niños: normalmente, es la persona más mayor de la casa quien lo elige o enciende con toda solemnidad, y son los niños, en las casas donde los haya, los que participan de su sacrificio.

Así pues, una de las actividades rituales más interesantes a llevar a cabo en las fiestas solsticiales es la honra de un tronco mediante los ritos que consideremos convenientes (decorarlo con elementos verdes que simbolicen la renovación, verter en él una libación o darle una ablución, tenerlo en un lugar preferente...) y, posteriormente, quemarlo en un acto mágico de protección y renovación. Las cenizas podrán guardarse para conjuros relacionados con nuevos inicios y extenderse sobre la tierra para propiciar su fertilidad. Es posible conservar un pequeño tizón como amuleto hasta el próximo año.

37. Moreno Rodríguez, P., *op. cit.*
38. Amades, J. (1953), *op. cit.*
39. Moreno Rodríguez, P., *op. cit.*

DICIEMBRE

Otra práctica propiciatoria con elementos vegetales que podemos llevar a cabo es la decoración del hogar con guirnaldas de materiales naturales (como bayas de escaramujo o castañas enhebradas a modo de cuentas) y ramas de árboles perennes.

Ofrenda a las Buenas Damas

Tal y como se mencionó en la introducción del mes, las comitivas espectrales pueden ser divididas en dos grandes bloques: las masculinas, que personifican la vertiente desintegradora de la muerte bajo la figura de la Cacería Salvaje, y las femeninas, que acotaremos bajo el nombre de la Sociedad Nocturna y representan su parte germinadora. Esta última carecía de carácter guerrero y se describía como un cortejo o pequeña sociedad que se dedicaba a deambular por el cielo nocturno alrededor del solsticio de invierno, entrando en las casas mientras los vivos dormían para festejar, comer y beber de las despensas. Por lo general, era de carácter benefactor y sus miembros eran mayoritaria o totalmente espíritus femeninos, por eso se las conocía con frecuencia en la cultura popular como las Buenas Damas y a su líder, como la Buena Mujer. A aquellos que dejaran ofrendas de comida o la despensa abierta para ellas, les sería bendita la casa con buena fortuna y abundancia.

También se unían a la comitiva femenina los espíritus de algunas mujeres dormidas, que, a diferencia de las almas de los durmientes o los transeúntes que se llevaba contra su voluntad la comitiva masculina, iban de buen grado y regresaban habiendo experimentado situaciones maravillosas.[40] Como ya comentamos fugazmente en el mes de mayo, la líder de esta sociedad nocturna ha variado regionalmente y a lo largo de los siglos, y por ello encontramos por Europa a figuras como la diosa Diana y otras entidades más confusas o que no conservan un mito o leyenda claro: Abundia, Satia, Bensozia, Herodiana, Madonna Horiente y Richella en Italia, Holda y Frau Holle en el área germana (a las que se relacionaría también con la diosa Frigg, como contraparte de la Cacería Salvaje de Odín), Perchta en los Alpes...[41]

Ya comentamos con anterioridad que este tipo de mitos y vestigios de culto extático fueron clave en el constructo tardomedieval de la brujería. En un buen número de testimonios históricos de mujeres interrogadas en el periodo entre los siglos XIII y XIV, antes del establecimiento del Sabbat y el Diablo como figura central de la brujería, era con estas comitivas de buenas damas nocturnas y al servicio de su líder con quienes las acusadas reportaban deambular en espíritu para festejar, adquirir conocimientos y colarse en las des-

40. Ginzburg, C., *op. cit.*
41. *Ibid.*

pensas a cambio de proporcionar abundancia.[42] Por otro lado, existía la figura mitológica de la bruja no como ser humano, sino como un mal espíritu nocturno similar a la lamia romana, que entraba en las casas a matar a los niños y asfixiar a los durmientes.[43] La bruja estaba muy vinculada a las comitivas espectrales de la muerte y el invierno en su faceta perjudicial, mientras que la Sociedad Nocturna se consideraba más bien benefactora. Sin embargo, a ojos del perseguidor, ambas terminaron por fusionarse hasta resultar en la idea final de la bruja como una mujer que deambula en espíritu para reunirse con sus semejantes, festejar en tenebrosos aquelarres o ahogar a los niños en sus cunas.

Carlo Ginzburg defiende que el mito paneuropeo de la Sociedad Nocturna sería probablemente el vestigio de algún tipo de culto extático a la diosa o espíritu femenino que lidera el cortejo en cada zona.[44] La pervivencia del paganismo en estas figuras resulta más que evidente: todavía a principios del siglo XV los campesinos del Palatinado creían que un espíritu llamado Hera (deformación de la diosa homónima), portadora de abundancia, vagaba volando durante los doce días que hay entre Navidad y Epifanía.[45] De hecho, si ya en mayo hablamos de la Bona Dea, diosa que recibía un culto mistérico femenino, es curioso destacar que la otra fecha anual en su honor se diera el 4 de diciembre,[46] tan próxima al paso de estas buenas damas y su líder.

La supervivencia en toda Europa de estas figuras vinculadas a las fiestas del solsticio de invierno deja claro que su culto fue común y muy importante en este periodo. Beda el Venerable, en el siglo VIII, dejó escrito que en el área anglosajona en la que él habitaba, las celebraciones paganas de Yule comenzaban la noche antes del solsticio hiemal con un evento conocido como Modranicht,[47] que se trataba precisamente de una fiesta ligada a este tipo de entidades femeninas con un hincapié especial en su vertiente asociada a la protección de la familia, la fertilidad y el destino. La celebración estaría vinculada con el culto a las matres, una tríada de deidades paneuropeas presentes en gran parte del territorio de influencia celta, así como en España, y ligadas a la maternidad, la fertilidad, la abundancia, la muerte y el destino. Curiosamente, el culto a las matres también tenía un carácter extático, atestiguado por las fórmulas *ex visu* y *ex iussu* en su epigrafía.[48]

42. *Ibid.*

43. Castell Granados, P., *op. cit.*

44. Ginzburg, C., *op. cit.*

45. *Ibid.*

46. Marqués, N., *op. cit.*

47. Beda, y Fatih Wallis (ed.) (1999), «The Reckoning of Time», *Translated Texts for Historians*, vol. 29, Liverpool, Liverpool University Press.

48. Ginzburg, C., *op. cit.*

DICIEMBRE

En España tenemos, asimismo, manifestaciones de la comitiva espectral femenina, pero no conservamos la presencia clara de ninguna figura líder. Una de las variantes del mito que mejor ha perdurado aquí es la catalana, donde estos espíritus son llamados *bones dones*, las buenas mujeres. A ellas se les dejaba la mesa puesta con comida la noche de Navidad para complacerlas, de una forma muy similar a como se hace para los difuntos en Todos los Santos, detalle que revela esa conexión entre los muertos y los seres feéricos de las comitivas espectrales. Así, a cambio de las ofrendas, bendecirían los hogares con buena fortuna y abundancia material.[49] Este tipo de culto doméstico era esencialmente femenino, es decir, que eran las mujeres de la casa las encargadas de realizarlo, de igual forma que eran ellas quienes decían volar en espíritu con la Sociedad Nocturna. Para más inri, diversos testimonios del siglo XIV permiten vincular el culto extático a estas *bones dones* con las artes mágicas, especialmente con la adivinación: en 1314, en la Pobla de Nules, se informó de que «una mujer hace sortilegios y dice irse con las *bones dones*»; en 1341, en Castellvi de la Marca, Elicsendis Solera «se hace adivina y dice que deambula con las buenas mujeres»; a mediados de siglo, Falgueras Mollet «adivina y deambula de noche con espíritus malos a los que se llama vulgarmente *bones dones*».[50]

Como se expuso en el mes de mayo, las *bones dones* están tan estrechamente relacionadas con los espíritus feéricos conocidos como las encantadas que a menudo llegan a confundirse o fusionarse con ellas. Por ejemplo, en algunas poblaciones, en la noche de San Silvestre, noche de brujas, se dejaba la mesa puesta con un mantel blanco, un pan, vino, un cuchillo, un vaso de agua y una vela en una habitación con la ventana abierta para que entraran estas encantadas, del mismo modo que las Buenas Damas. Se decía que visitaban casa por casa con un bebé en cada mano: en una un infante sonriente y hermoso que representaba la suerte, y en la otra uno llorón que representaba la desgracia. La mesa ofrendada debía prepararse con gran devoción para que la encantada les dejara el de la suerte y la abundancia. Al día siguiente, el pan se cortaba cuidadosamente, se mojaba en el vino y se comía entre todos los familiares y el servicio con gran alegría para absorber la bendición.[51] Otro ejemplo de estas comitivas feéricas son las anjanas cántabras, que también pasan por las casas para otorgar los regalos en las fiestas navideñas.

En mi práctica, las fiestas navideñas no pueden pasar sin una muestra de respeto a estas damas con su tradicional ofrenda doméstica. Quién sabe si, tras dejarles la mesa puesta e ir a dormir, alzarán nuestro espíritu para que acudamos a su cortejo y aprendamos de sus misterios. Por eso, el siguiente rito puede combinarse con las propuestas de la próxima sección.

---

49. Amades, J. (1953), *op. cit.*
50. Castell Granados, P., *op. cit.*
51. Amades, J. (1953), *op. cit.*

RITO A LAS BUENAS DAMAS, LAS HADAS Y LAS ANJANAS

Materiales:

- 1 pan
- 1 botella de vino
- 1 jarra de agua
- 1 cuchillo
- 1 vela o lamparilla que pueda dejarse encendida sin peligro
- 2 de copas
- 1 plato
- 1 mantel blanco
- Medios para decorar la mesa

Procedimiento:

1. En la noche del solsticio, Nochebuena o San Silvestre, poner la mesa con el mantel blanco, el pan en el plato, la botella de vino abierta, la jarra, el cuchillo para el pan y la vela. Pueden añadirse otras ofrendas y ornamentos para hacer la disposición más agradable.

2. Entreabrir la ventana.

3. Encender la vela y llamar a los espíritus como se desee, por ejemplo:

   Señoras, buenas damas que deambuláis por el cielo nocturno,
   enciendo esta vela para recibiros en mi hogar y os ofrezco esta mesa como muestra de
   honra y hospitalidad.
   Que esta agua [sirve una copa de agua] *aplaque vuestra sed;*
   que este vino [sirve una copa de vino] *avive vuestro espíritu;*
   que este pan os nutra y os complazca,
   y bendigáis mi casa con vuestra presencia.

4. Después cerrar la puerta de la estancia para que el frío no entre por toda la casa y dejar la mesa puesta hasta el día siguiente.

5. Por la mañana, cortar un pedazo de pan para cada miembro de la casa, mojarlo en el vino y comerlo para absorber sus bendiciones.

Aquelarre: el vuelo nocturno

La noche de San Silvestre es una de las grandes vísperas de las brujas, y la ocasión merece un aquelarre al encuentro del Maestro y las Buenas Señoras.

Puede celebrarse de forma física en algún prado, bosque, cueva o emplazamiento poderoso; sin embargo, no olvidemos que este periodo se caracteriza por las prácticas de éxtasis letárgico, que dejaban durmiente el cuerpo y liberaban el ánima para que fuera al encuentro de las comitivas de espíritus. Por ese motivo, la práctica sabática puede combinarse yaciendo, ya sea en la cama o en el medio natural, y contactando con la Otredad a través de los estados oníricos.

Una buena forma de preceder este acto ritual es mediante la comunión del pan y el vino que expusimos en el mes de noviembre, ya que se puede dedicar a las Buenas Damas y al Maestro en lugar de a las ánimas. Tras compartir con ellos las ofrendas, puede aplicarse un ungüento de vuelo u otros elementos rituales y llevar a cabo las técnicas de trance dinámico o letárgico que se prefieran hasta que, echados de espaldas y con los ojos cerrados, nos dejemos llevar.

El vuelo del espíritu no es una tarea sencilla; si lo fuera, no serían personas excepcionales las brujas y chamanes que lograban tal comunión con los planos intangibles, como refleja el folclore. Es triste la banalidad con la que se trata el tema en la actualidad, sobre todo cuando se expone como una meditación de principiantes, porque suele llevar al autoengaño, así como a la recreación de escenarios y sucesos imaginarios en función de lo que se anhela y no de una experiencia real. Por eso no soy especialmente partidaria de ese sistema, sino más bien de los procesos que a nivel histórico, mención a parte a los enteógenos, parecían llevar a este tipo de vivencias: la duermevela y el sueño. En un terreno en el que se tiene menos control y, por lo tanto, menos capacidad de manipulación de la experiencia por el propio ego, la Otredad puede presentarse de forma más libre; si bien es cierto que hay una frontera muy fina entre la vivencia extracorpórea genuina y la manipulación del inconsciente en función de los propios miedos y deseos.

Según mi investigación y mi propia experiencia, la forma de vuelo del espíritu más común, eficaz y probablemente utilizada en estos estados de letargo descritos en los testimonios históricos de brujas y de otros practicantes del éxtasis en la Europa del momento sería similar a la práctica conocida hoy en día como WILD (acrónimo de *wake-induced lucid dream*): dormir sin perder la conciencia. La transición de la vigilia al sueño sin perder el conocimiento es tumultuosa y requiere de práctica, pero cuando se logra, traslada la conciencia despierta del cuerpo físico al cuerpo onírico, al doble espiritual. En ese momento nos encontramos experimentando en primera persona una realidad paralela, que frecuentemente comienza con levantarse de la cama y, por ejemplo, en mi caso, alzar el vuelo por la ventana al encuentro de lugares y sujetos de ese otro mundo.

Cabe mencionar que un sueño lúcido y un vuelo del espíritu (o viaje astral) son vivencias muy similares, porque acontecen en espacios colindantes y unidos no por una frontera definida, sino por un degradado: el plano onírico o intangible interno y el plano espiritual externo, aquel más allá de nosotros. Así, en el sueño lúcido, el viaje trascurre por nuestros mundos internos, algo contrastable porque se suele tener capacidad de manipulación del entorno mientras dicho estado onírico se mantenga estable; en cambio, un vuelo del espíritu acontece en un plano más allá del propio mundo interno, y suele caracterizarse por la falta de control sobre el entorno, la autonomía de sus personajes y los escenarios remarcadamente fuera del propio paisaje onírico habitual. Sin embargo, las infiltraciones de la Otredad en nuestros mundos internos son frecuentes, así como también las proyecciones propias en el maleable Otro Lado. Consideremos que incluso en los sueños ordinarios pueden tanto darse visitas de espíritus a nuestros planos internos como producirse salidas involuntarias al mundo de lo numinoso. La experiencia es lo que da discernimiento entre ambos parajes intangibles.

Dado que este proceso no es sencillo para los principiantes y puede resultar un poco desalentador, recomiendo comenzar por trabajar los procesos de duermevela de forma ritual; la experiencia es menos estable e inmersiva, pero permite mantener mejor la conciencia y no perderse en las mareas del sueño. De esta manera también es posible levantarse nada más terminar y, por lo tanto, recordar mejor la vivencia que tras haber pasado horas durmiendo. En este caso, la ritualidad es vital para dirigir la experiencia: entorno, aliados, actos simbólicos, intención e invocación de los espíritus con los que se desea interactuar...; todo ello influye en el éxito de la práctica.

Tras los preparativos rituales y ya en un trance previo, nos tendemos bocarriba, cerramos los ojos e intentamos mantener la conciencia hasta que comiencen a aparecer las primeras visiones de la hipnagogia como señal de que nos estamos durmiendo; cuando ese estado de duermevela se intensifica, la conciencia se vierte en los planos internos y desaparece del cuerpo. Es en este punto cuando debemos intentar mantenernos lúcidos e ir indagando en los escenarios y situaciones que se nos presenten, pero sin caer dormidos del todo.

EL JARDÍN
DE LA BRUJA

Diciembre no ofrece demasiadas labores de recolección más allá de las plantas perennes ya mencionadas en meses como enero. Se mantiene la siembra de las habas, que pueden cultivarse con fines rituales, y es momento de proteger las plantas vulnerables al frío. El trigo y otros cereales comienzan a germinar y crecer. Más allá de eso, este mes es tradicionalmente un periodo de reposo de la tierra.

ALIADOS DE LA TEMPORADA

Hierbas

○ **Roble:** Símbolo de fortaleza, ancestralidad, soberanía y renovación, el roble ofrece una de las maderas empleadas con más frecuencia en los troncos solsticiales. Al ser una madera dura, permanece más horas encendida sin consumirse.

○ **Encina:** Árbol perenne que refleja la fortaleza, la perpetuidad y el sustento; es la principal madera utilizada en los troncos solsticiales en nuestro territorio. Al ser una madera dura, permanece más horas encendida sin consumirse.

○ **Árboles y plantas perennes:** Especies como la hiedra, el pino, el cedro o el abeto, entre muchas otras, forman parte de la decoración solsticial en los hogares para atraer la renovación y la prosperidad.

○ **Acebo:** Las ramas de esta especie se observan en la decoración típica de las fiestas navideñas. En la magia popular, una rama de acebo colgada en la puerta de casa o los establos protegía de las envidias y el mal de ojo y atraía la suerte.[52] También se utilizaban sus varas para curar diversas dolencias del ganado pasándolas cerca de la parte dolorida. Actualmente se trata de una especie protegida.

○ **Muérdago:** Al parecer, su asociación a las fiestas navideñas en España es reciente. Se ha incorporado a nuestras costumbres colgado en puertas y establos como protector y portador de suerte.[53] En nuestro territorio, un uso mágico que se le daba, por crecer en las copas de los árboles, era hacer crecer el pelo.[54]

○ **Resina de coníferas:** Quemadas como incienso, pueden servir para purificar y renovar el espacio doméstico, expulsando a los malos espíritus que suelen vagar en estas noches y preparándolo para el cambio de año.

---

52. Latorre Catalá, J. A., *op. cit.*
53. Pascual Gil, J. C., *op. cit.*
54. Fernández Ocaña, A. M., *op. cit.*

Otros aliados

○ **Plumas de ave nocturna:** *Pueden usarse de formas muy variadas en prácticas mágicas oníricas, teriomorfismo y vuelo del espíritu: colocadas bajo la almohada, quemadas para emplear sus cenizas en un ungüento de vuelo, conformando indumentaria ritual...*

○ **Monigotes de papel o col:** *En el día de los Inocentes, representan las ánimas sin descanso de los niños y sirven para apaciguarlas. Pueden ser entregados como ofrenda o símil de sacrificio. Se cuelgan como broma.*

○ **Aguas benditas:** *A estas alturas del año, se tendrán a mano diversas aguas con propiedades purificadoras y renovadoras: de siete fuentes o siete pilas, de fuentes naturales, de lluvia, de mayo, bendita... Todas ellas pueden ser utilizadas para asperger la casa en los ritos de purificación y protección de la última víspera del año.*

○ **Mantel blanco:** *Acostumbra a ponerse en la mesa ofrendada a las Buenas Damas y otras comitivas espectrales. Así lo contaba la comadrona Sança de Camins, acusada de brujería en 1419:*

> *Que muchas veces de noche ponía la mesa de comer, y ponía mantel, y pan, y vino, y agua, y un espejo para que se miraran los del Trip y se turbasen al comer y beber y mirarse en el espejo y no mataran a los niños pequeños.*[55]

También se describía así en *La leyenda dorada*, de Santiago de la Vorágine:

> *Un día que había recibido hospitalidad en un lugar, san Germán se asombró al ver que, tras la cena, ponían la mesa, y preguntó para quién preparaban otra comida. Puesto que le dijeron que era para las buenas señoras que van de noche —o sea las hadas o las brujas—, decidió pasar la noche en vela. Vio entonces una multitud de demonios que se sentaban a la mesa en forma de hombres y mujeres. Les impidió irse, despertó a toda la casa y preguntó si conocían a aquella gente. Todos son vecinos y vecinas, le respondieron. Mandó entonces a los demonios que se quedasen allí y envió a alguien al domicilio de cada uno de ellos: todos estaban en su cama.*[56]

Este segundo ejemplo es fantástico, porque vincula a las Buenas Damas con las almas o dobles espirituales de los durmientes que las acompañan.

---

55. Castell Granados, P., *op. cit.*
56. Lecouteux, C., *op. cit.*

- ○ **Fuego:** *En el solsticio de invierno, el fuego sustituye al sol en su momento de mayor debilidad. Trae la infinitud, la renovación del ciclo y la protección frente a los malos espíritus.*

- ○ **Solsticio de invierno:** *El momento anual de mayor oscuridad es el mejor para el contacto con los númenes ctónicos y nocturnos, con el Otro Lado. A su vez, el renacimiento del sol permite incorporar esa potencia a cualquier aspecto o proyecto que se quiera hacer crecer, como hace el astro rey durante el trascurso de medio año.*

- ○ **Pan saludado de Nochebuena:** *Uno de los amuletos tradicionales más típicos de las fiestas navideñas es el mendrugo de pan que debe cortar el cabeza de familia y dejar secar hasta endurecer. Si se conserva, asegura la suerte, la protección y el sustento durante el próximo año.*

BIBLIOGRAFÍA

Abu-l-Casim Maslama Ben Ahmad el Madrileño (1978), *Picatrix: El fin del sabio y el mejor de los dos medios para avanzar*, Marcelino Villegas (trad.), s. c., s. e.

Academia Farmacéutica de la Capital de la República (1846), *Farmacopea mexicana*, México, Manuel N. de la Vega.

Aceituno Mata, Laura (2010), *Estudio etnobotánico y agroecológico de la Sierra Norte de Madrid*, tesis doctoral, Madrid, Universidad Autónoma de Madrid.

Alamillos Álvarez, Rocío (2015), *Hechicería y brujería en Andalucía en la Edad Moderna. Discursos y prácticas en torno a la superstición en el siglo XVIII*, tesis doctoral, Córdoba, Universidad de Córdoba.

Alarcón Román, Concepción (1987), *Catálogo de amuletos del Museo del Pueblo Español*, Madrid, Ministerio de Cultura.

Alonso Revenga, Pedro Antonio (1984), «La fiesta de la Cruz de Mayo y los Mayos de Noez», *Los Montes de Toledo: Boletín Informativo de régimen interior de la Asociación Cultural Montes de Toledo*, n.° 26, pp. 13-22.

Alonso Romero, Fernando (1999), «Ánimas y brujas de Finisterre, Cornualles e Irlanda», *Anuario Brigantino*, pp. 481-483.

Amades, Joan (1953), *Costumari català: El curs de l'any*, vols. I-V, Barcelona, Salvat Editores.

— (1980), *Folklore de Catalunya. Costums i creences*, Barcelona, Selecta.

— (1932), *Les diades populars catalanes*, vol. IV, Barcelona, Barcino.

Amela Valverde, Luis, y Alejandra Guzmán Almagro (1 de enero de 2021), «La bruja Ericto y Sexto Pompeyo. Relectura de un acto de necromancia en la *Farsalia* de Lucano», *Helmántica*, vol. 72, n.° 206, pp. 9-34.

Anllo Naveiras, Josefina (2010), *Estudio etnobotánico de la comarca de Terra Chá*, tesis doctoral, Santiago de Compostela, Universidad de Santiago de Compostela.

Apolonio de Rodas (2015), *Las Argonáuticas*, Madrid, Cátedra.

Aranburu Urtasun, Mikel (1989), «Folklore festivo del valle de Arce», *Cuadernos de etnología y etnografía de Navarra*, vol. 21, n.° 54, pp. 343-376.

Arenas Gallego, Laura María (2023), «El culto a los di Manes», *Cuadernos de arqueología de la Universidad de Navarra*, n.° 31, pp. 35-68.

Arriba Vega, Lidia de (2020), «Las dos diosas y los Misterios de Eleusis», en *XII Congreso virtual sobre Historia de las Mujeres*, Jaén, Amigos del Archivo Histórico Diocesano de Jaén, pp. 357-377.

Ballesteros Gallardo, Ángel (2009), «Las Mondas, Fiesta de Interés Turístico Nacional», *Alcalibe: Revista del Centro Asociado a la UNED Ciudad de la Cerámica*, n.° 9, pp. 413-416.

Baracetti, Michel (2009), *Guia de plantes d'Andorra*, Encamp, Comú d'Encamp.

Barallat, Celestí (2013), *Principis de botànica funerària*, Barcelona, Base.

Barceló Quintal, Raquel Ofelia (2007), «Una historia de larga duración. La Navidad», *Xihmai*, vol. 2, n.° 4.

Barreiro de Vázquez Varela, Bernardo (2012), *Brujos y astrólogos de la Inquisición de Galicia y el famoso libro de san Cipriano*, Valladolid, Maxtor.

Beda, y Faith Wallis (ed.) (1999), «The Reckoning of Time, *Translated Texts for Historians*, vol. 29, Liverpool, Liverpool University Press.

Bejarano Pellicer, Clara (2014), «El culto a los difuntos en la Sevilla de la Edad Moderna: La campanilla de ánimas del purgatorio», *El mundo de los difuntos: Culto, cofradías y tradiciones*, vol. 1, pp. 85-96.

Benítez Cruz, Guillermo (2009), *Etnobotánica y etnobiología del poniente granadino*, tesis doctoral, Granada, Universidad de Granada, Facultad de Farmacia.

Blanco Castro, Emilio (2004), «Pinceladas de etnobotánica salamantina», *Salamanca: Revista de estudios*, n.° 51, pp. 295-321.

Blázquez Miguel, Juan (1989), *Eros y Tánatos: Brujería, hechicería y superstición en España*, Madrid, Arcano.

Bouzas Sierra, Antón (2009), «Aportaciones para una reinterpretación astronómica de Santiago de Compostela», *Anuario Brigantino*, n.° 32, pp. 47-92.

— (2013), «Espacios paganos y calendario céltico en los santuarios cristianos de Galicia», *Anuario Brigantino*, n.° 36, pp. 43-74.

— (2015), «Etnoastronomía del calendario céltico en Galicia», *Anuario Brigantino*, n.° 38, pp. 67-90.

Cabal, Constantino (2008), *Los dioses de la vida*, Valladolid, Maxtor.

Calvo Muñoz, Clemente (2013), «Usos medicinales del chopo negro (*Populus nigra L.*)», *Medicina naturista*, vol. 7, n.° 2, pp. 99-115.

Campa Carmona, Ramón de la (2016), «Las fiestas de la Virgen en el año litúrgico católico», *Regina Mater Misericordiae: Estudios históricos, artísticos y antropológicos de advocaciones marianas*, pp. 127-199.

Campo Tejedor, Alberto del (2015), «El fuego destructor-renovador en el tránsito invernal. Las candelas de La Puebla de los Infantes (Sevilla)», *Gazeta de Antropología*, n.° 31.

Campos Moreno, Araceli (2021), «La voluntad cautiva tres conjuros novohispanos parar atraer al amado», *Actas del Congreso Internacional Lyra mínima oral: Los géneros breves de la literatura tradicional*, Alcalá de Henares, Universidad de Alcalá, pp. 425-432.

Carreras y Candi, F. (1944), *Folklore y costumbres de España*, vol. I, Barcelona, Casa Editorial Alberto Martín.

Casana, Elena (1993), *Patrimonio etnobotánico de la provincia de Córdoba: Subbética, Campiña y Vega del Guadalquivir*, tesis doctoral, Córdoba, Universidad de Córdoba.

Casas Gaspar, Enrique (1947), *Costumbres españolas de nacimiento, noviazgo, casamiento y muerte*, Madrid, Escelicer.

Castell Granados, Pau (2013), *Orígens i evolució de la cacera de bruixes a Catalunya (segles XV-XVI)*, tesis doctoral, Barcelona, Universitat de Barcelona.

Cea Gutiérrez, Antonio (1979), «La fiesta de las Águedas en Miranda del Castañar», *Narria: Estudios de artes y costumbres populares*, n.° 15-16, pp. 37-43.

Ciruelo, Pedro (2005), *Reprobación de las supersticiones y hechicerías*, Valladolid, Maxtor.

Delgado, Ana (2018), *Lunario y consejos para cultivar el huerto*, Madrid, Rustika.

Díaz Fernández, Ezequiel A. (2018), «La festividad de San Marcos (de León) en la comarca santiaguista de Estepa», *Actas de las XIV Jornadas de historia y patrimonio sobre la provincia de Sevilla. Ferias, fiestas y romerías en la provincia de Sevilla: El ciclo festivo local*, Sevilla, Asociación Provincial Sevillana de Cronistas e Investigadores Locales, pp. 439-448.

Díaz González, Tomás E. (1981), «Brujas, ungüentos, supersticiones y virtudes de las plantas», *Los Cuadernos del Norte: Revista cultural de la Caja de Ahorros de Asturias*, vol. 2, n.° 9, pp. 90-101.

Díez Elcuaz, José Ignacio (2005), «La fiesta de las Águedas en la provincia de Salamanca durante el siglo XVIII», *Revista de folklore*, n.° 294, pp. 204-207.

Domingo Delgado, Luis (1983), «Fiestas del "Mayo" en Segovia capital», *Revista de folklore*, n.° 29, pp. 177-180.

Domínguez Moreno, José María (1994), «El magosto en la comarca de Las Hurdes», *Narria: Estudios de artes y costumbres populares*, n.° 67-68, pp. 41-46.

— (febrero de 2018), «Fuegos rituales en Extremadura: Las luces de ánimas», *Revista de folklore*, n.° 432, pp. 34-43.

— (1987), «La fiesta del "Toro de San Marcos" en el oeste peninsular (I)», *Revista de folklore*, n.° 80, pp. 49-58.

— (mayo de 2018), «Las tormentas en Extremadura: supersticiones, creencias y conjuros», *Revista de folklore*, n.° 434, pp. 4-28.

Durán Gudiol, Antonio (1956), «San Lorenzo, arcediano de la Santa Romana Iglesia y mártir», *Argensola: Revista de Ciencias Sociales del Instituto de Estudios Altoaragoneses*, n.° 27, pp. 209-224.

Espés Mantecón, Carlos Franco de (1979), «La noche de San Juan en Ribagorza, Sobrarbe y Somontano», *I Congreso de Aragón de Etnología y antropología: Tarazona, Borja, Veruela y Trasmoz*, Zaragoza, CSIC, pp. 163-172.

Espino, Israel J. (2022), *Gente de muerte y otros cortejos sobrenaturales*, Córdoba, Almuzara.

Fajardo, José, Alonso Verde, Diego Rivera y Concepción Obón (eds.) (2000), *Las plantas en la cultura popular de la provincia de Albacete*, n.° 118, Albacete, Instituto de Estudios Albacetenses Don Juan Manuel.

Farmacopea matritense en castellano (1823), Madrid, Cosme Martínez.

Fernández García, María de los Ángeles (1986-1987), «Hechicería e Inquisición en el Reino de Granada en el siglo XVII», *Chronica nova: Revista de historia moderna de la Universidad de Granada*, n.° 15, pp. 149-172.

Fernández Medina, Esther (2014), *La magia morisca entre el cristianismo y el islam*, tesis doctoral, Granada, Universidad de Granada.

Fernández Ocaña, Ana María (2000), *Estudio etnobotánico en el Parque Natural de las Sierras de Cazorla, Segura y las Villas: Investigación química en un grupo de especies interesantes*, tesis doctoral, Jaén, Universidad de Jaén.

Fernández Peña, María Rosa (2008), «San Antonio Abad, un santo antiguo pero muy actual», *El culto a los santos: Cofradías, devoción, fiestas y arte*, simposio del Instituto Escurialense de Investigaciones Históricas y Artísticas, San Lorenzo del Escorial, pp. 677-690.

Ferrández Palacio, José Vicente, y Juan Manuel Sanz Casales (1993), *Las plantas en la medicina popular de la comarca de Monzón (Huesca)*, Huesca, Instituto de Estudios Altoaragoneses de la Diputación de Huesca.

Flórez Dávila, Gloria Cristina (2020), «"Mamacha Candelaria": Un antiguo culto mariano presente en el mundo andino», *II Congreso Internacional de la Bajada de la Virgen*, Santa Cruz de La Palma, pp. 479-492.

Folkard, Richard (1892), *Plant Lore, Legends and Lyrics: Embracing the Myths, Traditions, Superstitions, and Folk-Lore of the Plant Kingdom*, Londres, Sampson Low, Marston & co.

Font Quer, Pío (2016), *Plantas medicinales: El Dioscórides renovado*, Barcelona, Península.

Fuentes Cañizares, Javier (2007), «En torno a un antiguo conjuro mágico en caló», *Revista de folklore*, n.° 321.

Gálvez, Javier (2009), *Fiestas romanas: Las antiguas fiestas paganas en la capital del imperio*, s. c., Javier Gálvez.

García Cuadrado, María Dolores (2000), «San Cristóbal: Significado iconológico e iconográfico», *Antigüedad y cristianismo: Revista de estudios sobre antigüedad tardía*, n.° 17, pp. 343-366.

García Jiménez, Rita (2007), *Etnobotánica leonesa. Municipio de Palacios del Sil*, tesis doctoral, Madrid, Universidad Complutense de Madrid.

García Lázaro, Eutiquio (2008), «La Candelaria», *Beniel. Recuerdos de un pueblo*, Beniel (Murcia), Ayuntamiento de Beniel, pp. 230-253.

Ginzburg, Carlo (2003), *Historia nocturna*, Barcelona, Península.

Gómez Alonso, María (2018), *Formas y lenguajes de la brujería en la Castilla interior del siglo XVIII: Imágenes y realidades en contraste*, tesis doctoral, Santander, Universidad de Cantabria.

Gómez Vozmediano, Miguel F. (2015), «Apuntes sobre la caza del oso en Los Montes de Toledo», *Revista de estudios monteños*, n.° 150, pp. 66-69.

Gomis i Mestre, Cels (1987), *La bruixa catalana: Aplec de casos de bruixeria, creences i supersticions recollits a Catalunya a l'entorn dels anys 1864 a 1915*, Cels Gomis i Serdañons (ed.), Barcelona, Alta Fulla.

González Fernández, Óscar J. (2020), *Mascaradas de la península ibérica*, s. c., Oscar J. González Fernández.

González Zymla, Herbert (2023), «Huesos, amuletos y rituales nigromantes en el Antiguo Testamento: La bruja de Endor», en Francisco José Alfaro Pérez, Jorge Jiménez López y Carolina Naya Franco (eds.), *Santas y rebeldes: Las mujeres y el culto a las reliquias*, Salamanca y Zaragoza, Universidad de Salamanca y Universidad de Zaragoza, pp. 208-243.

Grimal, Pierre, y Charles Picard (2020), *Diccionario de mitología griega y romana*, Francisco Payarols (trad.), Barcelona, Paidós.

Guyonvarc'h, Christian-J., y Françoise Le Roux (2009), *Los druidas*, Madrid, Abada.

Guzmán Tirado, María Antonia (1997), *Aproximación a la etnobotánica de la provincia de Jaén*, tesis doctoral, Granada, Universidad de Granada, Departamento de Biología Vegetal.

Hatsis, Thomas (2015), *The witches' ointment: The secret history of psychedelic magic*, Rochester, Park Street Press.

Hernández Donamaría, María Teresa (2008), «San Pedro Mártir de Verona y el agua del cielo», *Belezos: Revista de cultura popular y tradiciones de La Rioja*, n.° 6, pp. 46-49.

Hernández, Mari Ángeles, y Mercedes Santillana (2003), «La hechicería en el siglo XVIII. El tribunal de Llerena», *Norba: Revista de Historia*, n.° 16, pp. 495-512.

Homobono Martínez, José Ignacio (2021a), «Remedios precautorios y sanadores», *Supersticiones, creencias, leyendas y rituales. Facetas del imaginario popular barakaldarra*, anejo, n.° 22, pp. 53-59.

— (2021b), «San Juan: festividad y ritos solsticiales», *Supersticiones, creencias, leyendas y rituales. Facetas del imaginario popular barakaldarra*, anejo, n.° 22, pp. 85-98.

Inventario español de los conocimientos tradicionales relativos a la biodiversidad agrícola (2018), Madrid, Ministerio de Agricultura, Pesca y Alimentación.

Iribarren Rodríguez, José María (1942), «El folklore del día de San Juan», *Príncipe de Viana*, vol. 3, n.° 7, pp. 201-217.

Jiménez, Manuel (1830), *Farmacopea razonada o tratado de farmacia práctico y teórico*, Madrid, Imprenta de los Hijos de doña Catalina Piñuela.

— (1847), *Codex o Farmacopea Francesa*, Madrid, N. Sánchez.

Jiménez Sánchez, Sebastián (1955), «Mitos y leyendas: Prácticas brujeras, maleficios, santiguados y curanderismo popular en canarias», *Publicaciones Faycan*, n.° 5.

Laguna, Andrés (1566), *Pedacio Dioscórides Anazarbeo. Acerca de la materia vegetal y los venenos mortíferos*, ed. de 1999, Madrid, Doce Calles.

Lara Alberola, Eva (2010), *Hechiceras y brujas en la literatura española de los Siglos de Oro*, Valencia, Publicacions de la Universitat de València.

Latorre Catalá, Juan Antonio (2008), *Etnobotánica de la provincia de La Coruña*, tesis doctoral, València, Universitat de València, Departamento de Botánica de la Facultad de Farmacia.

Lecouteux, Claude (1999), *Hadas, brujas y hombres lobo en la Edad Media: Historia del doble*, Palma de Mallorca, José J. de Olañeta.

Limón Pons, Miquel Àngel (2005), «Historia y ritual de la fiesta de San Antonio Abad en la isla de Menorca», *Narria: Estudios de artes y costumbres populares*, n.º 109-112, pp. 59-66.

Llano Roza de Ampudia, Aurelio de (1922), *Del folklore asturiano. Mitos, supersticiones, costumbres*, Madrid, Talleres de voluntad.

López Picher, Mercedes (2013), «Aspectos de la devoción popular a san Pedro de Verona en el convento de Santo Domingo de A Coruña», en F. J. Campos y Fernández de Sevilla (ed.), *Patrimonio inmaterial de la cultura cristiana*, Madrid, Ediciones Escurialenses, pp. 665-678.

López Piñero, José María (1999), *Calendario de fiestas de la Comunidad Valenciana*, Palma de Mallorca, Bancaja.

López Ridaura, Cecilia (2013), «De villa en villa, sin Dios ni Santa María», *La ascensión y la caída: Diablos, brujas y posesas en México y Europa*, San Luis Potosí, El Colegio de San Luis, pp. 37-58.

López Témez, Xesús (1983), «El magosto», *Revista de folklore*, n.º 32, pp. 48-50.

Luengo Soria, Óscar (2014), «Las mondas, la fiesta más entrañable de Talavera», *Crónicas: Revista trimestral de carácter cultural de La Puebla de Montalbán*, n.º 30, pp. 4-10.

Luján Ortega, María, y Tomás García Martínez (2020), «La fiesta de los Santos Inocentes en la actualidad: Un ritual festivo vivo en la Región de Murcia», en *XXVI Jornadas de Patrimonio Cultural de la Región de Murcia*, Murcia, Instituto de Patrimonio Histórico, pp. 385-392.

Machado y Álvarez, Antonio (dir.) (1884), *Biblioteca de las tradiciones populares españolas*, vols. I, II y VIII, Madrid, Librería de Fernando Fe.

Maciñeira, Federico (1929), «Las romaxes de San Andrés de Teixido», *Arxiu de tradicions populars*, fasc. IV, p. 242.

Mandianes Castro, Manuel (2003), «O magosto, rito funerario», *Raigame: Revista de arte, cultura e tradicións populares*, n.º 18, pp. 49-55.

Manfred M. Junius (1986), *Practical handbook of plant alchemy*, Rochester, Inner Traditions, Bear and Company.

Marcos Celestino, Mónica (2000), «La arcaica Ceres romana y su devenir histórico», *Estudios Humanísticos. Filología*, n.º 22, pp. 137-160.

Marín Ceballos, María Cruz (1973), «La Religión de Isis en "Las Metamorfosis" de Apuleyo», *Habis*, n.º 4, pp. 127-180.

Marqués, Néstor F. (2018), *Un año en la antigua Roma: la vida cotidiana de los romanos a través de su calendario*, Barcelona, Espasa.

Martín Cebrián, Modesto (1985), «La vendimia», *Revista de folklore*, n.º 60, pp. 198-200.

Martín, Julián de Francisco, y Marta González Herrero (2004), «Taxus Bacata», *Conimbriga: Revista de Arqueología*, vol. 43, p. 191.

Martín Soto, Rafael (2008), *Magia y vida cotidiana: Andalucía, siglos XVI-XVIII*, Sevilla, Renacimiento.

Mateo del Peral, L. Regino (2022), «La celebración de la festividad de san Isidro, patrón de Madrid, en la Pradera y otros lugares de la Villa», *LVIII Ciclo de conferencias del IV Centenario de la canonización de san Isidro Labrador*, pp. 359-396.

Montoya Beleña, Santiago (2013), «Los mayos como patrimonio cultural inmaterial. Algunos ejemplos conquenses», *Patrimonio inmaterial de la cultura cristiana*, Madrid, Ediciones Escurialenses, pp. 405-426.

Moreno Rodríguez, Pilar (1980), «La Navidad en el Altoaragón», *Argensola: Revista de Ciencias Sociales del Instituto de Estudios Altoaragoneses*, n.º 90, pp. 407-424.

Ostling, Michael (2016), «Babyfat and Belladonna: Witches' Ointment and the Contestation of Reality», *Magic, Ritual, and Witchcraft*, vol. 11, n.º 1, pp. 30-72.

Our Troth (2020), Filadefia, The Troth.

Ovidio Nasón, Publio (2016), *Fastos*, Madrid, Gredos.

Pascual Gil, Juan Cruz (2019), *Estudio etnobotánico de la Montaña Palentina*, tesis doctoral, Valladolid, Universidad de Valladolid.

Pedrosa Bartolomé, José Manuel (2008), «La luna de enero y el amor primero. Refranes, canciones, creencias», *Paremia*, n.º 17, pp. 111-120.

Pedrosa, José Manuel, César Javier Palacios, y Elías Rubio Marcos (2001), *Héroes, santos, moros y brujas (leyendas épicas, históricas y mágicas de la tradición oral de Burgos): Poética, comparatismo y etnotextos*, Burgos, Elías Rubio Marcos.

Perez Cardenal, Déborah, y Pablo Sanz Yagüe (1988), «La fiesta del mayo en Huertahernando», *Revista de folklore*, n.º 86, pp. 60-64.

Pérez Pérez, Aquilino (2019), «San Antonio», *Corpus de Literatura Oral*, Universidad de Jaén, en <https://corpusdeliteraturaoral.ujaen.es/archivo/0288c-san-antonio>.

Pinto, Ana María (2005), *Etnobotánica del Parque Natural de Montesinho*, tesis doctoral, Madrid, Universidad Autónoma de Madrid.

Plaza Escudero, Lorenzo de la, *et al.* (2018), *Guía para identificar los santos de la iconografía cristiana*, Madrid, Cátedra.

Puerto, José Luis (1995), «El pan, oraciones al meterlo al horno», *Revista de folklore*, n.º 172, pp. 121-126.

Quer, José (1762), *Flora española ó historia de las plantas que se crían en España*, Madrid, Imprenta Joachin Ibarra.

Ramírez López, Bernabé (2004), «El pensamiento antiguo y la magia en el mundo romano: El ritual de necromancia en la *Farsalia* de Lucano», *Eúphoros*, n.º 7, pp. 63-90.

Rätsch, Christian (2005), *The Encyclopedia of Psychoactive Plants: Ethnopharmacology and Its Applications*, Rochester, Park Street Press.

«Retorno al mágico amanecer de San Lorenzo», *La gaceta de Salamanca*, en <https://www.lagacetadesalamanca.es/hemeroteca/retorno-magico-amanecer-san-lorenzo-DSGS245372>.

Riquelme Gómez, Emilio Antonio (2014), «Catafalcos de Ánimas. Arquitectura efímera de difuntos, en la Región de Murcia el caso de la villa de Abanilla», *El mundo de los difuntos: Culto, cofradías y tradiciones*, vol. 1, pp. 291-302.

Rodríguez Ariza, Jorge (2019), *El simbolismo de la virgen negra. Aproximación a una construcción cultural*, tesis doctoral, Barcelona, Universitat Autònoma de Barcelona.

Rodríguez Cantón, Ramón (1995), «La hila y las tertulias en torno a la lumbre», *Cuadernos de Campoo*, vol. 1, n.° 2, pp. 12-15.

Rodríguez, Estrella (2009), «La navidad a través del tiempo», *La Natividad: Arte, religiosidad y tradiciones populares*, simposio del Instituto Escurialense de Investigaciones Históricas y Artísticas, San Lorenzo del Escorial, pp. 825-846.

Rodríguez Pastor, Juan (1987), «Las Supersticiones (su estado actual en Valdecaballeros)», *Revista de estudios extremeños*, vol. 43, n.° 3, pp. 759-780.

Rodríguez Plasencia, José Luis (2013), «De ritos y mitos agrarios», *Revista de folklore*, n.° 382, pp. 19-29.

Roza Candás, Pablo (2014), «Recetarios mágicos moriscos. Brebajes, talismanes y conjuros aljamiados», en Eva Lara Alberola y Alberto Montaner Frutos (coords.), *Señales, Portentos y Demonios: La magia en la literatura y la cultura españolas del Renacimiento*, p. 555.

Rúa Aller, Francisco, y María Jesús García Armesto (2010), «Usos y creencias de la piedra del rayo en León», *Revista de folklore*, n.° 344, pp. 61-68.

Ruiz Fernández, José (2004), «Entre la tradición y la modernidad: La fiesta de San Marcos en El Ejido (Almería)», *Actas de las III Jornadas La Religiosidad popular y Almería*, Almería, Instituto de Estudios Almerienses.

Ruiz Hombrebueno, Óscar (2019), «Influencia de las mondas y la fiesta de los toros en Talavera de la Reina en la época moderna», *Alcalibe: Revista del Centro Asociado a la UNED Ciudad de la Cerámica*, n.° 19, pp. 111-139.

Salillas, Rafael (1905), *La fascinación en España*, Madrid, Eduardo Arias.

San Miguel López, Elia (2004), *Etnobotánica de Piloña (Asturias): Cultura y saber popular sobre las plantas en un concejo del Centro-Norte Asturiano*, tesis doctoral, Madrid, Universidad Autónoma de Madrid, Departamento de Biología.

Sánchez Domingo, Rafael (2009), «Origen histórico-jurídico del aguinaldo. Del "strenna" romano al salario en especie», *La Natividad: Arte, religiosidad y tradiciones populares*, simposio del Instituto Escurialense de Investigaciones Históricas y Artísticas, San Lorenzo del Escorial, pp. 715-730.

Sánchez Ortega, María Helena (1984), «Hechizos y conjuros entre los gitanos y los no-gitanos», *Cuadernos de historia moderna y contemporánea*, n.º 5, pp. 83-136.

Satrústegui, José María (1970), «Reminiscencias de culto precristiano en la devoción a san Miguel», *Cuadernos de etnología y etnografía de Navarra*, vol 2, n.º 6, pp. 287-294.

Segura Ramos, Bartolomé (1981), «El rapto de Prosérpina (Ovidio, *Fastos*, IV, 417-620)», *Habis*, n.º 12, pp. 89-98.

Seymour, John (2020), *Guía práctica ilustrada para el horticultor autosuficiente y la vida en el campo*, Barcelona, Blume.

Sidera i Casas, Jordi (2020), «Les mirades de Santa Llúcia: The looks of Santa Lucia», *Horitzó: Revista de ciències de la religió*, n.º 2, pp. 147-178.

Solla Varela, Carlos (2014), «Amuletos, talismáns e pedras da fartura. Obxectos de poder da Galiza tradicional», *Actas da VII Xornada de Literatura de Tradición Oral Amuletos e reliquias, usos e crenzas*, Lugo, Asociación de Escritoras e Escritores en Lingua Galega, pp. 69-124.

Sulfurino, Jonás (2014), *Libro de san Cipriano: Libro completo de verdadera magia, o sea tesoro del hechicero. Escrito en antiguos pergaminos hebreos, entregados por los espíritus al monje alemán*, Valladolid, Maxtor.

Tausiet, M. (2004), *Ponzoña en los ojos: Brujería y superstición en Aragón en el siglo XVI*, Madrid, Turner.

Valdivielso Arce, Jaime (1993), «Costumbres en torno a la fiesta de San Antón (17 de enero) en la provincia de Burgos», *Revista de folklore*, vol. 13b, n.º 152, pp. 59-65.

Valls Oliva, Alvar, y Roser Carol Roman (2010), *Llegendes d'Andorra*, Barcelona, Abadia de Montserrat.

Vázquez Hoys, Ana María (1995), «La religiosidad romana en Hispania y su investigación», *Ilu: Revista de ciencias de las religiones*, n.º 0, pp. 271-278.

Velasco Maíllo, Honorio M. (1992), «Año de muerto, día de difuntos. Apuntes sobre ritos y creencias en torno a la muerte en la cultura tradicional española», *Simposio rito y misterio*, A Coruña, Universidade da Coruña, pp. 85-95.

Viguera Simón, Presen (2018), «El Mayo en la Villa de Ocón. Una fiesta de primavera que pervive en la actualidad», *Belezos: Revista de cultura popular y tradiciones de La Rioja*, n.º 36, pp. 34-37.

Violant i Ribera, Ramona (2002), *El món màgic de les fades*, Sant Vicenç de Castellet, Farell.

Vorágine, Santiago de la (2014), *La leyenda dorada*, Alberto Manguel (ed.), fray José Manuel Macías (trad.), Madrid, Alianza.

Zafont, Juan de (1844), *Almanaque religioso, civil, histórico, geográfico, físico y agrícola para el año 1845*, Barcelona, Juan Francisco Piferrer.

Zambrano González, Joaquín (2014), «Ánimas benditas del purgatorio. Culto, cofradías y manifestaciones artísticas en la provincia de Granada», *El mundo de los difuntos: Culto, cofradías y tradiciones*, vol. 2, pp. 1071-1088.